高等院校旅游专业“互联网 +”创新规划教材

导游实务（第2版）

主　编　易婷婷　王晓宁　吴　颖

北京大学出版社
PEKING UNIVERSITY PRESS

内 容 简 介

本书共分 7 章，主要内容包括导游概述、导游服务程序与规范、旅游团队接待技巧、突发事件和特殊情况的处理、导游综合能力、导游语言艺术和导游业务相关知识。每一章开篇都设有“学习目标”和“导入案例”，并设有“本章小结”“关键术语”“复习思考题”和“课后案例”。同时，本书在理论讲解过程中，穿插了大量经典案例，使学生能够理论联系实际，提高自身实践能力。

本书适合高等学校旅游管理专业或高等职业院校相关专业的学生使用，也可作为导游资格考试的备考教材。

图书在版编目 (CIP) 数据

导游实务 / 易婷婷，王晓宁，吴颖主编 . —2 版 . —北京：北京大学出版社，2018.4

（高等院校旅游专业“互联网 +”创新规划教材）

ISBN 978-7-301-29425-3

Ⅰ. ①导… Ⅱ. ①易…②王…③吴… Ⅲ. ①导游—高等学校—教材 Ⅳ. ① F590.63

中国版本图书馆 CIP 数据核字 (2018) 第 060579 号

书　　名	导游实务（第 2 版） DAOYOU SHIWU
著作责任者	易婷婷　王晓宁　吴　颖　主编
策划编辑	刘国明
责任编辑	李瑞芳
数字编辑	陈颖颖
标准书号	ISBN 978-7-301-29425-3
出版发行	北京大学出版社
地　　址	北京市海淀区成府路 205 号　100871
网　　址	http://www.pup.cn　新浪微博：@ 北京大学出版社
电子信箱	pup_6@163.com
电　　话	邮购部 62752015　发行部 62750672　编辑部 62750667
印 刷 者	河北滦县鑫华书刊印刷厂
经 销 者	新华书店
	787 毫米 ×1092 毫米　16 开本　15 印张　345 千字
	2013 年 1 月第 1 版
	2018 年 4 月第 2 版　2018 年 4 月第 1 次印刷
定　　价	35.00 元

本书编写人员

主　编

易婷婷（英语导游，华南师范大学副教授，博士）

王晓宁（高级导游，广州商学院副教授，广东省旅游协会导游分会副会长）

吴　颖（英语导游，华南师范大学讲师，导游资格考试口试考评员）

参　编

蒲　阳（暨南大学管理学院，旅游管理学博士，导游资格考试口试考评员）

牛　宁（高级英语导游，民盟广东省委文化委员会委员，副教授，博士研究生）

刘艳红（高级英语导游，深圳大学，旅游管理博士，全国十佳导游，“名导进课堂”师资）

郑文丽（高级导游，广东省旅游协会导游分会名誉会长，导游资格考试口试考评员）

江　澜（高级导游，广东省旅游协会导游分会名誉会长，导游资格考试口试考评员）

序

旅游业是我国对外开放最早、发展速度最快的行业之一。随着我国经济的迅猛发展和国民幸福感的不断增加，旅游逐渐成为人们生活的重要组成部分。早在 2001 年，国务院就明确指出：旅游业已成为国民经济新的增长点，在扩大内需、拉动经济增长和提高人民生活质量方面发挥了日益重要的作用。这给旅游业带来了新的机遇和挑战，也对旅游从业人员的素质提出了更高要求。因此，我们需要培养一批既有实践能力，又有理论知识；既充满智慧，又踏实肯干的高素质旅游人才。

旅游教材是学生最直接的指导工具，其内容是否紧跟市场、是否贴合实际，会直接影响学生对课程的理解。一本好的教材能起到有效帮助学生感知行业实际、理解知识点的作用，为他们将来迈入社会、走进行业打下坚实的基础。本书的编写人员大多是在旅游行业工作了几十年的老导游，他们见证和经历了中国旅游业的一次次改革、一步步成长。他们曾经长年奋战在旅游一线，痛并快乐地挥洒自己的青春和激情。现在，他们有的仍坚守岗位，有的受聘于高校，有的已经退休，但老骥伏枥，壮心不已，他们以各自的方式继续为旅游事业添砖加瓦。本书就是他们的心血之作。由于他们长期投身于旅游一线，对旅游业有深刻的体会和独到的见解；同时，他们一直从事导游培训和评审工作，对导游行业的变化、导游业务的操作流程和带团技巧了如指掌，我相信本书具有很好的实践作用和指导意义。我也欣喜地看到编写人员中不乏新生力量，有来自知名高校的教师和博士，他们受过系统的专业教育和训练，思维活跃，保证了本书具有较好的理论性和新颖性。

本书从导游服务规范、导游接待技巧、突发事件处理、导游综合能力、导游语言艺术和导游业务相关知识等几个方面进行了阐述，与同类书相比，它最大的特点在于其案例的多样性和实用性。为了能最大限度地展现案例原型，编写人员不但认真整理自己的带团笔记，还多次委托省旅游局相关部门、旅行社资深导游提供素材。经验是真知灼见之母。正是这些源于实践的宝贵经验，构成了本书的基础和特色，它向读者呈现了生动的工作场景，为有志于从事旅游行业的朋友提供了借鉴。在此，我对编委成员的辛勤劳动和赤诚之心表示感谢！

纸上得来终觉浅，绝知此事要躬行。希望广大热爱旅游业和渴望成为旅游工作者的朋友们能将本书的内容学以致用，积极投身于旅游实践，为旅游事业的发展贡献你们的青春和才智！

广东省旅游协会导游分会会长

2018 年 1 月

第2版前言

2017 年 10 月 16 日,《导游管理办法》(以下简称《办法》)在国家旅游局第 17 次局长办公会议上审议通过，并于 2018 年 1 月 1 日开始施行。《办法》针对当前导游行业的突出问题，从导游执业许可、管理、保障与激励、处罚等几个方面对导游工作提出了新的要求。因此，在新的政策形势和时代背景下，本书在第 1 版的基础上进行了修订。

本书共分 7 章，主要内容包括导游概述、导游服务程序与规范、旅游团队接待技巧、突发事件和特殊情况的处理、导游综合能力、导游语言艺术和导游业务相关知识。每一章开篇都设有“学习目标”和“导入案例”，结尾都设有“本章小结、关键术语、复习思考题和课后案例”，以帮助教师明确教学任务，有利于学生掌握知识要点；同时，本书在理论讲解中穿插了近百个经典案例，便于教师组织课堂讨论和提高学生的学习兴趣。

本书具有以下特色。

(1) 案例丰富。本书设计大量经典案例，且多数案例来源于编者的实际带团经历，描述生动，类型多样，涉及导游服务的各个环节；每个案例后面附有相应的讨论题，为读者提供了很好的参考。本次修订，针对导游行业的新情况，更换了部分案例。

(2) 内容实用。本书编写人员多为资深导游，曾荣获过国家级和省市级金牌导游、优秀导游等荣誉。他们具有全程陪同导游、地方陪同导游和出境领队的丰富带团经验，实际操作能力突出，分享了大量实用的宝贵经验。本次修订根据编委的实践反馈和有关规定，修改了第 1 章导游人员管理的相关内容，更换了第 3 章特殊团队接待的相关内容。

(3) 方便教学。本书的体例设计和内容编排紧扣教学目标、遵循教学规律，并配有《教师用书》，附有教学课件、教学大纲、教学日历、教案和试题库等电子资料。所有教辅资料都结合本次修订内容进行了更新。读者如有需要，可向北京大学出版社索取。

(4) 培养兴趣。在本次修订中，本书以二维码的形式补充了相关案例、视频和新闻等，以扩展学生的知识面，提高其学习兴趣。

为了给读者呈现最真实、最实际的教材，我们邀请了广东省导游协会的高级导游和业界专家，以及华南师范大学、暨南大学、深圳大学等高校的教师共同编写本书。另外，广东省旅游质监所梁永忠副所长和陈明静女士，广东省中国旅行社的江澜女士，刘决斗先生和肖青国先生，广东省旅游职业技术学校的陈蕾女士，广州市旅游商务职业学校的黄珩女士，广之旅国际旅行社的偎慧玲女士，广东南湖国际旅行社的李飞健先生，广州汇粤国际旅行社的曾志军总经理，广州东方国际旅行社的苏洁经理，广东绿色国际旅行社的沈莉莉女士等提供了部分案例及相关素材，在此对他们的无私帮助和大力支持表示衷心感谢！

在本书的编写过程中，参阅了国内外相关研究资料和案例素材。对此，我们已尽可能地标明出处，但因篇幅所限，无法一一列出。在此谨向各位作者表示歉意和衷心的感谢。

书中如有疏漏及不当之处，敬请广大读者不吝赐教。

编　者

2018年1月

【资源索引】

目录

1 Chapter 导游概述

2 Chapter 导游服务程序与规范

Chapter 1

导游概述

合抱之木，生于毫末；九层之台，起于垒土；千里之行，始于足下。

——老子

学习目标 >

- 了解：导游人员的职责和素质条件；导游人员的培训和管理。
- 理解：导游服务的性质和特点。
- 掌握：导游服务的原则；导游人员的概念和分类；导游人员资格证书的获取。

导入案例

平时狠钻业务知识，最终走上“百家讲坛”

赵英健，现任清东陵文物管理处副处长、高级导游，是中国紫禁城学会、中国清宫史学会、河北省博物馆学会会员。曾走上央视名牌栏目“百家讲坛”的讲台，联合国世界遗产委员会专家曾专门写信对她表示赞赏。

“要给游客一碗水，导游自己必须有一桶水。”赵英健正是凭着对本职工作和清东陵博大历史文化的深深热爱，多年来学习和研究了大量旅游专业知识，探索了不同层次的游客心理，写下了几万字的读书笔记和心得体会。她为了将正史与野史巧妙结合起来，使自己的讲解更有知识性和趣味性，在学习了大量清史资料的同时，还遍访了本地守陵人的后裔，丰富了自己的知识。

2000 年 1 月，清东陵申报世界文化遗产项目进入关键时刻，市政府临时决定把古建筑介绍和清史介绍这两项任务交给赵英健。当时，离专家组来东陵仅剩下 20 天。20 天的时间要准备好对清东陵古建筑的全面汇报，要准确地介绍清东陵涵盖的清史资料，这让临危受命的赵英健感到空前的压力。为了完成好这项任务，她废寝忘食地查阅资料，做了大量的准备工作。

……

艰辛的努力终有回报。联合国世界遗产委员会专家、国际古迹遗址理事会秘书长让·路易·卢逊在清东陵考察期间，赵英健将清东陵源远流长的历史和精美的古建筑有机地结合在一起，准确到位地将历史信息传达给贵宾。让·路易·卢逊对清东陵的文物保护和管理工作非常满意，对赵英健的讲解汇报给予了高度评价。2000 年 11 月 30 日，经联合国世界遗产委员会批准，清东陵等被正式列入世界文化遗产名录。

讨论

1. 你能从以上案例中学到什么？
2. 你遇到过优秀的或不合格的导游人员吗？请举例说明。

1.1 导 游 服 务

1.1.1 导游服务的性质

不同的国家和地区，由于社会制度、意识形态和民族文化的不同，对导游服务的认识有所区别，但对于导游服务的基本属性，目前已达成共识，即导游服务具有服务性、文化性、社会性、经济性和涉外性。

1. 服务性

导游服务是一项围绕旅游者展开的服务工作，属于第三产业。它与其他第三产业一样，属于非生产性劳动，是通过提供一定劳务，如翻译、导游讲解、旅行生活服务等，创造特殊使用价值的活动。它不同于一般简单的技能服务，而是一种复杂的、高智能、高技能服务。

2. 文化性

导游服务是传播文化的重要渠道。导游人员为来自世界各地、各民族的游客服务，通过精彩生动的导游讲解使游客获得知识和乐趣；同时，导游人员吸收和传播各国、各民族的传统文化和现代文明，在服务工作中起着沟通和弘扬人类优秀文化的作用。

3. 社会性

旅游活动是一种社会现象。一方面，在旅游活动中，导游人员接待来自世界各地的游客，沟通协调各行各业的关系，处于接待工作的中心位置，其工作本身就是一种社会服务；另一方面，导游也是一种社会职业，是社会上一部分人谋生的手段。

4. 经济性

导游服务的经济性主要表现在 4 个方面：一是直接创收，通过直接为游客提供导游服务及各种代办服务，收取服务费和手续费；二是间接创收，向游客提供优质的导游服务，招徕回头客，扩大客源；三是促销商品，提高购物比例；四是促进各国、各地区之间的经济交流。

5. 涉外性

在外国游客心目中，导游人员是旅游国的代表，是一国的“民间大使”。导游人员可利用接触外国旅游者范围广、机会多、时间长、无语言障碍等有利条件，与他们进行广泛接触和交流，了解他们的需求，提高服务质量。此外，导游人员中的出境领队还可以了解外国旅游业的相关情况，如外国旅游企业的经营管理方式、旅游产品形式和销售运作模式等。

案例 1-1

导游弄巧成拙，游客罢宴而去

一位法语导游带领一群法国游客去吃地方风味菜，其中有一道菜叫“糖醋活鲤鱼”。这位导游以本地厨师的高超技艺为自豪，喋喋不休地向游客介绍这道菜的具体做法：快速将鲤鱼去鳞、破肚、拎着鱼头将鱼身放进油锅将鱼炸熟、浇汁、盛盘、上桌。等鱼上桌后，看到这条可怜的鲤鱼嘴巴还在一张一合时，全体游客发出了强烈的抗议，对这种残忍的、非“兽道”(相对于“人道”而言）的做法表示愤怒。游客集体罢宴而去。

（资料来源：http://lygl.jpkc.kdvtc-edu.cn/Item/Show.asp?m=1&d=55&p=2，有改动）

讨论

1. 这位导游人员在服务工作中存在什么问题？

2. 在接待欧美游客时，导游在饮食安排方面应注意哪些问题？

1.1.2 导游服务的特点

导游服务不同于一般的简单操作，它是一种建立在具有较高专业素质基础上且影响面较广的高智能服务，具有以下特点。

1. 独立性强

导游服务是独立性很强的工作。导游人员在接受旅行社委派的任务后，带团外出往往要独当一面。无论是讲解服务，还是应急处理等，导游人员必须独立地执行旅游计划、组织活动，尤其是在出现问题时，导游人员要独立地、合情合理地进行处理。

2. 复杂多样

导游服务工作复杂多样。首先，服务对象复杂。游客来自世界各地，他们的国籍、民族、职业、年龄、宗教信仰、受教育情况、性格、习惯、爱好等千差万别。其次，游客需求多样。导游人员要满足或帮助满足游客的各种需求，并解决或处理旅游中出现的各种问题和情况。最后，人际关系复杂。导游人员既代表旅行社，履行旅行社责任，维护旅行社利益，同时又代表游客，维护游客权益；另外，导游人员还要以双重代表的身份与有关各方交涉。

3. 脑体高度结合

导游服务是一项脑力劳动和体力劳动高度结合的工作。一方面，导游人员接待的游客有着各种社会背景和文化水平，其中不乏专家和学者，导游人员需要具有很广的知识面，天文地理、政治经济、社会文化、宗教民俗、医疗卫生等均需涉猎。另一方面，导游人员的工作量很大，除了在旅行游览过程中进行讲解外，还要随时随地帮游客解决问题，尤其是旅游旺季时，导游人员往往超时工作，体力消耗大，常常无法正常休息。

4. 跨文化性

导游服务是文化传播的重要渠道。世界各国（地区）之间的文化传统、风俗民情、禁忌习惯不同，游客的思维方式、价值观念、思想意识各异，这就决定了导游服务工作的跨文化性。导游人员在不同文化背景下工作，应尽可能多地了解不同文化，圆满完成传播文化的重任。

案例 1-2

不懂礼仪犯禁忌，频频摸头惹是非

一次，一位年轻的导游接待了一个泰国旅游团队。接待过程中，导游服务热情周到，客人很满意，但后来却发生了一件不愉快的事而招致客人投诉。原因是团内有一对年轻夫妇的小孩长得十分可爱，导游忍不住摸了一下小男孩的头，这种在中国人看来最平常不过的举动，却触犯了泰国人“重头轻脚”的禁忌。男孩的父母当即沉下脸来，但导游却不懂得察言观色，又忍不住摸了一下小孩的头。这次男孩的父母再也控制不住自己的情绪，当场与导游吵了起来。

（资料来源：http://www.doc88.com/p-385438970521.html，有改动）

讨论

1. 这位导游在服务工作中有何不妥之处？

2. 导游人员应如何注意导游服务的跨文化性？

1.1.3 导游服务的原则

1. 服务第一

旅游者外出旅游是想获得物质上的享受和精神上的快乐。导游人员要将旅游者放在第一位置，关心旅游者，尽力满足旅游者的合理需求。国际旅游界将服务的标准定为“热情友好、效率卓著、安全可靠、灵活方便和设身处地”。导游人员在旅游接待工作中要以此为目标，发扬我国人民热情好客、注重礼仪的优良传统，把为旅游者服务看成重要职责。

2. 维护各方合法权益

我国有关法律法规赋予了旅游者相应的合法权益，导游人员在提供服务的过程中，必须切实予以维护。无论发生什么问题，导游人员应积极采取一切必要的措施，把问题控制在最小范围之内，尽量避免游客的合法权益受损。同时，导游人员也要利用法律手段维护旅行社和自身的合法权益。

3. 合理而可能

导游人员处理旅游者提出的各种要求和问题时应遵循合理而可能的原则。当旅游者提出要求时，导游人员必须认真地倾听，冷静分析旅游者的意见是否合理、有无实现的可能，对其合理的要求要给予肯定，并想方设法办理；对不合理的要求要给予耐心细致的解释，使其心悦诚服。

以上3项是导游人员服务的基本原则，"服务第一"原则是导游工作的出发点，"维护各方合法权益"原则是导游服务顺利开展的基本保障，"合理而可能"原则是导游人员处理旅游者各种问题和要求的准则。这3项原则是导游服务工作的基本要求，也是衡量导游人员服务态度和服务质量的重要标准。

案例1-3

游客蛮不讲理无端猜测，导游忍气吞声任其搜查

某旅行社组织了"黄山两日游"，导游小王全程陪同该团队。小王是一名刚从学校毕业不久、从事导游工作时间不长的女孩子，但组织能力较强，旅游知识较丰富。在前往黄山的途中，小王为游客唱了几首歌，并介绍了安徽的风土人情和风景名胜。但一些游客却觉得不够刺激，其中游客张某非要小王讲几个"黄色"笑话，并说所有的导游都应该会讲。小王感到非常为难，婉言拒绝了，并提议让全体游客参与做一个互动游戏，张某拒绝并指责导游不开放，不能满足游客需求。抵达目的地后，张某发现自己的手机不见了，怀疑是小王拿错了，要检查她的包并搜身。小王反复说明自己没拿，对搜身不能接受。但张某坚持要查包搜身，否则就去旅游行政管理部门投诉她和旅行社。小王想着自己刚参加工作，为了避免旅行社遭受投诉，她委曲求全让张某检查了自己的包，并让一名女游客搜身。结果均未发现张某的手机。

（资料来源：http://zhidao.baidu.com/question/79458762.html，有改动）

讨论

1. 导游服务的原则有哪些？

2. 遇到蛮不讲理的游客时，导游人员应如何处理？

1.2 导 游 人 员

1.2.1 导游人员的概念和分类

1. 导游人员的概念

导游人员（简称导游员或导游）是依照《导游人员管理条例》的规定取得导游证，接受旅行社委派，为旅游者提供向导、讲解及相关旅游服务的人员。

案例 1-4

胆大包天无证带团，一经查处严惩不贷

四川某旅游执法总队收到游客实名举报导游张某伪造领队证，并给某旅行社多次带团前往迪拜的问题。经调查表明，张某在无领队证的情况下，分别于 10 月 30 日至 11 月 4 日、11 月 27 日至 12 月 2 日，带领“迪拜 6 日游”旅游团出境旅游。

当地旅游执法总队提出处理建议为：针对该旅行社从事业务经营活动的违法事实，要求该公司责令改正，处 15 万元罚款；对其未按规定安排领队的违法事实，处 3 万元罚款，对直接责任人唐某处 5 000 元罚款；对张某的违法事实处 2 000 元罚款。

（资料来源：http://news.ifeng.com/a/20160630/49266681_0.shtml，有改动）

讨论

1. 带团导游应具备哪些基本的资质条件？

2. 未获得导游资质的人员带团可能造成哪些后果？

2. 导游人员的分类

1) 按业务范围划分

⑴ 全程陪同导游，简称全陪，是指受组团旅行社委派，代表组团旅行社在地方陪同导游的配合下实施接待计划，为旅游团（者）提供全程陪同服务的工作人员。这里的“组团旅行社”是指接受旅游团（者）或海外旅行社预订，制订和下达接待计划，并提供全程陪同导游服务的旅行社。

⑵ 地方陪同导游，简称地陪，是指受接待旅行社委派，代表接待旅行社实施接待计划，为旅游团（者）提供当地旅游活动安排、讲解和翻译等服务的工作人员。这里的“接待旅行社”是指接受组团社的委托、按照接待计划委派地方陪同导游负责组织安排旅游团（者）在当地参观游览等活动的旅行社。

⑶ 出境海外领队，是指依照《旅行社条例》规定，考取了导游资格证并具有大专以上学历的，经国家旅游行政主管部门批准可以经营出境旅游业务的旅行社的委派，全权代表该旅行社带领旅游团从事旅游活动的工作人员。

⑷ 景点景区导游，也称讲解员、定点导游，是指在旅游景点景区，如博物馆、自然保护区等，为游客进行导游讲解的工作人员。

总之，全程陪同导游是带领海外来华游客或中国游客在中国境内旅游并为其提供全程导游服务的工作人员；地方陪同导游是接待海外来华游客或中国游客在其工作的地区旅游并为其提供当地导游服务的工作人员；出境海外领队是率领中国公民到海外旅游并为其提供全程导游服务的工作人员；景点景区导游是指接待海外来华游客或中国游客在其工作的景点景区旅游，并为其提供景点景区导游服务的工作人员。

2) 按职业性质划分

⑴ 专职导游，是指在一定时期内以导游工作为主要职业的导游人员。他们大多数受过中高等教育，受过专门训练，一般是长期受雇于旅行社的合同制导游或聘用制导游，他们是当前我国导游队伍的主体。

⑵ 兼职导游，也称业余导游，是指不以导游工作为主要职业、利用业余时间从事导游工作的人员。这类导游人员必须通过国家导游人员资格考试，取得导游证。兼职导游的主要来源是具有大中专以上文化水平并能熟练掌握一门外语的高等院校师生、中学教师和企事业单位的人员等。

3) 按使用语言划分

⑴ 中文导游，是指能够使用普通话、地方话或者少数民族语言从事导游业务的人员。这类导游人员的主要服务对象是国内旅游中的中国公民和港、澳、台同胞。

⑵ 外语导游，是指能够使用外语从事导游业务的人员。这类导游人员的主要服务对象是入境旅游的外国游客和出境旅游的中国公民。

4) 按技术等级划分

⑴ 初级导游，通过旅游行政管理部门组织的导游人员资格考试并取得资格证书者，可以获得初级导游员等级证书。

⑵ 中级导游，获初级导游人员资格 3 年或具有大专以上学历取得导游资格证书满 2 年，业绩优秀，考核、考试合格者晋升为中级导游人员。

⑶ 高级导游，获中级导游人员资格 3 年以上，业绩突出、水平较高，在国内外同行和旅行社中有一定影响，考核、考试合格者晋升为高级导游人员。

⑷ 特级导游，获高级导游人员资格 5 年以上，业绩优异，有突出贡献，有高水平的科研成果，在国内外同行和旅行社中有较大影响，经考核合格者晋升为特级导游人员。

案例 1-5

兼职导游太失职，可怜游客被遗落

某旅行社质监部小张接到一个电话。游客刘某怒气冲冲地说："我要投诉你们的导游！"游客讲述了自己的经历："那天早上我根据旅行社的规定，7:00 赶到规定地点集合，但是导游 7:15 才带我们出发。而且，导游不着工作服、不拿导游旗、不主动联系客人，以致游客都不知道导游在哪里、什么时候出发。最严重的是，回来时导游竟将我落在集合地。当时，我已经提前半小时到达指定地点，并且签了名，但后来换了上车地点，导游没有通知我，她以要准时发车为由，将我落在原集合地点。导游还说，我已经签名了，她不负责任，让我自己坐车回家。我要投诉你们的导游，并要求赔偿。据我了解，你们的导游是兼职的，到底有没有导游证？"小张了解情况后，第二天给游客答复："非常感谢您的建议，我们的导游确实是兼职导游，因为是旅游旺季，培训不够，造成导游失职，我们会在以后的工作中改进和完善的。请您后天到旅行社领取赔偿金。"

（资料来源：http://www.toptour.cn/detail/info29411.htm，有改动）

讨论

1. 兼职导游在旅行社的经营活动中起到什么作用？

2. 旅行社如何更好地对兼职导游进行管理？

1.2.2 导游人员的职责

1. 基本职责

(1) 根据旅行社与游客签订的合同或约定，按照接待计划安排和组织游客参观、游览。

(2) 负责为游客导游、讲解，介绍中国（地方）文化和旅游资源。

(3) 配合和督促有关单位安排游客的交通、食宿等，保护游客的人身和财物安全。

(4) 耐心解答游客的问询，协助处理旅途中遇到的问题。

(5) 反映游客的意见和要求，协助安排游客会见、会谈等活动。

2. 地方陪同导游的职责

地陪是地方接待旅行社的代表，是旅游接待计划在当地的具体执行者，是当地旅游活动的组织者。地陪的主要职责如下。

1) 安排落实旅游活动

根据旅游接待计划科学、合理地安排旅游团（者）在当地的旅游活动。

2) 做好接待工作

落实旅游团（者）在当地的迎送服务和食、宿、行、游、购、娱等各项服务；在全陪、领队的配合下，做好当地旅游接待工作。

3) 导游讲解

做好旅游团（者）在当地参观游览中的导游讲解和翻译工作，耐心解答游客的问题。

4) 维护安全

维护游客的安全，做好事故防范和安全提示工作。

5) 处理问题

妥善处理当地各相关服务单位之间的协作关系，以及旅游团（者）在当地旅游过程中可能出现的各类问题和事故。

3. 全程陪同导游的职责

全陪是组团旅行社的代表，对所带领的旅游团（者）的旅游活动负有全责，在全程旅游活动中起着主导作用。全陪的主要职责如下。

1) 实施旅游接待计划

按旅游合同或约定，实施组团社的接待计划，监督地接社的计划执行情况和接待服务质量。

2) 组织协调工作

负责旅游过程中组团社和地接社之间的联络，做好旅行各站之间的衔接工作；协调旅游接待人员之间的合作关系；督促、协助地接社安排和落实旅游团（者）的食、宿、行、游、购、娱等活动，照顾好旅游者的旅行生活。

3) 维护安全，处理问题

在旅游过程中维护游客的人身和财物安全，处理突发事件，转达或处理旅游团（者）的意见、建议和要求。

4) 宣传和调研

宣传和介绍中国（地方）文化和旅游资源，解答游客的问询；开展市场调研，收集旅游者意见，协助开发和改进旅游产品，进行市场促销。

4. 出境海外领队的职责

出境海外领队作为经国家旅游行政主管部门批准组织出境旅游的旅行社的代表，是出境旅游团的领导者和代言人，其主要职责如下。

1) 介绍情况，全程陪同

出发前向旅游团介绍旅游目的地国家或地区的概况及注意事项，陪同旅游团的全程参观游览活动。

2) 落实旅游合同

配合和监督旅游日的地国家或地区导游的工作，协调导游和旅游者之间的关系。

3) 联络工作

负责旅游团与旅游目的地国家或地区接待旅行社的联络与沟通，转达旅游者的意见、要求与建议，维护旅游者的合法权益，必要时出面帮助解决。

4) 组织和团结工作

做好旅游团的组织工作，维护旅游团的内部团结，保证旅游活动顺利进行。

5. 景点景区导游的职责

1) 导游讲解

负责所在景区（点）的导游讲解，解答旅游者的问询。

2) 安全提示

提醒旅游者在参观游览过程中注意安全，并给予必要的协助。

3) 宣讲环保、文保

结合景点向旅游者宣讲环境、生态和文物保护知识。

案例 1-6

旅游服务要转型，“智能导游”来迎客

智慧旅游的概念提了很多年，但一直停留在理论研究和试验阶段，业界仍然缺少一个真正意义上的实践者。2015 年 3 月，“互联网 +”概念的提出带来了条件和机遇，旅游行业开始进入“后蓝海时代”，而“体验旅游”则成为旅游革命第一战。基于整合旅游业的海量数据，结合最新 LBS 技术（一种自适应机制的移动终端轨迹跟踪记录技术），国内屈指可数的智能旅游手机应用软件——驴迹导游，从 2014 年 8 月上线至今，已经在全国 204 家景区投入使用。驴迹导游项目创始人臧伟仲介绍：“传统电子导游机正面临淘汰，传统旅游服务行业也面临转型升级。驴迹，正努力耕耘一个旅游的细分领域。智能导游，也将深切融入游客的旅游行程中，这是互联网对传统人工讲解服务的替代。当你还在用旧的观念来衡量当下服务的时候，你已经错过了机遇。”驴迹应用软件提供精细定位的手绘地图，能够生成旅行轨迹，还有语音讲解，包括人文类景区讲解，外语讲解。

（资料来源：http://zgsc.china.com.cn/zixun/2015-08-12/385935.html，有改动）

讨论

“智能导游”的出现会不会导致一些景点导游失业？若会，为什么？若不会，又是为什么？

1.2.3 导游人员的素质条件

导游人员的工作繁杂、责任重大，因而对一名合格导游人员的素质要求是多方面的，可以将其归纳为思想素质、文化素质、技能素质、心理素质和身体素质5个方面。

1. 思想素质

1) 热爱祖国

在任何时代、任何国家，“热爱祖国”都是伦理道德的核心。爱祖国、爱家乡、爱社会主义制度是中国导游人员的首要美德。

2) 品行端正

导游人员要做好导游服务工作，首先要学会做人，要尊重他人、诚信待人、自尊自爱，时时维护自己的人格尊严，不做有损人格、国格之事。

3) 爱岗敬业

导游人员在工作过程中要谨记游客至上、服务至上的服务宗旨，真心实意地为游客服务。

2. 文化素质

1) 史地文化知识

史地文化知识包括历史、地理、民族、宗教、风俗民情、风物特产、文学艺术、古建园林等方面的知识，它们是导游讲解的素材。掌握历史、地理等文化知识是做一名合格导游人员的必备条件，导游人员应理解这些知识并将其融会贯通、灵活运用。

2) 政策法规知识

政策法规是导游人员工作的指针，指导导游人员的导游讲解，以及与游客的沟通；它也是处理问题的原则，导游人员要以相关的法律法规有理、有利、有节地处理旅游活动中出现的问题和事故。因此，导游人员必须掌握相关的政策法规知识，做到遵纪守法，并让游客，尤其是外国游客了解和遵守中国的法律法规。

3) 心理学知识

导游人员要学会运用心理学知识了解旅游者，有的放矢地做好导游讲解和旅行生活服务；运用心理学知识协调好与各旅游接待部门工作人员的关系。另外，导游人员还要运用心理学知识调整自己的心理状态，使自己始终精神饱满、热情周到地为旅游者服务。

4) 美学知识

旅游活动是一项综合性的审美活动，要求导游人员懂得什么是美、美在何处，并且善于运用生动形象的语言向旅游者传递审美信息，帮助他们最大限度地获得美的享受。导游人员还要运用美学知识指导自己的衣着打扮和言行举止，因为导游人员本身就是旅游者的审美对象。

5) 旅行知识

导游人员应掌握旅游业务知识，包括交通知识、海关知识、货币保险知识、邮电通信知识及卫生常识、生活常识等。

3. 技能素质

1) 语言表达能力

语言表达能力是导游人员最重要的基本功，是导游服务的工具。导游人员若没有扎实的语言功底，就不可能顺利地进行文化交流，更不可能高质量地完成导游服务工作。导游人员要能够熟练地使用语言，特别是要有较强的口语表达能力，包括外语、普通话和方言，要做到：发音标准，语调优美，语法准确，词汇丰富，语能达意。

2) 独立工作能力

导游服务工作的独立性很强。导游人员带团外出旅游，往往独当一面，要独立地组织旅游活动、独立地处理各种各样的问题。因此，较强的独立工作能力对导游人员成功完成导游工作具有特殊意义。

3) 组织协调能力

导游人员接团后，要根据旅游接待计划合理安排旅游活动。这就要求导游人员具有较强的组织协调能力；要求导游人员在安排活动时有较强的针对性并留有余地，在组织各项活动时讲究方式方法，及时掌握变化着的客观情况，灵活地采取相应的有效措施。

4) 人际交往能力

善于和各种人打交道是导游人员最重要的工作技能之一。导游人员的工作对象范围广而且复杂，需要经常与层次不同、背景各异的中外人士交往，因此，导游人员必须具有灵活多变、适应不断变化环境的人际交往能力。

5) 灵活应变能力

旅游活动中出现问题和事故在所难免。临危不惧、头脑清醒、处事果断、随机应变是导游人员处理问题和事故时应有的素质。导游人员应根据不同情况采取相应措施，合情、合理、合法地予以处理。

案例 1-7

座位问题引发争吵，游客之间矛盾升级

旅游大巴准备出发了，游客们都已经上车，但梁先生发现他所坐的座位靠背有点损坏，就一直试图用手做一些调整，但不料与后座的团友发生碰撞，两人一语不合，争吵起来。争吵不断升级，梁先生要求导游报警，导游只好下车打电话。十多分钟后，导游告知客人“警察来了”，要求客人下车，但其实导游并没有报警，警察也没有到场，这只是导游希望分开两人的手段。梁先生下车时又再一次与后座的团友发生肢体冲撞，还被踢了几脚，他感到很气愤，当场提出取消参团，并对旅行社提出了投诉。梁先生认为导游没有尽职，由于导游的误导才会发生再次冲撞，他要求尽快跟进结案，并报销其医疗费，还说已经拍摄了视频，若旅行社处理投诉不当就公开视频。该团队的客人都对导游有意见，认为他解决问题不力，没有及时化解矛盾，导致发车时间延后，影响了全团活动，团队气氛也很差。

讨论

1. 导游的解决方式可取吗？

2. 该案例中，面对游客之间的冲突，导游应该运用哪些技能进行处理？

4. 心理素质

1) 观察能力

导游人员在旅游服务中要注意观察、随机应变，要善于通过不同方式观察并发现旅游者的心理变化和需求，及时调整导游讲解的详略、深浅和快慢，使其更具针对性。另外，导游人员不仅要注意观察旅游者，还要善于观察周围的事物和环境，若发现异常变化，要当机立断，或改变游览线路，或把旅游团带离现场，以免发生意外。

2) 判断能力

导游人员在带团过程中，需要冷静思考各种各样的问题并且准确判断，采取有效措施，予以正确处理。当遇到险情时，更要求导游人员沉着冷静、果断处理，避免事故的发生；当出现问题后，应果断采取措施，合情、合理、合法地予以处理，尽量减少损失和不利影响。

3) 自控能力

首先，导游人员必须具有理性的心理品质，时刻清楚自己的角色，始终精神饱满、热情友好地为旅游者服务。其次，导游人员与旅游者、入境旅游团领队及其他人员交往时，应既不傲气又不胆怯，沉着自然、不卑不亢。另外，导游人员与旅游者及其他人员之间出现矛盾、发生纠纷时，不能感情用事，而要以理服人，力争双赢，避免冲突。

5. 身体素质

导游服务工作是一项脑力劳动和体力劳动高度结合的工作，为了适应这项工作，导游人员不仅要有丰富的专业知识、娴熟的服务技能和较强的心理素质，还必须有健康的身体。导游服务工作要求导游人员能走路、会爬山，能适应各地的气候、水土和饮食；能为旅游者四处奔波，满足他们的合理要求，解决他们的困难；能适应长期在外、体力消耗大、无法正常休息的工作特点。

案例 1-8

宁波地陪费力不讨好　日本领队勃然大怒

某国际旅行社接待了一个日本旅游团去宁波参观旅游。游览期间，地陪为讨好游客，对日本大加赞赏，而对宁波则大肆诋毁。车上的日本领队听后脸色凝重。晚上，日本领队对地陪表示了不满与抗议。他气愤地说：“宁波是个美丽的地方，我多次带团来宁波。这几年宁波各方面的变化极大。正是因为这地方不错，所以我组织多位渴望了解宁波的客人到这里观光，有可能的话，一些游客还打算在这里投资建厂。然而今天，地陪却当着游客的面诋毁宁波，这是对我的不尊重，也是对我工作的不支持。为此，我要求宁波地接社撤换该地陪，同时要求他向游客道歉。”

（资料来源：http://www.233.com/dy/fuwu/zhidao/20060802/095552117.html，有改动）

讨论

1. 该案例中地陪缺乏哪些职业素质？

2. 简述导游人员应具备的思想素质。

1.3 导游人员管理

1.3.1 导游人员资格证书的获取

1. 导游证的分类

依据《旅游法》规定，导游证是指参加导游人员资格考试并合格，取得导游人员资格证书的人员，经与旅行社订立劳动合同或在旅游主管部门的相关信息系统平台登记，由省、自治区或直辖市人民政府旅游行政部门颁发的导游证。持有正式导游证的人员，可以是专职或兼职的导游人员，也可以是旅行社正式或临时聘用的导游人员。

导游证可分为中文导游证和外语导游证两种。

我国导游人员资格考试始于 1989 年，是导游行业的资格考试。

2. 报名条件

(1) 遵守宪法，热爱祖国，坚持四项基本原则。

(2) 身体健康。

(3) 高中或中专以上学历。

(4) 具有适应导游工作需要的基本知识和语言表达能力的中华人民共和国公民。

(5) 报考外语类导游员资格证的人员必须具有外语专业大专以上或非外语专业本科以上学历。

3. 考试内容

导游资格考试一般采取笔试和口试相结合的考试方式。

(1) 考试科目与内容

考试科目为“政策法规”“导游业务”“全国导游基础知识”“地方导游基础知识”“导游服务能力”五科。

科目一："政策法规"，考试内容为党和国家的大政方针、旅游业发展方针政策及相关的法律法规、导游人员应该具备的法律法规知识。

科目二："导游业务"，考试内容为导游人员职业道德规范、导游人员素质要求和行为规范、导游服务程序和内容、相关知识在导游服务中的应用。

科目三："全国导游基础知识"，考试内容为全国旅游行业通识知识。

科目四："地方导游基础知识"，考试内容为地方旅游知识。

科目五："导游服务能力"，考试内容为景点讲解、导游规范、应变能力和综合知识。外语类考生须用所报考语种的语言进行本科目考试并进行口译测试。

(2) 考试形式

考试形式分笔试与现场考试两种，科目一、二、三、四为笔试，科目五为现场考试。其中科目一、二合并为 1 份试卷进行测试，考试时间为 90 分钟；科目三、四合并为 1 份试卷进行测试，考试时间为 90 分钟，其中科目四占比不少于 50%。

科目五中文类考生考试时间不少于 15 分钟，外语类考生考试时间不少于 25 分钟。笔试科目采用机考，各地使用国家旅游局统一的计算机考试 系统进行考试。

现场考试由省级旅游主管部门根据现场考试工作标准组织本行政区域内考试。

4. 考试时间

自 2016 年起，全国导游人员资格考试于每年 11 月举行，每年一次，具体时间由国家旅游局当年确定[①]。

5. 资格证书

1) 证书的管理

经导游人员资格考试合格者，可获得全国导游人员资格证书，证书由国家旅游局统一印制。各省级旅游局将考试合格人员名单及证书编号上报国家旅游局，由国家旅游局核发证书。证书在全国范围内有效。证书的执证人姓名、身份证号码、获得证书时间、是否有违规行为等信息可从国家旅游局的导游信息网络查询。

2) 证书的期限

获得导游人员资格证书仅表明持证人具备了从事导游工作的资格，但还不能正式上岗从事导游职业。若要从事导游职业，必须与旅行社订立劳动合同或者在旅游主管部门的相关信息系统平台登记，申请并领取导游证后，才能获得从业许可。获得导游人员资格证书终身有效。

3) 证书的等级

根据《导游人员管理条例》和《全国导游人员等级考核评定管理办法（试行）》要求，导游员等级分为初级、中级、高级和特级四种。

【拓展知识】

① 2018 年 3 月，经十三届全国人大一次会议审议通过，原文化部和国家旅游局合并，成立"文化和旅游部"。但本书中所引资料和法规均来自原国家旅游局的决策和会议，所以仍保留"国家旅游局"的说法。

⑴ 初级导游。

取得导游人员资格证书者，即可获得初级导游员等级证书。

⑵ 中级导游。

学历要求：初级导游报考同语种中级导游和初级外语导游报考中级中文（普通话）导游的，学历不限；初级中文（普通话）导游和中级中文（普通话）导游报考中级外语导游的，需具备所报考语种大专以上学历。

职业经历：取得导游资格证书满 3 年，或具有大专以上学历的取得导游资格证书满 2 年，并且在报考前 3 年内实际带团不少于 90 个工作日，带团工作期间表现出良好的职业道德。

⑶ 高级导游。

学历要求：具有本科及以上学历或旅游类、外语类大专学历。

职业经历：取得中级导游证书满 3 年，并且在报考前 3 年内以中级导游身份实际带团不少于 90 个工作日，带团工作期间表现出良好的职业道德。

⑷ 特级导游。

特级导游员的考核采取论文答辩方式。

【拓展知识】

案例 1-9

测试与考查结合，知识与素质并重

导游讲解是导游的基本能力，但不能代表导游能力的全部。而导游工作实践中所需要的讲解能力以外的诸如组织能力、沟通能力、应变能力、情绪控制与表达能力等在考试中很难测试到，但是对于全陪导游人员和领队导游人员来说，也许这些讲解之外的能力更重要。目前，导游资格考试“重知识、轻素质”的现象比较严重，应试成分很重，而一些更重要的，如人的经验、兴趣、价值观，以及基本素质和潜质等内容却没有测试到。其实，这些内容在导游活动实践中才是更重要的，而且不容易被改变或提升。因此，导游知识要考查，业务能力也要考查，尤其是对导游服务效果有重要影响作用的导游人员心理素质、性格特质、兴趣爱好、职业观、价值观等更要重视。除了目前导游资格考试的笔试和面试程序外，还应增加心理素质和性格特质测试，通过心理学专家和组织行为学专家对考生的深度访谈和工作学习经历分析或通过相关专业软件的测试，考查考生的基本素质和潜质。

（资料来源：http://www.toptour.cn/detail/info51936.htm，有改动）

讨论

1. 你认为哪些内容应纳入导游资格考试中？

2. 你参加过哪些形式或内容比较特别的考试或测试？能否借鉴到导游资格考试中？

1.3.2 导游人员的培训

1. 培训种类

1) 资格培训

资格培训是指为帮助学员获得导游人员资格证书而进行的培训。其培训内容的针对性和目的性较强，紧扣考试科目，能使应试人员得到较为系统和正规的培训。它往往由社会上的培训班或旅游专业院校组织进行。应考人员自愿参加。

2) 岗前培训

岗前培训是一种职业化培训，要求获得导游人员资格证书者在正式上岗前经过一段时间的职业培训。它主要是旅行社对新导游进行工作理念、意识、态度、作风、业务知识和导游技能等方面的职业化培训，以帮助新导游尽快胜任工作。

3) 岗位培训

岗位培训是指导游上岗后的培训，是为了不断提高导游的素质和技能而不定期举办的各种适用性培训。根据《导游管理办法》第三十一条规定，各级旅游主管部门应当积极组织开展导游培训，培训内容应当包括政策法规、安全生产、突发事件应对和文明服务等，培训方式可以包括培训班、专题讲座和网络在线培训等，每年累计培训时间不得少于24小时。旅行社也可以按照在职导游的新老层次和知识需求不同，采取融知识性和趣味性为一体的专家讲座和现场授课等方式进行培训，让导游按兴趣和需求选修课程，实现培训形式和内容的人性化和个性化。

2. 培训内容

(1) 思想道德：世界观、人生观、价值观、社会公德、职业道德等。

(2) 服务理念：服务意识、质量意识和协作意识等。

(3) 专业知识：导游基础知识、旅游政策法规、旅游地理、中国历史、诗词歌赋、中外民俗、中外建筑、世界宗教、旅游美学和旅游心理学等。

(4) 专业技能：带团技巧、协调能力、组织能力、应变能力、语言能力和才艺技能等。

【拓展案例】

1.3.3 导游人员的处罚规定

根据《导游管理办法》规定：

导游有下列行为的，由县级以上旅游主管部门责令改正，并可以处1 000元以下罚款；情节严重的，可以处1 000元以上5 000元以下罚款。

(1) 未按期报告信息变更情况的。

⑵ 未申请变更导游证信息的。

⑶ 未更换导游身份标识的。

⑷ 不依照本办法第二十四条规定采取相应措施的。

⑸ 未按规定参加旅游主管部门组织的培训的。

⑹ 向负责监督检查的旅游主管部门隐瞒有关情况、提供虚假材料或者拒绝提供反映其活动情况的真实材料的。

⑺ 在导游服务星级评价中提供虚假材料的。

导游执业许可申请人隐瞒有关情况或者提供虚假材料申请取得导游人员资格证、导游证的，县级以上旅游主管部门不予受理或者不予许可，并给予警告；申请人在一年内不得再次申请该导游执业许可。

导游以欺骗、贿赂等不正当手段取得导游人员资格证、导游证的，除依法撤销相关证件外，可以由所在地旅游主管部门处 1 000 元以上 5 000 元以下罚款；申请人在三年内不得再次申请导游执业许可。

导游涂改、倒卖、出租、出借导游人员资格证、导游证，以其他形式非法转让导游执业许可，或者擅自委托他人代为提供导游服务的，由县级以上旅游主管部门责令改正，并可以处 2 000 元以上 1 万元以下罚款。

根据《导游人员管理条例》的规定：

无导游证进行导游活动的，由旅游行政部门责令改正并予以公告，处 1 000 元以上 3 万元以下的罚款；有违法所得的，并处没收违法所得。

导游人员未经旅行社委派，私自承揽或者以其他任何方式直接承揽导游业务，进行导游活动的，由旅游行政部门责令改正，处 1 000 元以上 3 万元以下的罚款；有违法所得的，并处没收违法所得；情节严重的，由省、自治区、直辖市人民政府旅游行政部门吊销导游证并予以公告。

导游人员进行导游活动时，有损害国家利益和民族尊严的言行的，由旅游行政部门责令改正；情节严重的，由省、自治区、直辖市人民政府旅游行政部门吊销导游证并予以公告；对该导游人员所在的旅行社给予警告直至责令停业整顿。

导游人员进行导游活动时未佩戴导游证的，由旅游行政部门责令改正；拒不改正的，处 500 元以下的罚款。

导游人员有下列情形之一的，由旅游行政部门责令改正，暂扣导游证 3 至 6 个月；情节严重的，由省、自治区、直辖市人民政府旅游行政部门吊销导游证并予以公告。

⑴ 擅自增加或者减少旅游项目的。

⑵ 擅自变更接待计划的。

⑶ 擅自中止导游活动的。

导游人员进行导游活动，向旅游者兜售物品或者购买旅游者的物品的，或者以明示或者暗示的方式向旅游者索要小费的，由旅游行政部门责令改正，处 1 000 元以上 3 万元以下的罚款；有违法所得的，并处没收违法所得；情节严重的，由省、自治区、直辖市人民政府旅游行政部门吊销导游证并予以公告；对委派该导游人员的旅行社给予警告直至责令停业整顿。

导游人员进行导游活动，欺骗、胁迫旅游者消费或者与经营者串通欺骗、胁迫旅游者消费的，由旅游行政部门责令改正，处1 000元以上3万元以下的罚款；有违法所得的，并处没收违法所得；情节严重的，由省、自治区、直辖市人民政府旅游行政部门吊销导游证并予以公告；对委派该导游人员的旅行社给予警告直至责令停业整顿；构成犯罪的，依法追究刑事责任。

案例1–10

某旅行社企业导游绩效考核表

	指标	具体内容	权重	得分
工作绩效	接待及时性	是否及时接待游客，做好接待准备	0.04	
	工作流程执行度	是否严格按照出团流程操作	0.08	
	游客人身、财务安全维护度	是否有游客受到人身、财务安全威胁	0.16	
	游客行程、食宿满意度	是否有游客对行程、食宿投诉	0.16	
	讲解游客满意度	是否有游客对讲解投诉	0.16	
	可行性建议提出率	沟通效果和可行性建议提出	0.04	
	老客户转介绍、重购成功率	是否有老客户重购	0.08	
	专业技能学习提升率	技能考试和培训提升率	0.08	
工作态度	积极性	主动学习业务知识；主动承担一般的额外任务；工作中能够提出新的思路建议	0.05	
	协作性	能够与同事保持良好的合作关系，协助完成工作	0.05	
	责任心	工作有较强的责任心，能承担岗位职责，并认真履行	0.05	
	纪律性	能够遵守工作的规定和标准，有较强的自觉性和纪律性	0.05	
总分＝∑得分 × 权重				

（资料来源：http://blog.sina.com.cn/s/blog_5e0aa0bd0102v0z1.html，有改动）

讨论

1. 请评价该考核表的适用性。

2. 你认为一名优秀导游应具备哪些条件？

本章小结

导游服务具有服务性、文化性、社会性、经济性和涉外性等性质，并具有独立性强、复杂多变、脑体高度结合和跨文化性等特点。因此，导游服务必须遵循“服务第一、维护各方合法权益、合理而可能”的原则。导游人员是导游服务的提供者，是依照《导游人员管理条例》规定取得导游证，接受旅行社委派，为旅游者提供向导、讲解及相关旅游服务的人员。其可以按业务范围、职业性质、使用语言和技术等级进行不同的分类。各类导游人员必须履行其职责，并具备良好的思想素质、文化素质、技能素质、心理素质和身体素质。我国各级旅游行政管理机构对导游人员进行资格认证、专业培训和相关管理。

关键术语

导游服务（tour guide service）
导游人员（tour guide）
导游资格证（tour guide qualification certificate）
导游等级考核制度（tour guide rank system）

复习思考题

一、单选题

1. 导游人员资格证书（　　）。
   A. 1 年有效　B. 3 年有效　C. 5 年有效　D. 终身有效
2. 报考导游资格证的学历条件是（　　）。
   A. 初中以上　B. 高中或中专以上　C. 大专或本科以上　D. 研究生以上

二、多选题

1. 导游服务的特点主要有（　　）。
   A. 独立性强　B. 复杂多变　C. 脑体高度结合　D. 跨文化性
2. 导游服务的性质主要有（　　）。
   A. 服务性　B. 文化性　C. 经济性　D. 涉外性

三、判断题

1. 导游资格考试科目为政策法规、导游业务、全国导游基础知识、地方导游基础知识和导游服务能力。（　　）

2. 导游员等级分为初级、中级、高级和特级四种。　（　　）

四、简答题

1. 导游服务应遵守哪些基本原则？
2. 简述导游人员的概念及其类型。
3. 导游人员的基本职责和各类导游人员的具体职责分别是什么？
4. 导游人员的素质要求有哪些？
5. 导游人员资格证书的种类有哪些？获取条件分别是什么？

课后案例

放开自由执业限制，深化导游体制改革

【拓展视频】

2016年，国家旅游局发布《关于深化导游体制改革加强导游队伍建设的意见》（下称《意见》）。《意见》指出，导游体制改革的重点任务包括：改革考试培训注册制度、改革导游执业制度、健全执业保障体系、健全事中事后监管体制、建立健全导游协会组织、创新导游激励机制等。业内专家表示，导游体制改革是行业发展的进步，导游行业将会更加规范，受益者将是广大消费者和从业人员。

1. 改革涉及19项内容

来自国家旅游局的相关统计数据显示，当前，我国持证导游逾80万人，但与旅行社签订劳动合同的导游仅20多万人，大部分导游是事实上的“自由执业者”。普通话导游约占90%，其他小语种导游紧缺；持证导游中，女性导游约占78%，男女比例不平衡；导游服务难以满足消费者对个性化、专业化的旺盛需求。

据了解，当前存在导游体制建设滞后，导游服务供给与不断丰富的市场需求不相适应；导游封闭式管理与开放型市场、综合型产业不相适应；导游服务结构性矛盾、导游流通政策性壁垒、导游保障系统不健全等问题。

针对这些问题，《意见》包括了改革准入培训注册制度 、改革导游执业制度、健全执业保障体系、健全事中事后监管体制、建立健全导游协会组织和创新导游激励机制六大主要方面的19个具体内容。提出构建“进出、监管、保障、奖惩”四位一体的管理体系，营造消费者、导游、市场共赢局面。

有业内专家表示，从此次导游管理体制改革的内容看，不断强化对导游的管理和保障是大势所趋。只有把导游自身的从业权益落到实处，才能让导游行业走上正轨，为游客提供良好的服务。

2. 企业借互联网助推改革

据悉，在2016年年初举办的全国旅游工作会议上，国家旅游局局长李金早将“深化导游管理体制改革”列为今年重点工作之一，从行政化、非流动、封闭式管理

向市场化、自由化、法制化管理转变。为此，将放开导游自由执业，取消“导游必须经旅行社委派”的规定，取消导游年审制度，导游资格证终身有效，且导游证全国通用，并已于5月在9省区市分线上、线下进行导游自由执业试点，这被业内人士看作是提升导游服务质量的有益尝试，也是旅游行业管理的一次重大转型。

作为旅游市场主体的旅游企业，携程、同程和驴妈妈等在线旅行社，目前正在利用互联网技术手段，大胆探索、搭好平台，构建真实科学的用户评价体系和诚信机制，响应导游体制改革，助力产业发展。

携程承接了国家旅游局“互联网+导游领队”“导游自由执业预约平台”改革试点，其中后者即将上线，届时将在国内部分重点旅游城市和目的地率先开放预约导游，明码标价透明服务。携程同时宣布推出“全球百万导游达人”计划，接入全球导游、领队、旅游定制师、门店顾问、境外车+导、玩家达人等，最新的中国留学生“海外伴游”和定制服务也即将推出。“我们将通过全球领先的互联网技术创新与服务创新，搭建一个公开、透明、高效的平台，帮助破解中国旅游者最为头痛的导游问题。”携程旅行网相关负责人告诉记者。

而在导游保障方面，记者了解到，同程旅游出资500万元设立全国导游领队救助基金，从今年7月1日起，每自营组团接待一名游客，即向该基金捐款1元，预计每年将至少新增100万元。业内人士认为，同程旅游的举措为国家级导游救助和保障体系的建立提供了经验借鉴。

另外，驴妈妈在利用互联网思维和技术手段化解导游难题方面也作了有益尝试。据介绍，经过两年多研发，驴妈妈已初步形成“旅行社–导游（领队）–消费者”三者互通管理平台。游客在平台上能看到导游的信息，平台对国内跟团导游、出境领队都有评价体系及完整的管理措施，对其从领团、接团、上车、途中、景区、用餐、住宿、购物、送团，一直到报账的每一个环节都制定有详细的操作规范，每一名导游或领队在带团出行之前都必须签署《服务承诺书》，引导导游提升自身服务水平和行业竞争意识。

3. 业界反应：改革将规范行业，但还需具体落实

驴妈妈旅游网CEO王小松表示，导游是整个旅游过程的主导者，导游对于景点游览先后顺序、餐饮地点选择、购物和自费项目等安排都直接影响到游客的旅行体验。但长期以来，导游挂靠旅行社的模式，导致二者地位严重不对等，带团补助也没保障，这就导致了一些导游收入只能靠吃游客购物回扣，进而形成备受游客诟病的“恶性循环”。

据王小松介绍，导游业是罕见的至今仍没有被互联网所改变的业态，根据驴妈妈总部、各地子公司及关联公司共3 732名导游的调研反馈，目前中国导游存在管理部门头疼、旅行社管理两难、游客不信任、社会地位低、人才不愿进等诸多问题。“导游体制改革是行业发展的进步，符合旅游供给侧改革的需求。导游行业会更加规范，受益者将是广大消费者和从业人员。”王小松说。

已经从事导游工作十多年的Leo在接受记者采访时表示，此次改革的内容很不错，“特别是导游的资质时限不再是三年而是终身制，带团的方式由以前旅行社的委托变为自由，这些都是对导游工作的认可和对于市场的放开”。但他觉得，对于提高导游的收入和社会福利保障还不具体，如何落实仍然是个问题。

4. 导游体制改革方向（部分）

取消导游资格证三年有效的规定，明确导游资格证终身有效，规范导游证使用年限，建设全国导游公共服务平台，启用电子导游证书取代原有 IC 卡导游证。

开展导游自由执业改革，使导游职业渠道由单一旅行社委派转型为旅行社、互联网平台以及其他旅行服务机构等多元选择。

开展劳动报酬集体协商、健全导游保险保障体系、清理不合理收费项目、建立导游执业动态监管机制、健全旅游纠纷综合处理机制，以及建立星级导游品牌制度。

……

（资料来源：http://news.163.com/16/0905/02/C05SHFKP00014Q4P.html，有改动）

讨论

1. 我国导游人员的现状如何？他们主要面临哪些问题和挑战？
2. 导游体制改革将给企业、导游、旅游者等主体带来哪些影响？

Chapter 2

导游服务程序与规范

不以规矩，不能成方圆；不以六律，不能正五音。

——孟子

学习目标 >

- 了解：地陪、全陪、领队和景区导游工作的概况。
- 理解：导游工作在整个旅游服务和旅行社业务中的重要地位。
- 掌握：各类导游服务的工作重点、主要职责、一般程序与具体要求。

导入案例

一视同仁提供服务，游客感受各不相同

小李是某省旅游专业二年级学生，获得导游资格证书并领取导游证后，他利用节假日从事导游工作，以培养自己的实际工作能力。8月，小李受某旅行社委派，带一个旅行团坐动车去江西南昌、庐山旅游。带团过程中，小李尽心尽力为客人服务，赢得了多数客人的好评。然而让小李困惑的是，同样的服务，旅游团里有两位老年客人对小李的工作评价却不太好，指责小李工作不熟练，耽搁了大家的时间。尽管小李耐心解释因为是旅游旺季，旅游服务供应十分紧张，能做到不出问题就很难得了，但是两位老人并不认同。

讨论

1. 为何导游自认为“一视同仁”的服务会有不一样的服务结果呢?
2. 导游带团工作中，哪些关键环节与旅游者的满意感密切相关?

2.1 旅游团队与导游服务集体

2.1.1 旅游团队

1. 旅游团的概念

所谓旅游团，是指经由旅行社招徕、组织安排，客人需要事先支付全部或部分旅游费用，并按照预定旅游行程计划从事旅游消费活动的旅游者群体。随着19世纪中叶以来旅行社的产生与迅速发展，团体旅游迅速兴起与发展，大众化旅游时期到来；进入现代旅游时期后，团体旅游规模不断扩大，至今都是极为重要的大众旅游方式。对选择团体旅游方式的旅游者来说，团体旅游具有方便、安全、省心、价廉、服务安排有保障等优势。按传统习惯，团体旅游与散客旅游的区别主要在于旅游者人数，人数在10人以上（包括10人）为团体旅游，10人以下为散客旅游。需要强调的一点是，虽然通常团体旅游采用包价旅游、散客旅游采用非包价旅游形式，但并不排除团体旅游采用非包价旅游、散客旅游采用包价旅游的方式进行。

2. 旅游团的类型

1) 按照旅游行程所涉及的空间范围划分

按照旅游行程所涉及的空间范围，旅游团可分为国内旅游团、入境旅游团和出境旅游团3类。

⑴ 国内旅游团。旅游行程在我国大陆境内，旅游团的成员构成一般是国内居民，既包括中国公民，也包括在中国境内工作、定居的外籍人士或者港澳台同胞与华人华侨。国内旅游团又可分为省外（长线）团与省内（短线）团，旅行社可相应为旅游团提供全陪与地陪导游服务。

⑵ 入境旅游团。旅游行程在我国大陆境内，由境外旅行社组团、境内旅行社接待，成员构成为外籍人士、港澳台同胞及华人华侨。按照我国政策法规，港、澳、台人士赴大陆旅游为入境旅游。

⑶ 出境旅游团。旅游行程主要在我国大陆境外，由境内具有出境游组团资格的旅行社组团，境外旅行社负责接待，成员构成主要是中国大陆居民。大陆居民赴港、澳、台旅游也属于出境旅游。

2) 按照旅行社产品形态或旅游付费方式划分

按照旅行社产品形态或旅游付费方式，旅游团可分为全包价旅游团、半包价旅游团、小包价旅游团和组合旅游团（一日游旅游团）。

⑴ 全包价旅游团。全包价旅游是指旅游者将各项旅游服务全权委托给组团旅行社安排，并事先缴付旅游团费的旅游形式。全包价旅游团价格中应包含客源地至旅游目的地之间的往返交通服务、酒店住宿服务、餐饮服务、参观游览服务、旅游巴士服务、翻译服务、交通集散地接送服务、行李运送服务，以及旅游景点至少第一道门票等的费用。我国政策法规对于旅行社组团合同所包含的内容有明确规定，并提供组团合同范本。

⑵ 半包价旅游团。所谓半包价，是指与全包价相比，旅游报价中未包含正餐（午餐和晚餐）的费用。这种形式的产品一方面给予旅游者用餐的自由选择权，另一方面也降低了包价旅游产品的直观价格。严格意义上的半包价并不多见，更为常见的是旅游报价中减去了部分正餐费用（整个行程有一、两天的中、晚餐由客人自理）。值得注意的是，半包价旅游不一定适合在旅游旺季或者当地餐饮条件很差的情况，因为这种情况下，旅游者自行用餐可能既耽误了宝贵的旅游时间，又不能使他们得到满意的餐饮服务。

⑶ 小包价旅游团。在时间和空间上，小包价旅游（也称选择性旅游）给了旅游者更大的选择权。从整体上看，游客所需旅游服务项目可分为必选部分和可选部分，小包价旅游报价包含的是必选的服务项目。必选部分至少应包括客源地至旅游目的地的交通费、目的地第一晚住宿费和次日早餐费等最基本的旅游服务。在此基础上，可选部分由旅游者自行决定，如地陪导游服务、餐饮服务、旅游巴士服务、具体的游览项目，甚至停留天数、返程交通等。显然小包价旅游最大的特点是机动灵活，可以充分照顾到游客的个性化需求。

⑷ 组合旅游团。组合旅游团的成员通常以各自不同的目的与方式来到旅游地，利用余暇时间（通常为半天或一天）参加当地旅行社组织的"半日游"或"一日游"。组合旅游产品的销售常在旅行社门市、受其委托的酒店前台、机场（车站、码头）设立的销售点，以及市区的商业中心等地进行。

2.1.2 导游服务集体

1. 导游服务集体的概念

地陪、全陪、领队及景点导游共同组成了导游服务集体，他们为旅游团落实与实施旅游接待计划，沟通与协调各旅游服务方的关系，并为团体旅游者提供各项直接服务，保证旅游活动的顺利进行。现实情况中，导游服务集体成员可能有多种组合情况，如国内旅游团导游服务集体中并无领队，省内旅游团没有全陪，一些旅行社的某些长线旅游团由全陪兼任地陪等。

2. 导游服务集体成员协作共事的基础

导游服务集体中，全陪是组团社的代表，地陪则是旅游目的地接待社的代表，出境游领队在境外代表着国内组团社，而入境游领队则代表着境外组团社。虽然他们分别代表着不同旅行社的利益，有不同的工作职责，但存在合作共事的基础，表现为以下方面。

1) 具有共同的工作对象、任务和目标

导游服务集体的共同工作对象是同一旅游团的旅游者，执行旅游团的旅游计划是其共同的工作任务，而组织好旅游活动、为旅游者提供满意的服务是他们共同的努力目标。

2) 存在共同的利益

旅游活动的过程，也是旅游商品销售与消费的过程，只有全陪、地陪、领队良好协作，取得令游客满意的效果，才算是完成旅游商品的销售。这样，各自的旅游企业才会取得经济效益，导游人员才能从中获益。

3) 旅游协议是处理问题的共同依据

导游服务集体成员间出现矛盾和分歧时，必须以全面、正确执行旅游企业之间、旅游企业与旅游者之间签订的协议为原则。旅游协议书中的各项约定是导游服务集体各成员应共同努力完成的任务，也是他们协作共事的基础。

3. 导游服务集体成员协作共事的方法

1) 各方争取主动配合

在旅游服务中，全陪、地陪和领队各方应主动争取其他方的配合，共同努力完成旅游接待任务。争取各方配合的主要途径是及时交流信息，沟通各自的想法，在求得意见一致的基础上协同行动。

2) 尊重各方权限和利益

导游服务集体各成员虽然代表着不同的利益方，工作侧重点也不同，但彼此之间的关系是平等的，各方的配合是互补、互利的，应尊重各方的工作权限，切忌干预对方工作，侵害他方利益。

3) 建立友情关系

努力做到工作关系（即理性关系）和情感关系（即人际关系）相统一，把握好友情关系的尺度和距离，尊重彼此的隐私权，不涉及工作上的保密禁区。

4) 相互尊重、相互学习、不推诿责任

工作中应彼此尊重、平等对待、相互学习、取长补短。若出现问题事故，应从大局出发，在分析原因的基础上，分清责任，并勇于承担自己的责任，切忌相互指责和推诿。

案例 2-1

国外领队擅自承诺，国内地接怨难兑现

美国某入境旅游团领队与中国接待社导游共同合作，服务一个名为“中国文化遗产经典游览”团。在游览杭州西湖的时候，美国领队提出要让客人体验徒步漫游西湖→杨公堤→梅家坞线路。领队坚持徒步西湖能让客人更深入地领略杭州西湖及田园风光。中国接待社导游认为这个活动没有在行程里安排，而且徒步时间长达 5 小时，司机需要改变原来行程计划，开车前往梅家坞等候团队，工作时间也将相应延长 2 小时。美国组团社在进行产品介绍的时候，向游客推荐了西湖徒步活动的特色，而且说明活动全程免费，不需要增加额外费用。中国地接社导游委婉拒绝，并解释原因；司机也不愿意免费前往，更不愿意延长上班时间。美国领队情绪激动，抱怨导游和组团社服务不好。

讨论

1. 该案例的问题根源在哪里？牵涉到哪些利益方？

2. 对于此类问题该如何解决？

2.2 地陪导游服务程序与规范

地陪导游程序是指从地陪接受旅行社下达旅游团接待任务起，到旅游团离开本地后，地陪完成后续的善后、报账、总结工作为止的全部工作流程。地陪应及时、准确做好旅游团在当地的迎送工作；严格按照接待计划，做好旅游团在本地参观游览过程中的导游讲解和计划内的食宿、购物、文娱等活动的安排；妥善处理各方面的关系和出现的问题。

2.2.1 上团前的服务准备

接到旅行社下达的接团任务后，地陪要做好充分的上团前准备工作，这是地陪提供良好服务的重要前提。

1. 熟悉接待计划

接待计划是组团社与地接社双方共同达成的由地接社具体组织落实旅游团活动的契约性安排，也是导游人员了解该团基本情况和安排活动日程的主要依据。旅游团到达当地之前，地陪必须认真阅读接待计划和有关资料，详细、准确地了解该旅游团的服务项目和要求，对重要事宜做记录并了解以下情况。

⑴ 组团社名称、相关联络人（具体负责人、对方领队）姓名及电话号码、旅游团名称与团号、国别（是国内团还是入境团）等。

⑵ 旅游团组成情况：旅游者人数（包括男、女人数，大人、小孩人数）、主要人物姓名，可能的话对旅游者的职业、宗教信仰等有所了解。

⑶ 旅游团的全程旅游路线及入、出境口岸地点。

⑷ 所乘交通工具情况：抵达与离开本地所乘飞机（火车、轮船）的航班、时刻，以及机场（车站、码头）名称；同时要掌握交通票据情况：游客自订机票还是地接社代订机票、返程机票是否订妥等。

⑸ 游客住宿、用车、游览、用餐等方面有无特殊要求及注意事项。

2. 落实接待事宜

地陪在旅游团抵达当地之前，必须与各有关部门人员一起落实、检查旅游团的交通、食宿、行李运输等事宜。

⑴ 落实旅游车辆。与旅游汽车公司或本社车队联系，确认所安排车辆的车型、车牌号和司机姓名；确定与司机的接头地点并告知其活动日程和具体时间。

⑵ 掌握联系电话。地陪必须备齐并随身携带有关旅行社各部门、餐厅、饭店、车队等的电话号码。为了安全起见，地陪不能仅在手机中存储这些号码，否则一旦出现手机没电、遗失的情况便十分麻烦，最稳妥的做法是记录在携带方便的小本子上。

⑶ 落实住宿与用餐情况。为方便旅游团活动，尽量将客人房间安排在同一楼层或者相邻楼层；若客人对房间有特殊要求，应事先跟酒店申明。用餐的安排上，应照顾客人的饮食习惯。

⑷ 落实行李运送情况。旅游用车一般分为游客座位层和下部行李舱，通常情况下不需另外安排行李车。但若组团社发来信息，事先了解到游客行李较多，或者对方明确要求增加行李车，地陪应做好相应安排。

⑸ 了解不熟悉景点的情况。对于新开设或自己不熟悉的旅游景点，地陪应提前了解其概况，如开放时间、景区内景物的具体位置、最佳游览路线等，必要时可以事先

亲自到现场查看，做好导游服务准备工作，保证游览活动顺利进行。

3. 物质准备

上团前，地陪应准备好行程表、导游图、门票结算单、需要现付的费用、导游证、导游旗、接站牌等规定物品，以及个人生活必备物品。

4. 语言和知识准备

(1) 根据参观游览项目，做好介绍资料的准备。

(2) 若接待的是某些方面的专业团体旅游者，要做好相关专业知识、词汇的准备。

(3) 掌握国内、国际时事政治动态，了解当前热门话题，这是与旅游者良好沟通的重要基础。

5. 自身形象准备

导游人员必须意识到自身的行为举止与仪容仪表并非只是个人行为，也是旅游服务产品的组成部分。因此，地陪在上团前要做好仪容、仪表方面的准备。

(1) 着装应简洁大方、整齐自然，符合导游人员的职业身份，方便工作。

(2) 若佩戴首饰，则要适度，不可太过繁复张扬；可化淡妆，不可浓妆艳抹。

6. 心理准备

(1) 做好面临艰苦复杂工作的心理准备。导游工作不是游山玩水，导游人员责任重大。导游人员既要按照服务质量规范为游客提供标准服务，还必须有充分的思想准备为客人提供个性化的优质服务；同时，还必须有在工作中一旦出现问题或发生事故时迅速、正确应对与处理的思想准备。

(2) 做好承受游客抱怨甚至投诉的心理准备。导游工作既辛苦又复杂，面临许多不确定性问题，导游服务质量的影响因素来自各个方面，有些并非是导游自身能够决定的。有时导游虽然尽心竭力、热情周到地为游客服务，但仍不能避免部分游客的挑剔、抱怨、指责甚至投诉。对此，导游要有充分的心理准备，冷静沉着地面对。

2.2.2 旅游团的迎接服务

旅游团的迎接工作十分重要，它是后续服务能否顺利开展的基础。地陪迎接游客的过程是否周到细致，关系到游客对导游能否产生良好的第一印象。因此，地陪应为旅游团提供及时、周到、热情、友好的接待服务，并通过首次讲解使游客对当地社会、政治和经济概况有所了解，使其对将要展开的旅游活动产生浓厚兴趣。

1. 旅游团抵达前的工作

(1) 核实服务准备及旅游团抵达的准确时间。接团当天，地陪要提前与旅行社核实准备工作的落实情况，提前向机场（车站、码头）问讯处询问飞机（火车、轮船）到达的准确时间（询问应在飞机预定抵达前2小时；火车、轮船预定抵达前1小时进行），以免发生漏接、空接事故。

(2) 联系旅游车司机。提前通知司机出发时间、与司机汇合的地点，告知司机旅游活动的日程和具体时间。

(3) 提前抵达迎接地点。按照规定，地陪应至少提前半小时抵达机场（车站、码头），要记住旅游车停放的准确位置。

(4) 进入接站大厅后，要再次核实机场（车站、码头）发布的旅游团抵达的时间信息。

(5) 佩戴好导游证、持导游旗或接站标志牌，准备迎候旅游团到来。

(6) 对于入境旅游团的迎接，除了到机场（车站、码头）国际旅客出站口迎接，地陪可能还需要提前抵达入境口岸约定地点迎接。

案例 2-2

机场接错团队，地陪将错就错

10月2日15:00，某旅行社导游小赵按照接团任务准时来到广州白云机场国内航班到达大厅出口处，迎接一个24人的江苏旅游团。虽是黄金周，但航班还是准时抵达。接站出口处七八个来自不同旅行社的导游手举导游旗或接站牌，等待游客到来。由于好几个航班同时抵达，出站的人很多，各导游纷纷忙着认找自己的旅游团。小赵很顺利地与全陪小张接上了头。简单核对旅游团人数、团号无误后，他赶快带领旅游团到停车场，招呼客人上车。清点人数无误后，小赵请司机开车将客人送到酒店休息。然而，当车到达游客入住的饭店门口时，全陪说他们要入住的酒店不是这一家。小赵心想：难道自己的计划和全陪的不一样么？于是赶紧请全陪拿出计划来对照。这一对照，小赵才知道：自己居然接错团了。原来组团社当天同时发了团号、人数都一样的A、B两个团给地接社，但两团所住饭店不一样。奇怪的是自己接错团，而该接的团却没打来电话询问，小赵打电话核实后得知，该团是“幸好”被公司另一名导游错接走了。最后，经请示旅行社领导后，两名导游只好将错就错，继续把团带下去。最后，该次错接虽然没给旅游团带来不利影响，客人也不知道此事，但全陪认为地陪工作不细心、责任心不强，向组团社汇报了此事。

讨论

1. 小赵为何会接错团？应核对哪些信息才能避免错接发生？

2. 若本案例接错团的是全陪，该如何处理？

2. 旅游团抵达后的服务

(1) 认找旅游团。旅游团出站时，地陪可与全陪或领队电话联系，告知自己已经到达迎接位置。地陪应站在出口处显眼位置，举起导游旗或接站牌以便国内旅游团全陪或者入境旅游团领队前来认找联系。同时地陪也应主动从出站游客的民族特征、衣着风格、全陪（领队）旗帜或标记主动认找旅游团，必要时电话联络。

⑵ 核实旅游团情况。地陪必须及时与全陪（领队）核实相关信息，如全陪（领队）姓名、组团社名称、团号、实到人数等，一方面证实所接确实是应接的旅游团，另一方面也可及时了解可能发生的变动情况。如有与原计划不符合之处，要及时通知旅行社，做出相应调整和安排。

⑶ 提醒旅游者清点、带好行李，集合登车。旅游团集合后，地陪应提醒旅游者清点行李件数。所有客人到齐后，地陪手举导游旗在前引领旅游团前往旅游巴士停放处。若天气炎热，可通知司机先开启空调，降低车内温度。行进过程中要注意交通状况，以免发生意外。到达之后，地陪要恭候在车门边，搀扶或协助老人和小孩上车，并请司机照看和协助游客放置行李。上车后，应协助旅游者就座，安排晕车客人坐在比较平稳的座位，清点人数后，请司机开车。

⑷ 首次沿途导游。首次沿途导游是在由机场到酒店或者景点之间的路途中进行的。首次沿途导游既可以让游客感受到地接社的热情，也可让游客很快对旅游目的地有大致了解；同时，这也是地陪显示知识和展示技能的好机会。精彩成功的首次沿途导游会使旅游者产生信任感和满足感，从而对地陪产生良好的第一印象。在首次沿途导游中，地陪要做好如下几项工作。

① 致欢迎词。欢迎词内容应视旅游团的性质及其成员的文化水平、职业、年龄及居住地区等情况而有所不同，其内容一般应包括：代表所在接待社、本人及司机欢迎客人光临本地；介绍自己的姓名及所属单位；介绍司机；表示提供服务的诚挚愿望；预祝旅游愉快顺利。

【拓展视频】

② 调整时差。对于入境旅游团，若存在时差，地陪要请旅游者调整好时间。

③ 沿途风光导游。地陪做沿途风光导游时，讲解内容要简明扼要，语言节奏要明快清晰；景物取舍要灵活应变。讲解内容与旅游者的观赏同步。总之，导游人员要反应敏锐、掌握时机。

④ 介绍当地风土人情。穿插介绍本地概况，如气候条件、人口特征、行政区划分、社会生活、文化传统、土特产品、历史沿革等，介绍本地的市貌、发展概况及沿途经过的重要建筑物、街道等。

案例 2-3

一段广东导游欢迎词

各位团友，大家好：

非常欢迎大家从北方来到我们广东旅游。各位来到广东会发现一些与北方生活习惯不同的地方。例如，我们一会就要去用餐了，一坐下来服务小姐就会来问大家喝什么茶？在北方都是饭后喝茶的，广东不一样，是先上茶的哦。你可千万别说不喝啊，不然要闹笑话的！我老家也是北方的，刚来广东时就闹过不喝茶的笑话。你们想听么？

有次我去一个茶楼吃饭，刚坐下来，服务员就问我要喝什么茶？我想着吃饭就吃饭，喝汤不就结啦，喝什么茶，于是答道："不喝"。服务小姐用奇怪的眼光上下打量我，过了半晌，好心地冒出一句："喝茶不收钱的。"搞得我好狼狈。还有一次，也是一坐下来服务员就问喝什么茶，我又答不喝，那服务员也把我上下打量了一番，然后有点凶恶地说："不喝也要收茶位费的！"现在我再到哪里吃饭，都乖乖地喝茶了。

来到广东还有一点要注意的，就是说话，大家一下飞机可能就已感受到，周围的人不是说着您完全听不懂的语言，就是说着怪腔怪调的普通话。广东人说话舌头是不卷的，让人听着直帮他累。广东有句俗话："天不怕，地不怕，就怕广东人说普通话"，他们就连"普通话"这三个字都说不好，说得像"煲冬瓜"，后来他们常常干脆自嘲地说自己又煲冬瓜了。

在广东最出名的"煲冬瓜"专家是我们过去的省级干部L。有一次他在电视上说，他去给中央领导汇报工作，说到有些项目增长了40%，讲了好几遍，领导还是问他"老L啊，你到底说的是40还是14啊？"急得他一头大汗。所以说好普通话是现在广东官员们的一项重要功课。现在广东考评干部都要有半个小时的录音项目，就是听他的普通话说得好不好。

好了，各位团友，我们的餐厅就快到了，若用餐的时候有服务员来问你"要不要挤挤机啊？"你知道是怎么回事了吧？哈哈，对！就是说的"橘子汁"。

（资料来源：http://www.zhlzw.com/qx/gdo/618276.html，有改动）

讨论

1. 上面的导游欢迎词有哪些不规范、不妥当之处？

2. 若你是导游，请对上述欢迎词进行修改。

2.2.3 入住酒店服务

若时间许可，地陪应带领游客先去计划的旅游点；若当天并未安排旅游项目，地陪应带领游客直接抵达饭店。抵达后，地陪要为客人办理入住酒店手续、协助前台安排行李进房间、介绍酒店基本情况，以及提醒注意事项等，并宣告当天或第二天的活动安排。

1. 协助办理住店手续

旅游者抵达饭店后，地陪要为旅游团办理住店登记手续，争取让酒店将旅游团用房分配在同一楼层的连号房间；拿到房卡后，地陪请领队（国内旅游团请全陪）分发房卡，因为他熟悉旅游团中客人之间的相互关系。地陪要掌握领队、全陪及客人房间分配情况及房号，并将自己电话号码告诉全陪、领队，以便有事时尽快联系。若地陪也住在酒店（一般第一晚地陪可能不住酒店），要告知其房号。

2. 介绍饭店设施

地陪应向全团介绍饭店内外币兑换处、餐厅、娱乐场所、商场等设施的分布情况，请客人注意有关住店事项，提醒客人进房间后查看客房设施是否完好、用品是否齐全，如有问题及时告诉导游。导游及时与酒店方联系予以解决。

3. 照顾行李进房

若客人行李较多，随身携带困难，应事先安排额外行李服务。地陪应在行李送达饭店后，核对并督促饭店行李员及时将行李送至客人房间。在行李的每个交接环节，注意清点行李件数、查看是否完好无损，并要有关服务人员签字。

4. 带领旅游团用好第一餐

游客初到旅游目的地，对一切都会感到新鲜好奇，渴望了解当地的情况，尤其是饮食文化。对于在旅游地的第一餐，客人会比较在意。用餐情况也是客人对旅游地形成初步印象的重要影响因素之一。地陪应根据客人饮食习惯和用餐意愿，提供令客人满意的用餐服务。

5. 宣布当日或次日的活动安排

地陪应向全团宣布当天和第二天活动的安排、集合时间和地点；提醒客人根据活动做好相应准备。

6. 确定次日叫早时间、早餐用餐时间和地点

地陪在结束当天活动离开饭店之前，应与领队或全陪商定次日叫早时间，并通知全体游客；还应告知客人次日用早餐的时间和地点。

案例 2-4

失误进错饭店，巧妙化解难题

导游李莹出任华东线全陪，带团游览南京、苏州、上海、杭州 4 个城市。第三天，旅游团抵达第三站上海。依照接待计划，游览了上海部分景点后，旅游团下午入住一家相当不错的饭店。然而，当李莹和地陪带着全团客人来到该饭店时，却被总台服务员告知：饭店电脑预订系统中查不到该旅游团的预订记录。

是没有订房还是订房记录出了问题？看着大厅里等候的客人，李莹有些紧张起来。再次请饭店前台服务员查询确实没有订房记录之后，她马上打电话给组团社计调询问。经旅行社有关人员查阅该团记录，发现起初确实是安排该团入住这家饭店，但是后来因价格原因予以取消，预订了另一家开业时间不太长，但却更为豪华、价格相对便宜的饭店。但这一更改没有及时录入电脑。

原因查清了，李莹马上打电话给公司预订的那家饭店确认，情况果然如此。与地陪沟通后，李莹用悦耳的声音对游客说："各位团友，实在不好意思，让各位在大厅等了一会

儿。刚才各位在大厅浏览了这个饭店的景色，从大厅来看，你们认为这个饭店好吗？”游客们不知她的用意，纷纷说“看起来不错哦”。李莹又以开玩笑的口吻说：“那好，各位，这个饭店我们就免费参观到此。接下来请大家拿上随身行李，跟我上车，我们将入住的是另一家更加豪华的饭店。”游客们不知李莹葫芦里卖的什么药，但听说是更加豪华的酒店，都非常高兴地拿起行李，登上了旅游车。

（资料来源：http://www.doc88.com/p-70483166677.html，有改动）

讨论

1. 若上述案例中，导游带大家错进的是一家豪华饭店，而实际要入住的是一家相对普通的饭店，又该如何处理这个难题呢？

2. 从上述案例，讨论导游服务中导游随机应变能力的重要性。

2.2.4 核对并商定日程

核对与商定活动日程是旅游团抵达后的一项重要工作，它是导游服务集体成员之间合作的开始。旅游者有权审核活动计划并提出修改意见。导游与旅游者商定活动日程的安排，是对旅游者的尊重。商定后的日程安排由领队（或者国内旅游团全陪）向游客宣布。

在核对、商定日程时，对可能会出现的情况，地陪应采取相应的措施。

1. 提出小的修改意见或增加新的游览项目

⑴ 及时向地接社有关部门反映，对合理又可能满足的项目，应尽力予以安排。

⑵ 对于需要加收费用的项目，地陪应事先向领队、全陪和游客讲清，若无异议，则按有关规定收取费用。

⑶ 对确实无法满足的要求，地陪要详细解释、耐心说服，取得客人的谅解。

2. 提出的要求与原日程不符且涉及接待规格

⑴ 一般应婉言拒绝，耐心解释，表明此种日程修改实际上意味着合同变更，牵涉到较多环节，不便单方面更改合同。

⑵ 若确有特殊理由，并且由境外组团社领队（或者国内旅游团全陪）提出时，地陪必须报请地接社有关部门，根据指示进行操作。

3. 发现领队或全陪所持接待计划与地陪的接待计划有部分出入

⑴ 地陪应及时报告地接社查明原因，分清责任方。

⑵ 若是地接社责任，地陪应如实说明情况，并向领队和全体游客表达歉意。

案例 2-5

删减景点去购物，天色已暗骑骆驼

魏女士参加了某旅行社前往迪拜的旅游团，回来后向旅行社投诉，原因是地陪没有按原定的行程安排带团，且很多景点没有去，多数时间都是安排购物。其中一个下午，地陪提出要带客人去沙漠骑骆驼、看夕阳，并就此收取每人 75 美金的自费费用，但最后由于地陪在时间上安排不合理，去到当地时天色已黑，什么都没有看到，客人十分不满。更过分的是地陪在整个活动中，包括在车上都没有进行导游讲解，让客人无从了解所到景点的内容。而组团社的领队自称是兼职导游，对行程中很多不合理的安排都无法提出意见，更无法解决问题。客人对此强烈不满，要求旅行社做出书面道歉和赔偿。

讨论

1. 该地陪在工作中有何失误？

2. 领队应如何与地陪协调好团队的工作安排？

2.2.5 参观游览服务

参观游览活动是旅行社产品各要素组合中最为核心的部分，是旅游者期望最高的部分，也是导游服务工作的中心环节。地陪应保证旅游团参观游览的全过程能够安全、顺利地进行，向旅游者详细讲解参观游览对象的概况和特色等，并回答游客感兴趣的问题。总之，地陪必须认真准备、精心安排、热情服务、生动讲解，做好各项工作。

1. 做好出发前的各项准备

(1) 带上导游旗、胸卡和必要的票证。

(2) 督促司机做好各项准备工作。

(3) 核实餐饮落实情况。

(4) 应提前 10 分钟到达集合地点。提前到达不但可以在时间上留有余地，应付紧急突发事件，也可礼貌地等候招呼旅游者，并询问意见和建议。

(5) 提醒注意事项。地陪要向旅游者预报当天的天气和游览点的地形、行走路线的长短等情况，必要时提醒旅游者带好衣服和雨具等。

(6) 准点集合登车。地陪应提前站在车门一侧恭候旅游者上车，清点人数。若发现有旅游者未到，应向领队、全陪或其他旅游者询问原因，及时取得联系，督促其尽快到来。若联系不上，可请客人到房间、餐厅等可能的地方寻找。若有旅游者不随团活动，要问清情况，根据规定妥善安排。

2. 途中导游

⑴ 重申当日活动安排。开车后，地陪要向旅游者重申当日活动安排，包括午、晚餐的时间地点；向旅游者报告到达游览点途中所需时间；视情况介绍当日国内外重要新闻。

⑵ 沿途风光导游。在前往景点的途中，地陪应向旅游者介绍本地的风土人情和自然景观，回答旅游者提出的问题。

⑶ 介绍游览景点概况。抵达景点前，地陪应向旅游者介绍该景点的简要情况，尤其是景点的历史价值和特色。讲解应简明扼要，满足旅游者事先想了解有关知识的心理，激起其游览景点的欲望，也可节省到达目的地后的讲解时间。

3. 活跃车上气氛

若旅途距离较远，乘车时间较长，地陪可与客人讨论一些对方感兴趣的国内外热门话题；也可组织适当的活动来活跃气氛，如讲故事、猜谜语、变小魔术和唱歌等。

4. 游览景点的导游、讲解工作

⑴ 交代游览注意事项。提醒旅游者记住旅行车的型号、颜色、车头标志、车号、停车地点和开车时间；在景点示意图前，向客人讲明游览路线、游览时间、集合时间和地点等；还应向旅游者讲明游览参观过程中的注意事项。

⑵ 游览中的导游讲解。应按照规定和实地情况做好导游讲解工作，不可“游而不导”或者“游而不讲”。讲解应注意内容既要全面（包括该景点的历史背景、特色、地位、价值等方面的内容）、正确，又要繁简适度；语言表达要生动活泼，富有表现力。游览中，应使游客对计划内的景物能充分游览和观赏，做到讲解与引导游览相结合、适当集中与自由分散相结合、劳与逸相结合，并特别照顾老弱病残的旅游者。

⑶ 留意旅游者的动向，防止旅游者走失。应注意旅游者的安全，不可离开旅游团办自己的事情；应注意旅游者的动向并观察周围环境，与全陪和领队密切配合并时常清点人数，防止旅游者走失和意外事件的发生。

5. 返程中的工作

⑴ 回顾当天的活动。返程中，应回顾当天参观和游览的内容，必要时可补充讲解，回答旅游者的询问。

⑵ 返程沿途风光导游。若旅游车不沿原路返回饭店，地陪应做沿途风光导游。

⑶ 宣布次日活动日程。抵达饭店下车前，应向客人通告当晚或次日的活动日程安排、出发时间和集合地点等；下车时提醒旅游者带好随身物品，并站在车门边，照顾老人和小孩下车。

⑷ 若是返回原住宿酒店，地陪向客人交代必要的注意事项后，可与客人礼貌告别。若是新住酒店，则要重新为客人办理入住手续。

案例 2-6

游客频繁插嘴，导游忍无可忍

导游带客人去广州越秀山旅游时，有一名女游客特别喜欢打断导游的讲解。来到五羊石雕像前，导游本打算好好跟大家介绍羊城、穗城名称的来历，可刚刚开了个头，这位女游客就不停插话，显得比导游懂得还多。其他客人不明就里，可导游却知道她其实是一知半解，有些还张冠李戴。为了不损这位客人的面子，导游也不好直接指出来。但是，当来到“五层楼”，导游刚给大家讲了几句，这女游客又插话，滔滔不绝，但她误把明朝时修建的“五层楼”说成是宋朝的，把朱元璋说成了赵匡胤，弄得导游哭笑不得。最后导游实在忍无可忍，只能指出客人的错误。一下子，客人十分尴尬，满脸不高兴，还强词夺理说导游不懂乱讲。

讨论

1. 为何有些客人喜欢打扰导游的讲解？他们是什么心理呢？

2. 当遇到这样的客人时，导游该如何应对才能使客人知趣而退，又不伤其自尊？

2.2.6 其他服务

除参观游览活动外，其他丰富多彩的活动也是旅游过程中必不可少的，它是参观游览活动的继续和补充。地陪应为旅游者安排好文明、健康的各类活动。

1. 社交活动

⑴ 品尝风味餐。根据计划内安排或者计划外客人提出的要求，地陪应保质保量地为客人提供品尝风味餐的服务，注意宣传饮食文化。对于客人不太了解的地方特色风味，地陪应向旅游者介绍风味名菜及其吃法。

⑵ 会见。对于专业旅游团，在会见当地同行或相关负责人时，应客人要求，导游可充当翻译。对于客人拜访当地亲朋好友的要求，导游可提供必要的协助。

⑶ 舞会。若是计划内组织安排、属于交流与增进友谊的舞会，地陪应陪同前往；若是旅游者自己购票的娱乐性舞会，地陪可根据情况自己决定是否陪同前往。

2. 文娱活动

对于计划内的文娱节目如歌剧、京剧、武术杂技表演等，地陪应陪同游客前往并介绍情况。若是计划外的旅游者自费观看的文娱演出节目，地陪一般应予以协助，如帮助购买门票、打出租车等，但通常不陪同前往。若带领旅游者去大型娱乐场所，地陪应提醒旅游者不要走散，并注意他们的动向和周围环境，以防不测；若是旅游者自己前往，地陪要提醒游客相互结伴而行。

3. 购物服务

购物既是旅游者重要的旅游需求，也是旅游服务质量中比较敏感的一项内容。近年来，导游服务质量方面的投诉中，有相当一部分集中在旅游购物活动上。地陪应严格按照合同约定，为旅游者提供满意的购物服务。

⑴ 地陪要带旅游团到旅游定点商场购物，按规定安排购物次数和购物时间，不能出现强迫购物等问题。

⑵ 购物时，地陪可向客人介绍商品特色和功能，提供参考意见，但不可向客人强力推销。若有需要，向客人介绍商品托运手续等。

⑶ 遇小商小贩强拉强卖时，地陪不能放任不管。地陪有责任保护客人利益，要提醒客人不要因为贪图便宜而上当受骗。

⑷ 对某些购物商店不按质论价或出售伪劣商品的行为，地陪应维护客人利益，帮助客人退换所购商品，必要时向有关部门举报。

4. 用餐服务

⑴ 对于用餐安排，地陪必须带领客人到定点餐饮场所用餐，并要提前落实。若客人提出用餐方面的特别要求，在合理而可能的前提下，地陪应尽力满足。地陪要保证用餐质量，绝不可克扣客人餐费。

⑵ 用餐时，地陪可视情况做适当介绍。用餐过程中地陪应查看客人用餐情况，并监督、检查餐厅服务；若有餐饮质量问题，要积极协调餐厅解决。

⑶ 用餐后，地陪应如实与餐厅结账。

案例 2-7

菜肴有虫起干戈，餐厅加菜化玉帛

6 月的一天，某旅行社导游员小李带团到北戴河旅游度假，下榻在某饭店。这天中午，当游客们兴致勃勃地从海滨浴场回来用餐时，一位游客不经意间发现蔬菜中有一条虫子，随后又发现好几条，不禁大声惊叫起来，在座的客人一看，顿时食欲全无。有人想到可能刚才没注意已经吃下了，恶心得跑到洗手间呕吐。几位游客当即情绪激动地向闻声赶过来了解情况的导游小李投诉，坚决要求另换餐厅用餐。面对极为生气的游客，小李首先向游客表示歉意，并马上找来饭店餐厅经理，向他反映情况。了解情况后，餐厅经理当即代表饭店向游客做出诚恳道歉，让服务员赶快撤走这盘菜，给客人另换一道菜，同时为了表示歉意，还给游客加一道当地的风味特色菜。导游员小李和餐饮部经理诚恳的道歉、迅速解决问题的态度，最终得到游客的谅解，大家不再坚持要求换餐厅了，有人还调侃地说：“蔬菜里有虫子说明没有打农药啦，安全！”

（资料来源：http://zyzg.100xuexi.com/view/examdata/20110728/55406A5F-6436-4AB0-B5B8-77ED4D355D5F.html.有改动）

讨论

1. 此案例中导游对用餐过程中出现问题的处理，有哪些可取之处？

2. 游客用餐过程还可能出现哪些问题？导游如何应对？

2.2.7 送客服务

旅游团结束本地的参观游览活动后，地陪要使旅游者顺利安全地离开本地。若有遗留问题要及时妥善处理。

案例 2-8

大雾停航返程困难，地陪偷懒不来送团

唐小姐等 5 人参加某旅行社“海南五日游”，按行程计划第 4 天乘火车离开海南，第 5 天早晨抵达广州。但在第 4 天前往火车站的路上，地陪就以各种借口把该团游客换到小巴上，并告诉客人这部小巴将会把他们送到火车轮渡。但是当客人上到小巴后，该小巴司机却不知道怎么去火车轮渡，途中不断打电话问路，客人非常不满。当客人抵达火车轮渡后才得知：因为大雾，火车轮渡被迫停航了。无奈中客人只好打电话给海南旅行社求助，旅行社回复说可以先回海口，旅行社送一晚住房，第 2 天再走，但客人急于返程且担心第 2 天仍是大雾，遂不接受旅行社的提议。后经多方打听，可乘坐附近的小轮渡过琼州海峡，到湛江后再改乘火车返回广州，于是客人就自行购票乘轮渡过了海峡。回程后客人向旅行社提出投诉：导游没有送客人到火车站是极不负责的表现，而且行程注明是 5 天团，但是第 4 天就没有得到旅行社的服务了(在码头是客人自行解决回程，旅行社并无提供任何协助)，要求旅行社给以道歉并作出相应赔偿。

讨论

1. 该组团社或地接社有无责任？

2. 导游的行为属于什么性质，应做什么样的处罚？

1. 送行前的服务

(1) 提前落实交通票据。旅游团离开的前一天，地陪要向旅行社计调或领队、全陪核实旅游团离开的机（车、船）票预订情况，提醒领队、全陪核对机票订单上的客人姓名与人数无误，明确航班（车次、船次）、起飞（开车、起航）时间及地点等。

(2) 商定出行李时间。与领队、全陪商定旅游者出行李的时间后，通知旅游者。若客人行李较多，要通知饭店行李员按时提供行李服务。

⑶ 确定并通知客人集合、出发、叫早和早餐的时间。

2. 离店服务

⑴ 集中交运行李。离开饭店前，地陪要按商定好的时间与领队、全陪和饭店行李员一起清点、交接行李；要注意行李有无损坏情况。

⑵ 提醒客人结清自费消费账目。出发前地陪要询问旅游者与饭店的账目是否结清，必要时予以协助；请旅游者将房卡交回服务台或者向客人收取房卡。

⑶ 办理退房手续。地陪要按照饭店行业规定，于中午12:00之前或者与饭店商定好的时间之前，办理退房手续。如饭店告知有旅游者损坏了客房设备提出赔偿要求，地陪要在弄清情况、明确责任的基础上，协助客人与饭店妥善处理相关事宜。

⑷ 集合登车。集合旅游者上车，等旅游者入座后，要仔细清点实到人数，并提醒旅游者检查有无遗漏物品。一切无误后，请司机开车。

3. 送行服务

⑴ 致欢送词。通过致欢送词，可加深导游与旅游者之间的感情。致欢送词时，语气要真挚、富有感情。根据情况，致辞可选在送行途中的车上，也可在机场（车站、码头）。

欢送词的内容应包括：①回顾本地的旅游活动，感谢大家的合作；②表达友谊和惜别之情；③诚恳征求旅游者对接待工作的意见和建议；④若旅游活动中有不顺利或不尽如人意之处，可借此机会再次向旅游者赔礼道歉；⑤向客人表达美好的祝愿。

⑵ 提前到达机场（车站、码头），照顾旅游者下车。地陪带团到达机场（车站、码头）必须留出充裕的机动时间处理可能发生的应急事件。具体要求包括：出境或去沿海城市的航班必须提前2小时到达机场；乘国内线飞机必须提前90分钟抵达机场；乘火车提前1小时到达车站。

⑶ 协助领队、全陪为客人办理离站手续与行李托运手续。

⑷ 送客人通过安检口，与客人礼貌告别。

⑸ 与司机结账。送走旅游团后，地陪要与司机核实用车千米数，在用车单据上签字，并要保留好单据。

案例 2-9

女导游的一段欢送词

各位团友，我们的车马上就要到达机场了，我们这几天欢乐热情的“广深珠之行”马上就要圆满结束了。说实话我很舍不得和大家说再见，但不管我们这次玩得有多开心、多尽兴，大家都要踏上回家的道路。我们现在能做的就是祈祷，祈祷我们下次再见！短短几天的相处，大家给我留下了深刻的印象，也是我最开心的几天。当然了，由于我年纪轻，做导游的时间不长，有做得不好或照顾不周的地方还望各位大人大量、多多海涵。就我本人来说，我不信佛也不信道，但我信缘分。大家从大老远的地方来到广东旅游，又从全省近 3 万名导游中挑中我为你们服务，这难道不是缘分吗？我会好好珍惜这份也许花了千年修来的缘分！我也希望大家能记住我们共同度过的美好时光。

大家来自全国各地，不管你是达官贵人还是平民百姓，不管你富有还是贫穷，只要这辈子能平平安安、健健康康、快快乐乐，这就是我们最大的福气。大家说是不是啊？所以我在这祝愿在座的每一位都能健康吉祥、平安如意！祝小朋友们快乐向上，青年的朋友们爱情甜蜜、工作顺利，中年朋友家庭幸福，事业腾达，老年朋友健康长寿！

好，各位！到机场了，我代表广州人民向你及你的家人致以真挚的问候和诚挚的邀请，希望你们以后有时间再来广州玩！最后，祝大家一路平安！

（资料来源：http://www.51daoyouci.com/huansong/20081126_254.html，有改动）

讨论

1. 上述欢送词是否符合规范要求？有哪些可取之处？

2. 若你是导游，会如何修改和完善上述欢送词？

2.2.8 后续工作

1) 处理遗留问题

下团后，地陪要妥善、认真处理好旅游团的遗留问题，按有关规定办理旅游者临行前委托办理的事宜；对于重要事项，必须请示领导，根据指示办理。

2) 与财务结账

按旅行社的要求在规定时间内到财务部门结清账目。

3) 做好必要的总结工作

认真做好陪团小结，实事求是地汇报接团情况。若旅游中发生重大事故，要整理成文字材料向地接社和组团社汇报。

案例 2-10

导游途中有苦有甜，操作程序有褒有贬

9 月 5 日，旅游专业的学生小陈带领广州某单位 20 位游客参加“东部华侨城、茶溪谷、大峡谷(两天)游”。

早上 8:30 多数客人按照计划来到烈士陵园广场集合，受到了早先一步在此等候的导游小陈的欢迎。在打电话询问并催促后，两位来得稍晚的游客也差不多按时抵达。核实有关情况后，旅游车准时于早上 9:00 出发。一路上，小陈按照程序向客人致欢迎词，交代注意

事项，介绍游览计划概况，还讲故事、笑话来活跃气氛，充分展示了自己的语言天赋和专业知识。客人都觉得小陈热心负责。两个多小时的车程一点也不乏味，转眼就到深圳了。

12:00 左右，旅游团到达一家餐厅。小陈招呼大家分两桌坐下。由于小陈一早就跟餐厅落实用餐，路上又及时电话告知抵达的时间，餐厅已做好了准备。很快，饭菜就上来了。不到一个小时，用餐结束，大家吃得挺满意。小陈看大家都已经吃好，便招呼大家上车，并提醒客人不要遗漏物品。确定所有客人上车后，小陈招呼司机开车。

不久，旅游车就来到了景区门口。下车后小陈向全团客人介绍："东部华侨城位于盐田区北侧丘陵地带，拥有独特的滨海山地旅游资源优势，是深圳特区内最后一块'处女地'了，所以她是粤港澳城市经济带中罕有的山地生态旅游区。我们特别安排大家乘坐丛林缆车，高空远眺大梅沙全景，享受在原始树林高空路过的快感，真正领略大自然的气息。"小陈再次交代了游览路线、注意事项、集合上车的时间和地点后，把门票分发给团友，带领大家进入景区游览。当天，在小陈带领下，大家游览了大峡谷的冒险海滩、海菲德小镇、峡湾森林、探险峡谷和云海高地五大主题区，历时 4 个小时。

18:00，全部游览结束。旅游车载着又累又饿的客人来到下榻的酒店。在前台拿到房卡后，小陈按照客人关系分了房，告知客人第二天早上的早餐地点和集合时间，并推荐客人附近比较好的用餐地点。晚上，小陈离开酒店，跟自己一个深圳的同学聚了聚，喝了些啤酒，然后早早就回酒店睡觉了。

第二天，小陈早早起来，收拾好东西，下楼到餐厅，刚吃了两口，就看到有客人下来吃饭了。小陈笑呵呵地跟客人打招呼，问客人睡得好不好，向客人收取房卡。客人陆续下来吃饭了，小陈忙着到前台退房、结账。忙完回来，客人都差不多吃完了，该出发了！

小陈招呼客人集合等车、清点人数，然后出发。

……

在小陈的带领下，客人游览完茶溪谷，心满意足地结束了两天的参观游览活动。用完自助午餐后，全体客人乘车返回广州。车上，小陈回顾了两天的行程，对大家的合作表示真诚的感谢，并表示希望以后能再有机会为大家服务。看到大家都很疲惫，小陈请客人在座位上休息。一觉醒来，车已到达广州。到达预定散团地点后，小陈先下车，候在门边跟大家礼貌告别。

讨论

1. 结合具体行程分析，小陈的导游工作程序符合要求么？

2. 小陈的工作有无不合规定之处呢？

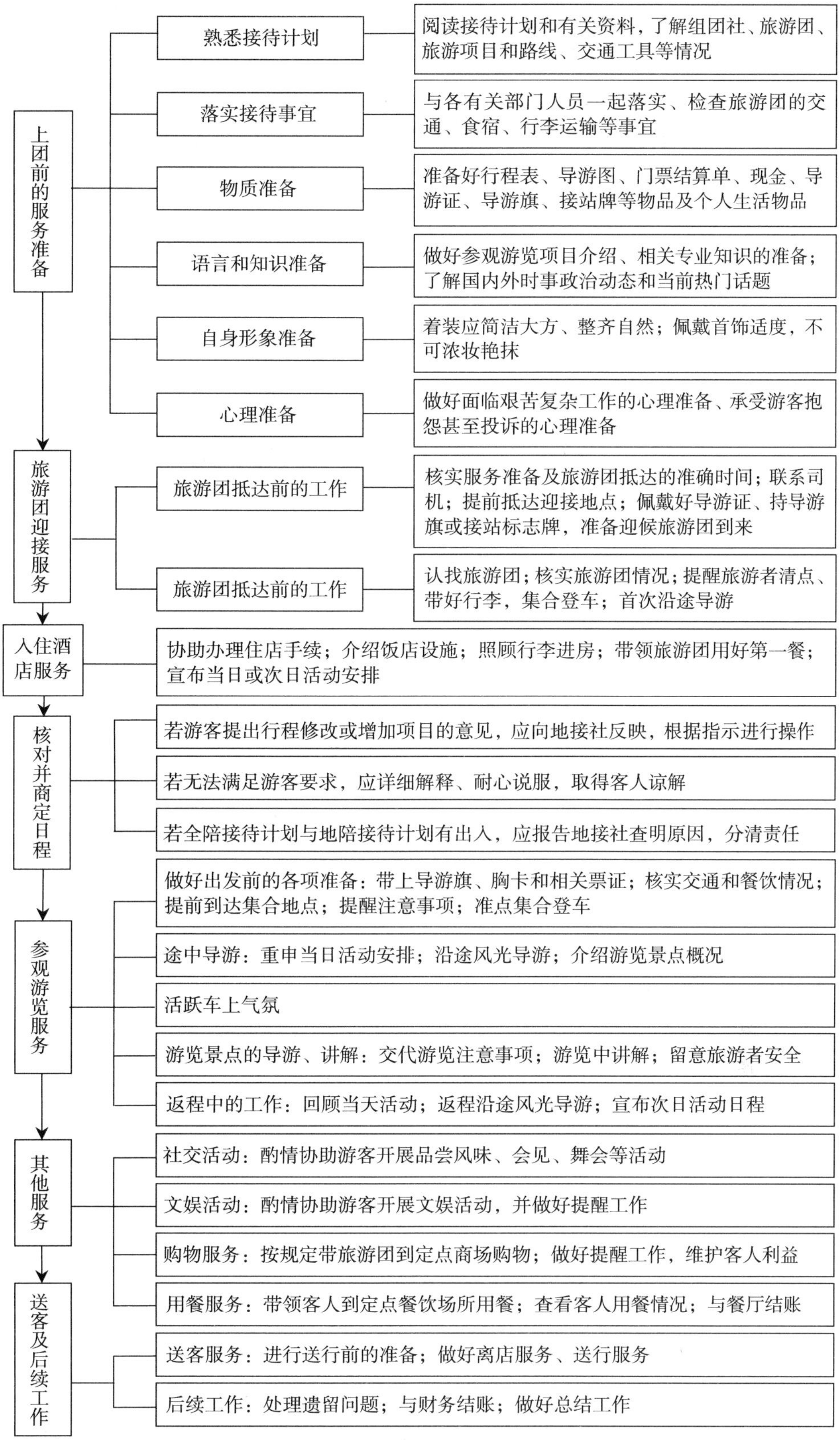

图 2.1　地陪导游工作流程

2.3 全陪导游服务程序与规范

全陪是国内组团社的代表，在监督服务质量、保证各项活动按计划顺利开展上，起着重要的作用。全陪应自始至终参与旅游团全旅程的活动，负责旅游团活动中各环节的衔接，监督接待计划的实施，协调领队、地陪和司机等旅游接待人员的关系。

2.3.1 上团前的服务准备

细致认真的准备工作是做好全陪服务的重要前提，全陪应坚持每次上团前根据接待计划做好各项准备工作。

1. 熟悉接待计划

⑴ 对于入境旅游团，全陪要了解海外组团社、旅游团名称（或团号）和领队姓名；了解游客的国别、民族、人数、性别和年龄构成等情况；可能的话，全陪要了解客人的职业、宗教信仰和生活习惯等信息，以便提供针对性的服务；全陪还应尽可能记住一些客人的姓名，若能称呼客人姓名，会使客人感觉受到尊重，也表明全陪上团前做好了认真准备。若旅游团内有比较有影响的成员、特殊照顾对象和知名人士，全陪更要对此有所了解。

⑵ 熟悉并掌握旅游团的行程计划、抵离各站的时间、交通工具的班次，以及交通票据是否订妥、是否需要确认、有无变更等情况。全陪应按组团社接待部与计调的要求认真核对行程计划、机票信息、客人原始名单等重要资料，并按规定在相应检查栏目签字。

⑶ 必须熟悉全部行程中各站的主要参观游览项目。虽然讲解工作主要是地陪的职责，但全陪也要做必要的准备，协助地陪进行辅助讲解，解答客人的各类问询。

⑷ 了解全程计划内安排的文娱节目、风味餐，以及哪些是额外游览项目、收费情况等事宜。

⑸ 记录有关各方的联络电话和传真号码，以便联系。

2. 物质准备

⑴ 全陪必带的证件有个人身份证、导游证、出团任务书、全陪日志和客人意见书等。

⑵ 需结算的单据和费用；根据需要携带的支票和差旅费等。

⑶ 组团社的接待计划、行程表、旅游宣传品，拟发给客人的行李卡和旅行帽等。

⑷ 必要的个人生活用品。

3. 与地接社联系

全陪应事先与接待社取得联系，了解旅游目的地天气、交通、住宿及注意事项等基本情况。

案例 2-11

“京典之旅”北京四天三晚行程

以下是北京某旅行社提供给广州组团社的线路（出于篇幅考虑，省略了备注说明事项）。

【行程特色】

在原常规北京旅游的行程中，延续北京市免费上门接的标志性服务：

1. 免费赠送天安门广场升旗仪式，如希望观看，请提前预约。
2. 此团为纯玩团，全程无任何购物景点，保证游客的充足游览时间。
3. 真正的操作社，独立发团，绝不倒团卖团。承诺即实行。

【行程安排】

第一天：接站 - 酒店

用餐情况	早餐：不含	午餐：不含	晚餐：不含
住宿情况	统一安排酒店入住二环以内三星标准的全国连锁酒店（24 小时热水、电视、空调、宽带）		
交通工具	全天 24 小时免费接站；根据人数安排 16 座、32 座旅游中巴		

北京青年旅行社工作人员与您签订旅游合同，确定游玩行程及注意事项

第二天：天安门广场(免费观看升国旗仪式)、故宫、颐和园、天坛

用餐情况	早餐：不含	午餐：十菜一汤，10 人一桌，餐费已含	晚餐:不含
住宿情况	统一安排酒店入住 二环以内三星标准的全国连锁酒店（24 小时热水、电视、空调、宽带）		
交通工具	根据人数安排 16 座、32 座旅游中巴		

06:00　天安门广场（免费观看升国旗仪式）

07:00　天安门广场东侧集合

07:30　游览世界最大的城市中心广场——天安门广场（约 1 小时）：参观毛主席纪念堂（关闭时参观外景）、人民大会堂、国家博物馆外景

10:00　游玩世界著名的皇家园林颐和园（约 2.5 小时，门票已含）；游北京四合院，欣赏京绝杂技表演

12:00　安排午餐

13:30　游览世界规模最大的宫殿建筑群——故宫（约2小时，门票已含）

16:00　抵达天坛（约1小时，门票已含）

17:00　乘车返回市内，游客回程沿途就近下车，结束开心之旅

第三天：八达岭长城、十三陵皇陵、鸟巢、水立方

用餐情况	**早餐：不含**	**午餐：十菜一汤，10人一桌，餐费已含**	**晚餐:不含**
住宿情况	统一安排酒店入住 二环以内三星标准的全国连锁酒店（24小时热水、电视、空调、宽带）		
交通工具	根据人数安排16座、32座旅游中巴		

07:00　天安门广场东侧集合出发到长城

09:00　游览长城之精华——八达岭长城（约3小时，门票已含）

12:00　御鹿苑餐厅享用午餐

13:30　参观明十三陵地下皇陵长陵（约2小时，门票已含）；中途可游览古神道、石牌坊等景点

15:00　游玩皇家四合院（约1小时，门票已含）；也可参观记录明朝16位皇帝功过是非的——明皇宫殿

16:00　远眺十三陵水库外景之后回到市区，参观奥体主会馆“鸟巢”、国家游泳中心“水立方”外景，可下车照相留念

17:30　乘车返回市内，游客回程沿途就近下车，结束愉快之旅

第四天　恭王府、清华北大、圆明园/香山

用餐情况	**早餐：不含**	**午餐：十菜一汤，10人一桌，餐费已含**	**晚餐:不含**
住宿情况	统一安排酒店入住 二环以内三星标准的全国连锁酒店（24小时热水、电视、空调、宽带）		
交通工具	根据人数安排16座、32座旅游中巴		

07:00　天安门广场东侧集合

08:00　游览清朝乾隆皇帝第一宠臣和绅府邸——恭王府（约2小时，门票已含），听京戏品北京大碗茶

11:00　乘车到达北京中关村科技园区，参观游览清华大学、体验学院文化。北京大学外景参观，途中观览中华世纪坛外景

12:00　在指定餐厅享用午餐

13:00　参观备受战火洗礼的万园之园——圆明园（约 2 小时，门票已含 ）或前往香山看红叶

15:30　抵达慈禧行宫——万寿寺（约 1.5 小时，门票已含）

17:00　乘车返回市内，游客回程沿途就近下车，结束愉快之旅

讨论

1. 该线路的特色是什么？全陪如何根据该线路做好服务准备？

2. 结合具体行程，全陪的工作重点在哪些方面？

2.3.2 旅游团首站接待或集合出发服务

1. 入境旅游团的首站接待服务

入境旅游团的首站接团服务，要使境外旅游团抵达后得到热情友好的接待服务，使旅游者有宾至如归的感觉。

⑴ 应了解入境团首站接待工作的详细安排情况。

⑵ 应按照规定提前半小时到达入境口岸或者国际机场接站地点，与地陪一起迎候旅游团。

⑶ 应协助地陪按前述程序尽快与出站的旅游团取得联系，与领队认真核实有关信息。

⑷ 协助领队做好客人行李集中和交接手续。

⑸ 向入境客人致欢迎词。内容包括表示欢迎、自我介绍（同时应将地陪介绍给全团）、表示提供服务的真诚愿望、预祝旅行顺利愉快等。

2. 国内团的集合出发服务

全陪按照规定提前去预定的旅游团集合出发地点，散客团通常为机场（车站、码头）国内出发厅，单位包团则可能是由全陪带车到客人单位或指定地点接送客人去机场（车站、码头）。全陪应做好首站出发的相关服务。以乘飞机出发为例，主要工作程序如下。

⑴ 提前抵达集合地点，在事先约定的地点手举导游旗等候客人到来。

⑵ 给已经抵达的客人分发旅游帽、行李卡等，同时收取客人身份证，放在妥当的包内，注意必须随身携带。

⑶ 注意时间，如有客人未按规定时间抵达，要与客人取得通信联系，催促客人尽快抵达。

⑷ 当客人全部抵达后，全陪可做简短的欢迎词，表达努力为客人服务的良好愿望，同时提醒客人旅途中应注意的有关事项。在旅游的高峰期间，向客人说明旅游中可能遇到的

种种不便之处，一来可让客人形成集体观念，二来可使客人有心理准备，产生符合实际的服务期望。

(5) 请无行李托运需求的客人原地等候；带领有托运行李需要的客人去机场柜台领取登机牌，同时托运行李。全陪可统一保管所有客人的行李托运单，以方便抵达旅游目的地机场后，统一领取行李。

(6) 将登机牌分发给客人，对于希望坐在一起的亲朋好友或者家人，全陪可告诉他们，必须持本人登机牌过安检，登机后若许可再调整座位也不迟。分发登机牌时，要将身份证及时发还给客人。

(7) 手持导游旗，带领全团客人通过安检。全陪应提醒客人准备好相应的证件，以备查验。全陪自己最后一个过安检，以便协助有需要的客人通过安检。通过安检后，全陪带领所有客人到指定的候机区休息，提醒客人注意时间，不可远离。

(8) 注意登机时间和机场通知，按时从正确的登机门登机。上机后，全陪应在客人后面靠近走道的位置就座，以便飞行途中随时观察、照顾客人。

(9) 全陪不要忘记打电话或者发短信告知地陪旅游团已经顺利登机，请其按时出发到机场，做好接机准备。

2.3.3 旅游团抵达目的地的出站服务

(1) 提醒客人带齐所有物品下飞机。全陪手持导游旗，带领全团客人下飞机；并及时电话告知前来迎接的地陪旅游团已经抵达，以便对方做好迎接准备。

(2) 带领所有客人一起到行李传送带处等候行李，并请无托运行李的客人在一旁等候。行李传递出来后提醒客人拿取、清点。

(3) 清点客人人数无误后，带领全团客人一起走出机场，在出口处向工作人员出示团队行李托运单。

(4) 认找地陪，并与前来迎接的地陪核实有关信息，以免接错团。

(5) 清点人数无误后，地陪在前，全陪在后，带领旅游团去旅游车停车处。

(6) 必要时，与司机一起帮助客人安放行李，注意记下行李件数。

(7) 上车后全陪要注意客人座位安排，对老人、小孩、有晕车问题的客人予以协助，并再次清点人数。

(8) 开车后，全陪可坐在最后排，以便观察客人情况，必要时与地陪的工作相呼应。

案例 2-12

导游贴心照顾，行李失而复得

某旅行社安排导游陈小姐接待一个美国 8 人旅游团。陈小姐按规定提前赶到机场，可是一直等到该航班的客人几乎都出来了，也不见她要接的旅游团客人出来。正在焦急当中，忽见一位男士急匆匆跑了出来。陈小姐立刻迎上前去，表明自己的身份。一问才知道，原来这 8 位客人下飞机后，便去托运行李处取行李，但有两人的行李始终不见出来，后来得知他们的行李没有随机运过来。得知这一情况后，陈小姐急忙同游客一起到行李查询处咨询。经查，二人的行李可能于第二天下午到达，但要求必须本人亲自来取。

因为担心行李丢失，一路上客人情绪低落。为了不影响大家的兴致，陈小姐安慰游客说："别担心！行李一定会找到的。即使真的找不到，航空公司也会赔偿的。一会儿，我陪你们去商店买些急用物品吧。"

然而，第二天行李还是没有到。客人十分沮丧。为了避免其他客人的情绪也受影响，陈小姐尽量调动这二位客人的情绪，在旅游活动中对他们多照顾，多给他们表现机会。别的客人也都主动配合陈小姐的工作。有人还开玩笑地说："陈小姐真是厚此薄彼啊！早知丢行李能得到漂亮的陈小姐如此关照，我也会丢行李的。"

第三天，终于得到通知，行李运到机场了。在送大家回到酒店休息后，陈小姐与两位丢失行李的客人去机场取回了行李。

临别晚宴上，失主为陈小姐的热心周到服务表示衷心感谢，其他客人也纷纷举杯祝贺失主终于找回了行李。

（资料来源：http://www.doc88.com/p-573429996702.html，有改动）

讨论

1. 造成游客丢失行李的原因通常有哪些？该如何应对？

2. 为防止行李丢失，导游要做好哪些方面的工作？

2.3.4 入住酒店服务

若因为时间关系或者当天没有安排其他旅游项目，旅游团一般直接抵达入住酒店。

⑴ 积极主动地协助地陪办理旅游团的入住手续。

⑵ 拿到房卡后，全陪要依据旅游团客人名单，给客人分配房间（若是接待入境旅游团，则由领队分配住房）。全陪要掌握全团客人所住房号。

⑶ 向客人交代有关注意事项后，热情引导客人进入房间。

⑷ 若地陪当晚不住饭店，全陪要负责照顾好旅游团。

⑸ 全陪要掌握领队和地陪电话号码，与领队互相告知所住房号，以便联系。

2.3.5 核对并商定日程

全陪应认真与地陪和领队核对、商定活动日程的安排。如遇到难以解决的问题，应及时与组团社联系，按照指示办理。

案例 2-13

为赶行程夜爬黄山，游客不满集体投诉

宁夏 35 名游客参加了旅行社组织的“华东十日游”。该团到达华东后，由南京某国际旅行社接待。客人游完南京中山陵等几个重要景点后就乘汽车前往黄山，由于车况较差，车速非常慢，导致晚上 7 点多才到达黄山脚下。而此时全陪导游不顾天黑路险，要求游客在 15 分钟内在山下买完东西后由地陪带队连夜爬山。然而，当游客跟着地陪爬山时，全陪却留在山下休息。夜爬黄山的闹剧刚刚落幕，他便遭到这批游客的集体投诉。

（资料来源：http://jpk.hbtvc.com/ldyy2010/ku/306.htm，有改动）

讨论

1. 请分析导游为何坚持要游客夜爬黄山？

2. 旅行社和导游应如何处理本案中的情况？

2.3.6 各站服务

全陪在旅途的各站服务，应使接待计划全面顺利实施、各站之间有机衔接、各项服务适时到位，保护好旅游者的人身和财产安全，使突发事件得到及时有效的处理。

⑴ 全陪应向地陪通报旅游团的情况，并协助地陪工作。

⑵ 全陪要维护旅游团客人的合法权益，监督各项接待的服务质量，对不符合服务质量标准或者合同约定的情况，如购物超出约定次数、住宿条件较差、旅游巴士存在问题、饭菜质量不好、地陪讲解能力差或“游而不导”、景点游览时间不够等及时提出改正意见。

⑶ 与地陪一起保护旅游者安全，预防和处理各种事故。

⑷ 为旅游者购物提供参考意见。

⑸ 做好各站接待工作的协调与联络。

2.3.7 各站的抵、离站服务

⑴ 提醒地陪提前落实各离站的交通票据及离站的准确时间。

⑵ 协助地陪和领队办理离站事宜，如商定出行李时间、协助客人结清自费消费账目、协助地陪收取房卡、照看行李搬运等。

⑶ 与领队、地陪一起做好各站的抵、离站服务。

2.3.8 各站转移旅行途中服务

⑴ 乘飞机（火车、轮船）时，导游要积极争取民航、铁路、航运部门工作人员的支持，共同做好旅游团安全防护、旅行生活照料服务。

⑵ 旅途中，全陪应提醒旅游者注意人身、财物的安全。

⑶ 组织好旅途中的饮食、娱乐等活动，照顾好旅游者的生活。

⑷ 保管好行李托运单和飞机（火车、轮船）票等单据，抵达下站时交予地陪或酒店前台妥善保管。

⑸ 若乘火车旅行，应事先妥善分配好车厢和铺位。

2.3.9 末站送客服务

1. 入境旅游团送团服务

⑴ 当旅行结束时，全陪要提醒旅游者检查、带好自己的行李物品和证件；检查自己有无保管客人物品与证件，及时还给客人。

⑵ 按照规定，与地陪一起提前带领旅游团抵达出境口岸或者离境的国际机场。

⑶ 征求旅游者对整个接待工作的意见和建议，致欢送词，对客人给予的合作表示感谢并欢迎再次光临。

⑷ 协助领队为旅游团办理离境登机与行李托运手续。

⑸ 送旅游团通过安检，礼貌地与旅游团客人告别。

2. 国内旅游团返程服务

⑴ 当旅行结束即将离开时，全陪要提醒旅游者检查、带好自己的行李物品和证件；检查自己有无保管客人证件与物品，及时还给客人。

⑵ 按照规定，与地陪一起提前带领旅游团抵达机场（车站、码头）；注意即将离开当地之前，不可带客人去情况复杂的市区或购物区，以防发生误机事故。

(3) 办理旅游团登机与行李托运手续。

(4) 和地陪告别后，带领旅游团通过安检，到休息区等待登机，提醒客人不要远离。

(5) 将客人意见征询表发给客人，征求旅游者对整个接待工作的意见和建议。

(6) 按时登机。登机后可坐在旅游团后面靠过道的座位，以便观察旅游团，必要时予以帮助。

(7) 抵达出发地机场后，若时间许可，向客人致欢送词，对客人给予的合作表示感谢并欢迎再次光临，跟客人礼貌告别。

案例 2-14

证件丢失心急如焚，及时补办按时登机

李梅与单位同事一行 10 人参加了由广州某旅行社的“岭南文化之旅”，虽然只是短短几天的行程，但是大家都被岭南悠久深远的历史、精美可口的粤菜和认真负责的导游感动了。最后一天 15:00，大家在导游小张带领下，登上旅游大巴到白云机场，准备乘坐 17:15 的飞机回家。

在车上，导游小张回顾了几天来大家朝夕相处的经历，感谢大家对其工作的配合与支持，并祝大家今后工作顺利、身体健康、家庭幸福。15:55，大巴到达机场。小张带领大家来到机场出发大厅柜台办理登机手续。在收取客人身份证时，意外发生了。李梅突然发现身份证找不到了，急得满头大汗。小张见状连忙安抚说：“别急，你仔细想想放哪里了？慢慢找，我们有时间的。”随后，小张在柜台先办理了其他客人的登机牌，并向柜台服务人员简要说明了情况。而李梅翻遍了全身所有口袋和行李箱的每个角落，还是找不到证件。眼看离办理登机手续的限定时间近了，小张一面打电话报告旅行社，一面请单位领导带领大家先过安检去候机区等候登机，自己带领李梅去机场公安部门申请办理李梅的临时身份证明。在检查了相关材料，并打电话向旅行社核实后，机场公安很快办理了李梅的临时身份证。小张领着李梅跑到柜台，领取了登机牌，又赶快跑到安检入口，跟其他排队客人打招呼。他们到达候机区时，其他客人都已经登机了。还好，李梅最终登上了飞机。

讨论

1. 小张对游客证件丢失的处理有哪些值得肯定的地方？

2. 为防止意外，临出发时导游应做好哪些提醒工作？

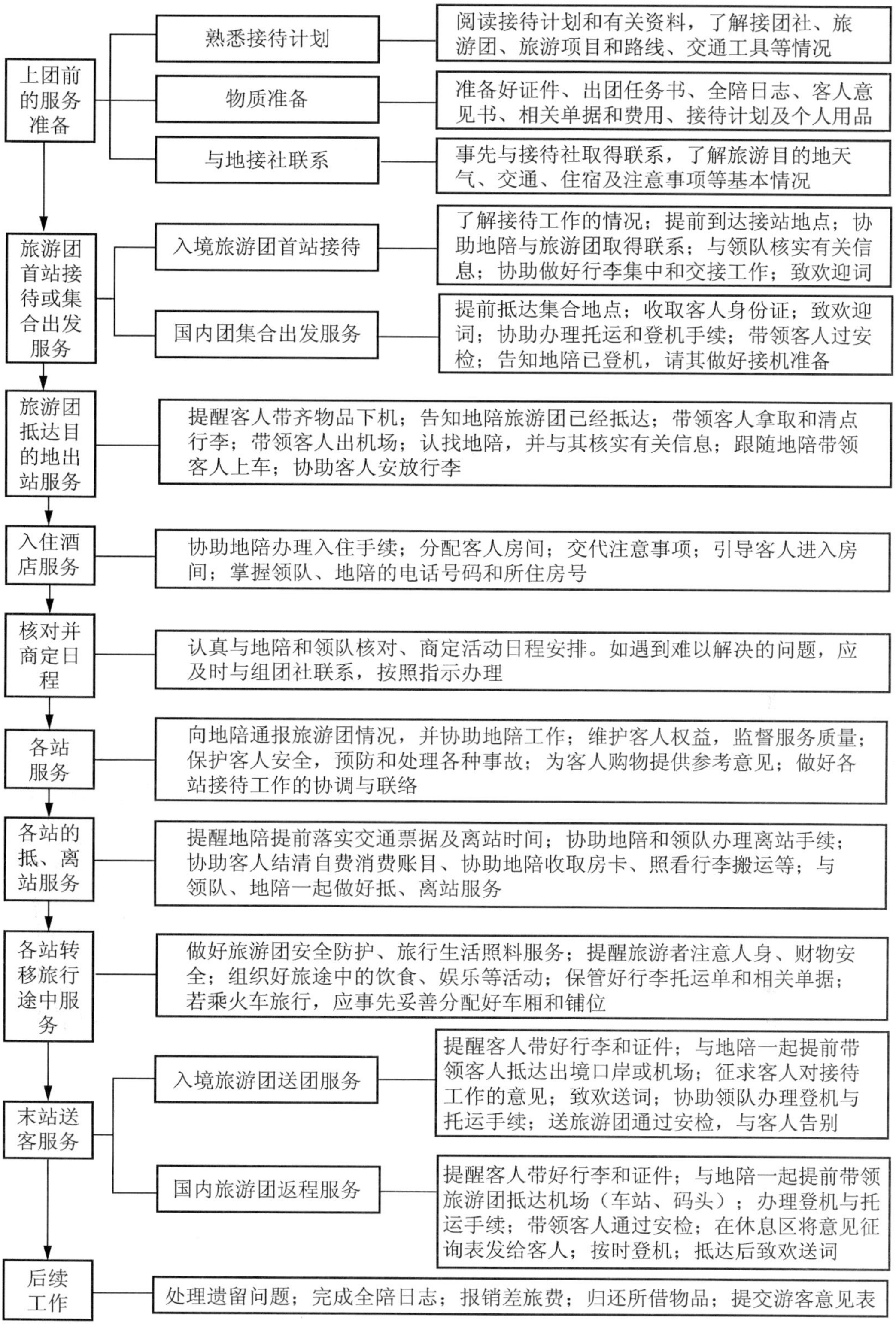

图 2.2　全陪导游工作流程

2.3.10 后续工作

⑴ 处理遗留问题；若在旅游中有重大情况发生，要进行专题汇报。

⑵ 完成全陪日志的填写，全陪日志的内容包括：旅游团的基本情况；旅游日程安排及飞机、火车、航运交通情况；各地接待质量（包括客人对食、住、行、游、购、娱各方面的满意程度）；发生的问题及处理经过；旅游者的反映及改进意见。全陪应养成在带团时记录当天发生相关事项的习惯，不要等到行程结束后才来回忆。

⑶ 按财务规定，尽快报销差旅费；归还所借物品，提交游客意见表和全陪日志等。

导游出团日志见表 2-1，旅游团客人服务质量意见表见表 2-2。

表2-1 导游出团日志

团　　号：________________　　全陪：________________

旅游线路：________________

日　　期：______月______日至______月______日共______天

人　　数：______人（其中______大　______小）

接待单位：________________

地　　陪：________________

客人意见：________________

____

____

____

导游总结：________________

____

____

____

____

其　　他：________________

____

____

____

____

沿途所见其他旅行社团：________________

____

____

导游签名：________________日期：________________

（本社负责人批阅：________________日期：________________

表2-1　导游出团日志（续）

日期		出发时间	交通工具	浏览地点	用膳时间	用膳餐厅	住宿酒店	备注
	上午							
	下午							
	晚上							
	上午							
	下午							
	晚上							
	上午							
	下午							
	晚上							
	上午							
	下午							
	晚上							
	上午							
	下午							
	晚上							
	上午							
	下午							
	晚上							
	上午							
	下午							
	晚上							
	上午							
	下午							
	晚上							

表2-2　旅游团客人服务质量意见表

请您填写本评价表，并提出您的宝贵意见和建议，我们将据此对导游、司机和接待社进行考核，并改进我们的服务。请将此表邮寄给我公司质量管理部或交给您的导游。

谢谢您的支持，欢迎再次参加本社旅游团！

××旅行社旅游服务质量客人评价表（请在相应方格中打√）

团号：　　　　全陪：　　　　地陪：　　　　报名地点：

城市	全陪服务				地陪服务				酒店				交通				餐饮				景点			
	优	良	中	差	优	良	中	差	优	良	中	差	优	良	中	差	优	良	中	差	优	良	中	差

对报名营业点（或网站）服务评价：□很好　□好　□一般　□差　□很差

全陪、地陪有下列行为：□迟到　□私带亲友跟团　□强行加点　□索要小费　□态度不好

您对本次旅程的总评价：□很满意　□满意　□一般　□不满意　□很不满意

您的建议：____________________________________

您下次旅游意向：______________________________

您的姓名：______________电话：______________

地　址：____________________________________

2.4 出境游领队服务程序与规范

境外国家与地区在政治制度、经济发展水平与模式、社会习俗和宗教信仰等方面与国内存在诸多差异。一方面，这正是旅游者参加境外旅游的心理动机之一；另一方面，这也表明旅游者在境外旅游时身处的环境比较复杂，对出境游领队在业务水平、专业技能和知识能力等方面提出了更高的要求。

2.4.1 带团前的准备工作

鉴于出境旅游带团需要做较多准备工作，为防止漏掉准备项目，旅行社接待部一般会制作领队出团准备表，供领队逐项对照准备。

1. 认真核对有关资料

⑴ 认真核对客人身份证件（港、澳、台通行证，护照等）信息，如护照有效期、签注、签证有效期、签发地等；核对机票，包括中英文姓名、前往国家等。

⑵ 认真核对机票与行程，包括国内段和国际段的行程、日期、航班、间隔时间等。

⑶ 认真核对身份证件与旅游团名单表，各项一一对应，实际出境旅游人数与团队名单表一致。

⑷ 护照内容核对，包括正文页与出境卡项目一致，出境卡两页是否盖章，出境卡是否有黄卡，是否与前往国相符，签证的有效期、签证水印及签字等。

2. 做好相关物资准备

⑴ 护照、机票、已办妥手续的团队名单表、客人房间分配表、航班时刻表等。

⑵ 团队行程计划、自费项目表、客人服务质量意见表、领队日记簿等。

⑶ 旅行社社旗、社牌、名片等，国内外有关方面的重要电话号码（同时记录在手机里和小本子上）。

⑷ 准备发给游客的胸牌、行李标签。

⑸ 各国入出境卡、海关申报卡等。

⑹ 有关票证和钱款。

⑺ 随身日用品、常用药品（感冒药、镇痛剂、止泻药、胃肠药、消炎药和晕车药）等。

3. 开好行前说明会

在办理好签证、机票、团队名单表等出入境手续以后，旅行社应在适当时间召集本团队成员开一次“出境旅游说明会”，领队应尽量参加。说明会上，一是把有关事项告知每一位客人；二是与客人认识并让客人之间相互认识，便于以后的团队组织工作。对出境旅游有关事项的讲解，可以由领队讲，也可以由旅行社专人负责讲解。说明会包括如下内容。

⑴ 欢迎参加说明会的客人。代表旅行社欢迎大家的光临，感谢大家对本旅行社的信任，选择参加本次旅游。

⑵ 领队自我介绍。表明愿意为客人提供热情友好、周到细致服务的愿望，并希望客人对领队工作予以配合和监督。同时，也对客人提出要求，每位客人在旅游活动中注意集体观念，尽量不要擅自活动；强化时间观念，客人之间保持团结。

⑶ 行程说明。按行程表逐项介绍，注意告知客人行程表上的游览顺序有可能因交通、天气等原因而做适当调整。同时介绍哪些活动属于自费项目，客人有权选择参加或不参加。

⑷ 通知出发的集合地点与时间。按照规定，要求全体客人在航班起飞前 2 小时抵达机场或港口指定位置集合；若是乘火车或汽车，要在预定开车时间 1 小时前到达指定位置集合。

⑸ 提醒客人需要的生活用品。例如，防晒霜、洗漱用品、拖鞋（某些境外酒店不免费提供）、衣物、转换插头、常用药品（如治感冒、拉肚子及止血的药物）等。

⑹ 介绍货币携带与兑换方面的有关政策。

⑺ 卫生检疫方面的工作。如有必要，可让检疫局人员在开说明会时给客人打防疫针、发黄皮书（也可在出境时领取黄皮书）。

⑻ 提醒客人境外旅游活动时人身与财务安全注意事项。告诫客人在境外旅游活动时有关交通、治安、自由活动等方面的注意事项，树立“安全第一”的观念。

⑼ 财物保管。告诫客人不要把财物放在旅游车上，并向客人讲解在酒店客房如何保管贵重物品，如何使用酒店提供的保险箱，以及在旅途中托运行李时如何保管贵重和易损物品等方面的基本旅游知识。

⑽ 出入国境时注意事项。介绍境外国家、地区有关法律和海关规定，详细说明过关程序及有关手续。

【拓展知识】

⑾ 提醒客人国外旅游期间的文明礼貌行为。

⑿ 对首次出境旅游的客人，最好将旅游中的其他有关事项逐一介绍。

在说明会上，领队还应落实以下事项。

⑴ 根据客人彼此之间的关系、性别、年龄、生活习惯等合理分配住房。

⑵ 国内段返程机票是否已订或交款。

⑶ 机场税是否已包含在团费中。

⑷ 是否有单项服务等特殊要求。

⑸ 是否有生活习惯方面（如饮食、住宿等）的特殊要求。

2.4.2 领队出、入境服务

1. 出发时的离境服务

出境分两种情况，一是从国际机场（火车、轮船）出境，二是从边境口岸出境。两者的基本流程是一样的，此处以乘机为例说明。

【拓展视频】

⑴ 按照规定提前抵达，集合、清点客人人数。

⑵ 请客人准备好出中国口岸所需证件：护照（签证齐全）、全程机票或电子票、海关申报单。再次提醒客人出关检查顺序：卫生检疫卡→边防检查证件→海关检查（行李）→出关。

⑶ 海关检查请配合官员检查随身物品，主动申报过海关检查时应填写行李申报

单，申报单要保留至回到中国核证。凡持有价值 5 000 元以上相机、摄像机、手提电脑，现金达人民币 20 000 元或 5 000 美金以上的需要申报。

(4) 为客人办理登机及行李托运行李手续。大件行李和金属物品、100 毫升以上液体、打火机、食品等都必须办理托运手续；准确清点、统计托运行李数，并保管好行李牌。

(5) 过卫生检疫，出示黄皮书，或购买药物领取黄皮书。

(6) 过边检。领队或者送关人员事先收齐客人的护照、身份证和全程机票，连同旅行社制定的名单一起交给边检团体旅客检查处，输入电脑，检查核对。若边检对客人的证件有疑问，会让领队协助找来客人询问。对所询问的问题，如客人的身份与护照、身份证是否相符等，客人应如实回答。检查通过后，领队应按送交边检的名单让客人依次排队，次序不可乱。然后全体经过边防检查关，报名领回自己的护照。自 2007 年 10 月起，包括内地居民、台湾居民及华侨在内的所有中国公民从中国出境时，免于填写边防检查出境登记卡。领队应保留送交边检名单的其中一份，以备回程时用到。

(7) 带领客人通过安检，进入候机区等候，根据指示按时登机。

案例 2-15

导游处理不当，游客如厕误机

导游带领旅游团在机场准备过安检之前，团内有 3 位客人要上洗手间。于是导游把客人的证件、登机牌等交给他们自己保管，并交代了洗手间的方向，告知客人出来后自己过安检到登机口集合。随后，导游带领其他客人先过安检前往登机口。但最后这 3 位客人误机，没有赶上团队，误了行程。客人非常不满，投诉导游工作不尽责，并要求旅行社赔偿。

讨论

导游有无违反导游操作规程？如果有，失误在哪里？

2. 抵达后的入境服务

(1) 抵达旅游目的国家（地区）机场，需协助客人办理有关入境手续，通常称为过“三关”，即边检（证照查验）、卫生检疫、海关检查。

(2) 下机后，领队应于飞机通道口集中客人，告知客人要统一行动，不得擅自离开。

(3) 带团出机场。领队应注意看通道指示牌，带领全团前往游客通道（显示“Foreigner”或“Visitor”字样）排队过关；游客依团队名单表顺序排队提交护照、入境卡、返程机票等；若客人遇到困难，可予以协助。若领队先于团队通过关卡，应回头照顾团队，并请已过关的客人协助接取行李。

(4) 全体客人入境后，带领客人于相应行李通道领取托运的行李；经检查行李件数无误后，到海关办公室报告团体性质、人数、国籍、行李件数，出示填写好的行李申报单。海关要求检查时，可请求抽验数件，并请物主立即开箱受检，同时告诫客人切勿离队。

⑸ 海关检查完毕后，马上出关与当地接待人员联络，并将行李交由其负责，然后带客人登车清点人数。至此，办理国外旅游团的入境手续才算完成。出境旅游团国外入境流程如图2.3所示。

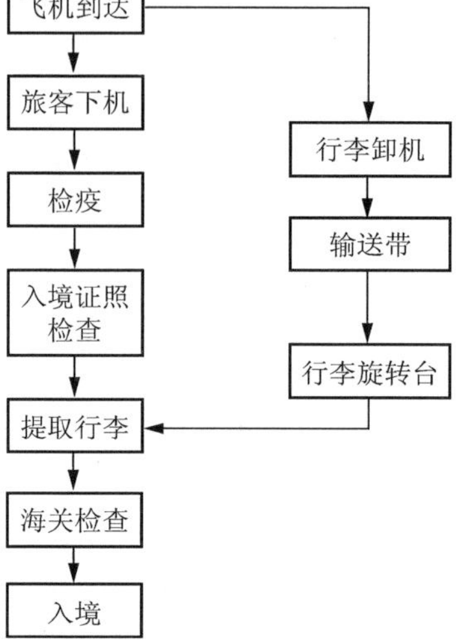

图2.3 出境旅游团国外入境流程

⑹ 出境旅游行程中，如在公路上通过国界，则应将客人证件收齐，客人坐在位置上不动，请求移民单位派人上车检查，通常只核对人数，一般不检查行李。

3. 国外入境后的领队服务

1) 落实境外旅游接待

⑴ 团队到达旅游目的地后，领队应马上与境外地接社导游进行接洽；注意核对有关事项；清点行李与客人人数；与导游一起安排客人入住酒店。

⑵ 待安排妥当后，领队须及时与导游按事先约定的行程计划，商定游览计划和时刻表。必要时可拜访该旅行社的负责人以示重视和友好。

⑶ 在境外旅游期间，领队应尽量与导游、司机处理好关系，共同协作，安排好旅游活动，让客人满意；同时必须担负起监督服务质量、维护旅游者合法权益的责任，若遇到导游或司机提无理要求或有侵犯客人利益的行为时，如随意增加自费项目、延长购物时间、增加购物次数、降低服务标准等，领队应及时与导游交涉，维护客人的正当权益，必要时向地接社投诉并向国内组团社报告。

⑷ 到了目的地后，领队不能把团队交给当地的旅行社导游就不管不顾，而应按旅行合同，兑现销售给旅游者的交通、住宿、游览服务。国外旅游团在途中行程急促，流动面广，领队沿途应照料团队的登机、食宿、购物、游览等活动，并协助解决可能遇到的问题。

2) 安排境外住宿

⑴ 抵达酒店后，领队应尽快协助导游办理房间入住手续，记下每位客人的房间号，分发房卡。必要时，领队可了解饭店的内部设施(如电梯、餐厅、地下街等)的位置，并告诉客人。

⑵ 告知客人领队、导游的房号，告诉其叫早、早餐、出发时间；当天若有活动安排，通知集合出发地点和时间。

⑶ 进房间后，领队可查看一下客人房间，提醒注意事项；若遇房间存在问题，应协助客人解决。

⑷ 若由行李生送行李，应检查行李是否已送到客人房间。

3）就餐服务

⑴ 出境旅游团活动多数是观光项目，旅途中体力消耗较大，客人容易饥饿，因此安排好团队用餐尤为重要。国外餐厅通常必须事先安排，而且还必须再次确认，如进餐人数、时间、菜肴和价格等。领队应在开餐前提前到达，并招呼、引导客人就餐。

⑵ 赴欧美等地旅游，客人可能会因不习惯境外饮食口味而要求安排中餐或自行用餐等。出现这种情况，领队要尽量开导，并力所能及地安排好客人用餐。

⑶ 领队应安排客人就座后才能离开，用餐过程中要巡视用餐情况，询问客人意见。如遇旺季景点团队多时，应和导游一起督促用餐服务。若客人明显吃不饱或饭菜质量太差时，可要求加饭菜，费用应由导游支付。若遇到客人过分挑剔或提出过分要求，应做好劝说和解释工作。若客人要求增加标准以外的菜，应明确告诉客人费用自理。

⑷ 客人因宗教或身体健康等原因有特殊饮食要求时，领队应与导游一起协调好客人用餐。

4）境外观光游览服务

⑴ 游览景点时，领队一般应走在后面，注意观察团队，以免客人走失。

⑵ 领队工作不应“默默无闻”，应在不影响导游工作的情况下，多问候和提醒大家，体现领队作用。

⑶ 对导游推荐的自费项目，必须征求全体客人同意方可进行。若导游随意加价或强迫推销，应以妥善的方式指出或制止。要维护客人的利益，情况严重时，应及时与接待社或国内组团社联络处理。

⑷ 每到一地，应首先与导游确认行程等事宜。若行程有变动，导游必须先告知领队，并向客人说明。导游修改行程时，应与领队商量，可以调整顺序，但不可以减少项目。对压缩游览时间、延长购物时间的情况应及时纠正；交涉时领队应注意方式，并避开客人。

⑸ 出发前已经以发放行程表的形式将境外整个行程计划告知客人，但到目的地后，可能会根据具体情况作局部调整，此时应及时告知客人。

⑹ 提示事项应尽早宣布，让客人有心理准备，以便客人安排自由活动时间；提示事项一次切勿太多，以免客人听错。

⑺ 控制好旅游时间与节奏。整个行程中的乘机、换车、进餐、游览时间控制要准确，既要兼顾客人体力，又要避免时间延误。旅游行程环环相扣，一个环节的延误可能对后面的行程造成严重影响。

⑻ 提供旅途服务，注意交通安全。车、船座位的分配应注意方法，可用抽签、按抽烟

区与禁烟区划分、自动转换等方式处理。乘车时要注意车内空调温度，如客人感到不适，请司机随时调整。行车时间达两小时以上的路程，途中可找适当处让客人休息。长途行车，必须按规定配备司机。乘船注意上下码头次序、船上伙食、航行中有无晕船旅客、船上活动节目和参与的礼仪等，并提醒客人注意安全。

5) 境外旅游期间领队提醒客人注意事项

一方面，境外旅游期间，游客人生地不熟；另一方面，当地政治、经济、社会等方面与国内情况可能存在较大差异，领队要提醒游客有关注意事项，以免遇到不必要的麻烦。

⑴ 提醒客人注意交通安全。国（境）外交通管制十分严格，过马路时一定要遵守信号指示、走人行横道或天桥隧道，否则会被处以罚款。由于人车分道，又多单行线，因此市区内车速也很快，常常每小时 60 千米以上，过马路要快步通过，不要停留。世界上大多数国家靠右通行，但一些国家，如英国、日本、新马泰（新加坡、马来西亚、泰国）等国，以及我国港、澳地区却是靠左通行。因此在这些国家和地区穿越马路时一要看红绿灯严格遵守交通规则，二要先看自己右手方向来车，到路中间后再看左手方向来车。发生意外而事情是非尚未分辨清楚时，不宜贸然向对方道歉，否则可能对后面的交涉不利。切勿随便接受“私了”，而应请保险公司、旅行社或租车公司代办交涉。同时，要记得向警方取得事故证明，以获得旅游意外保险的赔偿。若事故严重，要及时报案，获得医疗、保险援助。

⑵ 提醒客人防范治安事故。境外旅游要注意安全，应防范偷盗、抢劫等治安事故。领队要提醒客人：一些地方的小偷专门针对游客作案，抢劫、盗窃时有发生；不要随便跟主动搭讪的陌生人搭话；离开酒店、餐厅时，均必须将现金、相机、首饰等贵重物品随身携带；步行时注意歹徒从背后抢劫、盗窃；保管好自己的护照等身份证件；自由活动期间尽可能三五成群、结伴而行，最好由导游陪同；不要擅自离团自由活动，否则一旦受到损伤旅行社可能不承担责任。

⑶ 提醒客人不要随意帮助别人携带物品，即使是同团队友、领队或导游提出要求，亦不应受托带行李。例如，东南亚国家（地区）海关检查的重点是毒品，携带 15 克以上毒品过境者，将被判处有罪甚至死刑。一些贩毒分子往往利用外国出入境者作案。领队应告诫客人，出入境时要注意：①看好自己的行李物品，防止被别人“调包”；②不要为不相识的外人携带行李过关；③过关时不要出于互助之心，帮助别人提拿行李。

⑷ 告知客人境外迷路的预防与处理。团队在境外活动期间，要提醒客人随队行动，防止走散。自由活动时应跟领队、导游打招呼，不要擅自单独自由活动。同时，领队也应告知客人避免迷路的方法。一是要学会看地图，二是在街边行走时，要注意观察周围环境，记住有特征的景物。与团体一起活动时，注意不要脱离队伍；即使迷路，也不要慌张，要有能归队的信心；团体活动时彼此应互相照应，不要与队伍距离拉得太长，听从导游的安排，更不能让客人因某事意见不合而闹意见脱离队伍。迷路时不要惊慌，可以向路人问路。若是乘车到远地旅行而迷路时，最好的办法是乘出租车返回，只要告诉司机所住旅馆的名称，则司机可以把客人送回。领队要提前把导游的电话号码和行程细节告诉客人，若客人离队，

他也可以知道团队要前往的下一站是哪里，以便与团队会合，或直接与当地导游电话联系。

(5) 提醒客人尊重当地习俗和文明礼貌。例如，境外许多国家规定公共场合禁止吸烟，要提醒游客务必重视，否则可能被处以高额罚款甚至判刑。又如，在新加坡，游客在公共场合吸烟被视为违法，最高罚款可达 6 000 元；随地吐痰、乱丢垃圾初犯者罚款 6 000 元，再犯者罚款 12 000 元；使用公厕不抽水者罚款 6 000 元；衣着不整、穿睡衣拖鞋上街、不走人行道、横穿马路也会被罚款。在机场、酒店和餐厅等场所，领队要提醒游客不要大声喧哗，以免招致反感和麻烦。对给自己提供服务的本地服务人员，应给予必要的小费，尊重其劳动。

在东南亚国家旅游时，注意外出活动时不勾肩搭背；不从背后惊吓别人；不随便谈论或批评皇室，遇有皇室成员出席的场合，态度要敬重；进入寺庙要脱鞋，服装应整齐端庄，最好不要只穿短裤；女性避免碰触僧侣，如奉献财物可请男士代劳；头部为身体较神圣部分，不随便摸别人的头；公共场所中男女不可有太过亲密的举动，也不可当众发脾气；各国禁赌，即使在酒店房间也不能玩牌或打麻将。

案例 2-16

泰国地陪加收费，出境领队有失职

某旅游团一行 20 人参加了某旅行社组织的“新马泰港澳游”。返程后，游客向当地旅游局质监所投诉称：他们按照旅游合同约定，在出发前交纳了团款和每人 1 500 元的自费项目费用。然而抵达泰国后，当地导游还要向每人收取 1 000 元的自费项目款。游客们对此质疑，泰国导游的解释是，游客在国内所交团费根本不够，连成本都达不到，每人所交 1 500 元只是补交的团款，现在若不交自费款项，后面的行程没法实施。无奈之下，每位游客只好又交了 1 000 元的“自费项目款”。游客认为领队没有尽到责任，不但没有在关键时刻站出来保护他们的合法权益，还伙同当地导游巧立名目，加收自费项目费。游客要求旅游局质监所责成旅行社就此事予以说明，并退还每人 1 000 元。

旅行社辩称：临行前收取的每人 1 500 元是境外白天参加自费项目的费用，到泰国后，游客还自愿参加了泰国地接社组织的夜间自费项目，这 1 000 元就是夜间自费项目所花的。泰国地接社导游所说“前面每人所交 1 500 元是用于补团款……”只是为了顺利推销自费项目所采取的不负责的说法。对此，领队没有及时制止，确实要负责任。但既然游客已经参加了这 1 000 元自费项目所包含的活动，已经产生的费用是没办法退还的。旅行社表示愿意与游客协商解决问题，并对领队严肃处理。

（资料来源：http://news.sina.com.cn/s/2004-03-19105482086038s.shtml，有改动）

讨论

1. 对于境外地接社导游名目繁多的自费项目推荐，领队处理的原则是什么？

2. 领队如何正确协调游客与境外地接社导游的关系？

2.4.3 办理国外离境、回国入境手续

1. 国外离境手续办理

国外离境手续与在中国出境时是基本相同的，通常是先办登机手续，再过边检海关。

⑴ 过关前，领队应提醒客人记住航班号、登机门、登机时间，团队最好集体行走，个别客人因故单独行走时，一定要叮嘱客人提前赶到登机口。

⑵ 过关时，客人手持护照、出境卡和登机牌。对于持团体签证或落地签证的客人，领队应要求他们按名单顺序排队，依次审核出关。

出境旅游团离境流程如图 2.4 所示。

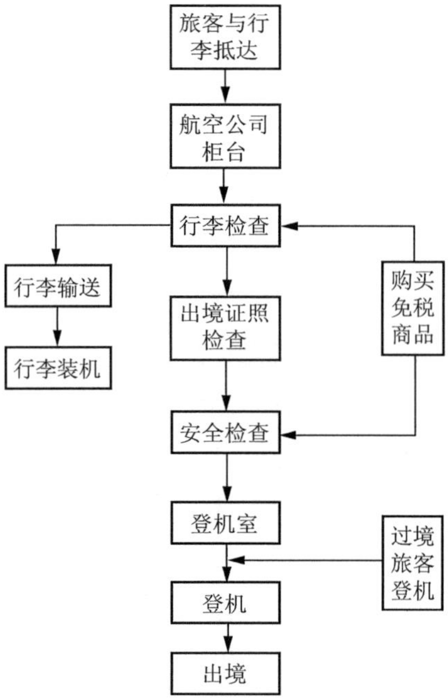

图 2.4 出境旅游团离境流程

2. 回国入境手续办理

⑴ 领队应提前告诉客人遵守中国边检及海关规定，不得携带违禁品、管制品入境，也不得携带未经检疫的水果、活体动物等入境。

⑵ 凡在团队名单表上的客人，须按团队名单表上的顺序排队，依次到边检审检护照，领队将团队名单表交边检官审验盖章。未上团队名单表的客人，可以自行持护照入关。国内机场现在普遍为回国的旅游团开辟有快捷入境通道，若符合条件，领队可带领旅游团快速通过。

⑶ 健康声明书通常不必每人都填写，只要领队在统一名单上说明全团人员均健康即可（有规定检疫疾病的除外），但人数较多的团队入境时，尽量每人填写一份，以避免麻烦。

案例 2–17

境外购石头，入境引“噩梦”

有媒体报道，杜先生一家在土耳其旅行时从地摊上买的一块石头，竟在出境时被当地海关指认为文物，而杜先生则以“走私文物罪”遭扣留。对此中国驻土耳其大使馆表示，这样的事他们也是第一次遇到。

近年来，出境游越来越热，作为普通游客，如何避免带错东西、无辜受罚？出国之前有必要好好做一番功课，了解有关国家的相关规定。

1. 土耳其：一个石子儿都带不走

不少国家对文物都有可以在国内交易、但不允许带出境的规定，而土耳其对文物走私行为打击尤其严厉。土耳其当地法律对石头、钱币出境早有相应规定。

出境游客通常对国外情况不熟悉，应尽量避免买“地摊货”，以防不必要的麻烦。在官方指定的旅行纪念品商店或其他可以开具发票的正规商店购物，都会受到保障。

2. 非洲：带出象牙可能判“无期徒刑”

在非洲花几万元人民币就能买到的一大包象牙工艺品，按照现行计价方式，出境后价值可能翻上几十倍甚至几百倍。而根据规定，非法走私珍贵动物制品价值 20 万元以上，最高可判无期徒刑并没收个人全部财产。

根据相关国际公约和我国法律规定，携带象牙制品入境，需要获得出口国的出口许可证，以及通过事先申请并取得的由国家濒危物种进出口管理办公室核发的允许进口证明书。

3. 英国、澳大利亚：肉、蛋、牛奶禁入

英国禁止旅客从欧盟以外国家携带肉制品、乳制品和蛋类入境。英国海关方面表示，将重点检查一部分国家的航班，其中中国、印度、巴基斯坦、孟加拉、泰国、菲律宾、印度尼西亚、马来西亚、越南等都在列。曾有位中国留学生从杭州返回伦敦时正好撞上“枪口”。他随身携带火腿、香肠、腌肉乘当天最后一班飞机抵伦敦，8 千克精心采办的肉制品全被海关没收。

而在澳大利亚，肉制品、乳制品和蛋类同样禁止入境，允许携带水果。药物方面，中药材允许携带，带西药则要凭医生处方。

4. 美国：别带月饼、水果去

美国在入境携带方面也规矩甚多。许多中国人到美国时，常因携带月饼、肉松等被海关查扣罚款。据美国海关规定，所有肉类都不能带，无论是湿的、干的还是真空包装的；月饼（尤其是里面有咸蛋黄）不能带；水果、蔬菜不能带，连果皮也不行。

若不确定自己携带的物品中是否有违禁品，在过关时可以到违禁品通道主动申报配合检查。值得提醒的是，不同国家法规有差异，而即使在同一个国家，出境、入境规矩也不同。在国外允许带出的物品回国时未必能过关。例如，此前有游客从巴厘岛归来随身携带了一个高 40 厘米的正方形纸箱，入关时被机场检验检疫人员要求开箱检查，结果一箱鱼片全被扣留。该游客表示，她在巴厘岛当地购买时，地陪并没有提醒他们海产品不能在国内入境，而且登机时也没有受到任何质询。

（资料来源：http://sh.eastday.com/m/20120327/u1a6452245.html，有改动）

讨论

1. 为避免游客所购物品在进出海关时遇到麻烦，领队应采取哪些预防措施？

2. 若有客人要求领队帮忙携带所购物品过关，该如何应对？

2.4.4 散团及后续工作

(1) 按照行程计划规定，在全团客人领取了托运的行李，出机场后，就可以宣布散团了。领队在散团前应提醒客人注意有关事项，包括清点携带的行李物品、注意安全等。领队要了解客人离团后的去向，对返家交通有困难或不清楚的客人，领队应尽可能予以指引与帮助。

(2) 在散团前，领队应抓紧时间请客人填写出境旅游团游客问卷表（见表 2-3），回国后及时交还组团旅行社。

表2-3 出境旅游团游客问卷表

为了加强出境旅游团的服务质量管理，保证游客的正当权益，特设此问卷表，敬请游客填写，谢谢！

旅游团编号：　　　　　　　　　　出发日期：　　年　　月　　日

中国香港	住宿酒店 ○好 ○一般 ○差 餐　　饮 ○好 ○一般 ○差 旅游景点 ○好 ○一般 ○差 车辆状况 ○好 ○一般 ○差 导　　游 ○好 ○一般 ○差 其　　他 ○好 ○一般 ○差	新加坡	住宿酒店 ○好 ○一般 ○差 餐　　饮 ○好 ○一般 ○差 旅游景点 ○好 ○一般 ○差 车辆状况 ○好 ○一般 ○差 导　　游 ○好 ○一般 ○差 其　　他 ○好 ○一般 ○差
泰国	住宿酒店 ○好 ○一般 ○差 餐　　饮 ○好 ○一般 ○差 旅游景点 ○好 ○一般 ○差 车辆状况 ○好 ○一般 ○差 导　　游 ○好 ○一般 ○差 其　　他 ○好 ○一般 ○差	马来西亚	住宿酒店 ○好 ○一般 ○差 餐　　饮 ○好 ○一般 ○差 旅游景点 ○好 ○一般 ○差 车辆状况 ○好 ○一般 ○差 导　　游 ○好 ○一般 ○差 其　　他 ○好 ○一般 ○差

续表

	住宿酒店 ○好 ○一般 ○差 餐　　饮 ○好 ○一般 ○差 旅游景点 ○好 ○一般 ○差 车辆状况 ○好 ○一般 ○差 导　　游 ○好 ○一般 ○差 其　　他 ○好 ○一般 ○差		住宿酒店 ○好 ○一般 ○差 餐　　饮 ○好 ○一般 ○差 旅游景点 ○好 ○一般 ○差 车辆状况 ○好 ○一般 ○差 导　　游 ○好 ○一般 ○差 其　　他 ○好 ○一般 ○差

☆ 领队：工作状况：　○好　○一般　○差

　　　　服务态度：　○好　○一般　○差

☆ 您对游程的整体感受：　○好　○一般　○差

☆ 您的意见和建议对我们很重要，如能写下，我们非常感谢！

请交领队收回此表；如有不便，请传真至：×××××××××××××

投诉电话：××××××××　　游客签名：××××××××

(3) 整理和上交领队日志。领队要详细、如实记录和评价景点、住宿、餐饮、交通车辆、导游服务等情况，对境外接待社推销自费项目情况及客人意见作出说明，回国后及时上交组团旅行社。领队应养成在境外旅游期间记录领队日志（见表 2-4）中重要事项的习惯。

表2-4　出境旅游团领队日志

<table>
<tr><td>领队姓名</td><td colspan="2"></td><td>团号</td><td></td><td>人数</td><td></td><td>目的地</td><td></td></tr>
<tr><td colspan="3">出境时间 / 口岸</td><td colspan="2"></td><td colspan="2">入境时间 / 口岸</td><td colspan="2"></td></tr>
<tr><td>境外接待</td><td colspan="2">单位公司形象</td><td colspan="2">导游工作状况</td><td colspan="2">导游服务态度</td><td>行程安排</td><td>其他</td></tr>
<tr><td></td><td colspan="2"></td><td colspan="2"></td><td colspan="2"></td><td></td><td></td></tr>
<tr><td></td><td colspan="2"></td><td colspan="2"></td><td colspan="2"></td><td></td><td></td></tr>
<tr><td></td><td colspan="2"></td><td colspan="2"></td><td colspan="2"></td><td></td><td></td></tr>
<tr><td>日　期</td><td>导游</td><td>游览景点</td><td>自费项目</td><td colspan="2">酒店</td><td>餐饮</td><td colspan="2">车辆状况</td></tr>
<tr><td>第一天</td><td></td><td></td><td></td><td colspan="2"></td><td></td><td colspan="2"></td></tr>
<tr><td>第二天</td><td></td><td></td><td></td><td colspan="2"></td><td></td><td colspan="2"></td></tr>
<tr><td>第三天</td><td></td><td></td><td></td><td colspan="2"></td><td></td><td colspan="2"></td></tr>
<tr><td>第四天</td><td></td><td></td><td></td><td colspan="2"></td><td></td><td colspan="2"></td></tr>
<tr><td>第五天</td><td></td><td></td><td></td><td colspan="2"></td><td></td><td colspan="2"></td></tr>
<tr><td>第六天</td><td></td><td></td><td></td><td colspan="2"></td><td></td><td colspan="2"></td></tr>
<tr><td>第七天</td><td></td><td></td><td></td><td colspan="2"></td><td></td><td colspan="2"></td></tr>
</table>

(4) 财务账单报销。对带团所发生的费用，领队应妥善保管有关票据，回国后及时到组团社财务部门核销。

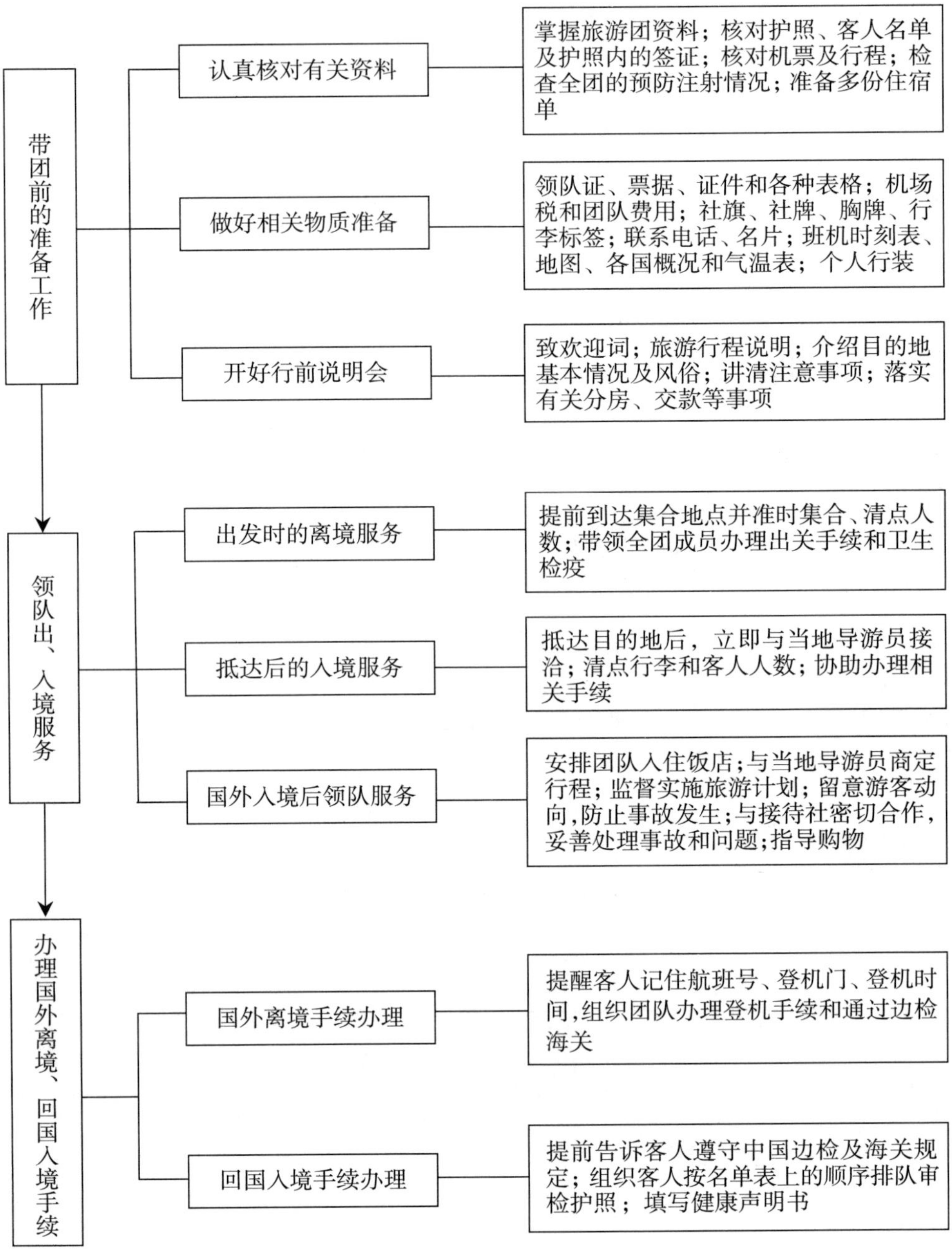

图 2.5　出境游领队工作流程

2.5 景区导游服务规范

景区导游服务是导游服务的重要组成部分，它通常在各类旅游区、自然保护区、博物馆、纪念馆和名人故居等处进行。景区导游通过讲解与引导，使游客对景区景物的历史、现状、特色和地位等有深刻的了解、认识与体验。

各类景区情况有别，导游讲解的情况不尽相同。概括起来，景区导游服务程序包括如下环节。

【拓展案例】

2.5.1 服务准备

(1) 深刻了解所要讲解的景区景物，对其做好全方位的了解与理解，这是体现专业景区导游讲解特色的必要前提。

(2) 上岗前，做好物质、形象、心理和知识等方面的准备。

(3) 若可能，尽量对游客情况作些了解，提供有针对性的讲解与服务。接待有特定要求的政府机构、社会团体的客人时，更要做好相应准备。

2.5.2 导游讲解

【拓展视频】

(1) 对景点做概述性介绍，如开设背景、目的、历史沿革、占地面积、整体布局、主要景观、参观游览的有关规定和注意事项等。

(2) 带领游客按照预定参观游览路线，分段讲解。根据客人具体情况，如类型、兴趣和爱好等，对讲解内容和方式进行调整，提供针对性的服务。

(3) 认真解答游客询问。

2.5.3 安全服务

游览讲解过程中，要及时提醒游客注意地面、楼道、周遭环境等，注意人身和财务安全。

2.5.4 送别服务

完成讲解后，应致欢送词，对客人的合作与支持表示感谢，欢迎客人以后再次光临，礼貌告别。

案例 2-18

游览著名古寺，却遭马蜂蜇伤

广州某古寺是著名的宗教旅游景点，寺庙中古庙巍峨，古树参天，是繁华都市中难得的清净之地，每天游人与香客络绎不绝。

东莞某电子元件工厂组织员工 30 余人到广州旅游，在游览了越秀山、陈家祠、南越王墓后，最后一站来到了该寺庙。景区导游小陈为他们提供讲解服务。游览接近尾声时，在一棵著名古树下，员工们相互拍照留念，场面一时有些混乱。有几位客人兴致很高，爬上树照相。没料到，成群的马蜂从天而降。爬上树的客人及树下几人的头上、身上、手上等多处被蜇，伤势严重。景区保安火速叫来 120 急救车，将受伤客人送到医院抢救。一名客人伤情十分严重，医院甚至下达了病危通知书，后经抢救才脱离危险。

事后得知，景区人员最初知道古树上有马蜂窝，也曾考虑摘掉，但“出家人慈悲为怀”，且树上有“禁止攀爬”的字样，所以就并未取缔。

此事发生后，受伤员工将寺庙管理部门告上法庭，要求赔偿医疗费、误工费、营养费等在内共计 43 280 元。理由是：①员工是在寺庙内游览时受伤的，寺庙理当负责。②寺庙管理部门明知有马蜂窝却不采取措施，对游客受伤有不可推卸的责任。而寺庙称：首先，事件起因在于游客违反了寺庙规定。为保护古树，寺庙有告示提醒游客不可擅自爬树。游客不爬树是不会被蜇伤的。其次，马蜂蜇人是不可抗力。最后，对于受伤游客，寺庙在第一时间进行了救助，已经尽到了应尽的义务。后经法庭调解，受伤员工共获得 4 800 元的赔偿(寺庙方称是人道援助)。

讨论

1. 此事件中，景区导游有无尽到应尽的责任义务？

2. 作为景区导游，如何防止此类事件的发生？

本章小结

导游服务集体是指为同一旅游团客人提供导游服务的导游人员群体，通常由领队、全陪、地陪和定点导游员组成，导游服务集体成员的构成根据旅游团行程范围的不同而不同。导游服务集体成员虽然代表了不同旅行社的利益，但是有为旅游团客人提供满意服务的共同基础，各成员应掌握协作共事的正确方法。在带团过程中，全陪、地陪、领队导游和景点导游必须遵守一定的服务规范和业务流程。

关键术语

地方陪同导游（local guide）
全程陪同导游（national guide）
领队导游（tour leader）
景点导游（guide of tourist attraction）
临时导游（temporary tour guide）
地接旅行社（local travel agency）
组团旅行社（tour-organizer travel agency）

复习思考题

一、单选题

1. 在参观游览景点出发前，地陪应至少提前（　　）到达集合地点。

   A. 10 分钟　　B. 15 分钟　　C. 半小时　　D. 45 分钟

2. 当地陪和领队之间出现矛盾和分歧时，解决争端的基本原则是（　　）。

   A. 平等互利、相互尊重
   B. 相互协作、同舟共济
   C. 国际贸易原则
   D. 全面执行旅游企业之间、旅游企业与旅游者之间签订的协议

二、多选题

1. 旅游团队导游服务集体协作共事的基础是（　　）。

   A. 共同的利益　　B. 共同的工作对象
   C. 共同的工作任务　　D. 共同努力的目标

2. 接团的地陪到达机场时，按预定时间抵达的旅游团已等待多时，游客怨气连天，地陪处理的方法是（　　）。

A. 诚恳地赔礼道歉　　　　　　　　B. 立即解释自己迟到的原因并为自己辩解
C. 提供高质量的服务以弥补缺陷　　D. 给予一定的物质补偿

三、判断题

1. 接团计划是组团社委托各地接社组织落实旅游团活动的契约性安排，是导游人员了解该团基本情况和活动日程的主要依据。（　　）
2. 旅游者抵达饭店后，全陪要协助地陪办理住店登记手续，并请地陪分发房卡。（　　）

四、简答题

1. 什么是导游服务集体？导游服务集体协作共事的基础是什么？
2. 地陪工作分为哪些基本步骤？地陪最核心的服务工作有哪些？
3. 全陪工作分为哪些基本步骤？全陪应做好哪些联络、协调与监督工作？
4. 领队工作分为哪些基本步骤？其与地陪、全陪工作相比较，有哪些相同与不同之处？其工作重点在哪里？
5. 带国内、出境旅游团时，导游应提醒旅游者哪些重要注意事项？

课后案例

“经典台湾六日游”行程

以下是某旅行社针对大陆旅客对我国台湾旅游需求而设计的“经典台湾六日游“行程（出于篇幅考虑，省略了相关备注说明事项）。

1. 行程特色

畅游西半岛经典：台北—新北（野柳风景区）—南投（日月潭、中台禅寺）—嘉义（阿里山森林公园）—高雄—台北。

(1) 乘环保接驳巴士登上我国台湾八景之一阿里山，游览阿里山森林公园，近观千年神木；

(2) 游北海岸野柳风景区，观赏海蚀奇观——女王头、金刚岩等；

(3) 尊贵包船游台湾八景之一日月潭，登上湖畔玄光寺，眺望邵族最高祖灵地拉鲁岛；

(4) 游“海洋港都”高雄，体验南部台湾魅力，游览六合观光夜市，品尝南部特色夜市小吃；

(5) 特别安排品尝日月潭邵族风味餐和美浓客家菜。

去程航班参考：长荣航空 BR708（1310/1520）。

返程航班参考：长荣航空 BR707（1000/1155）。

以上航班仅供参考，最后以出团说明会行程为准。

2. 第1天：广州 $\xrightarrow{\text{飞行约2小时}}$ 台北（晚餐自理）

客人于指定时间在白云机场集合，乘豪华客机飞往台湾，展开宝岛之旅，抵达后由台湾导游接机，晚上前往饶河街夜市（约停留60分钟），可以品尝有名的福州胡椒饼、药炖排骨、麻辣臭豆腐、麻辣鸭血、蟹壳黄、生炒蟹脚、芒果草莓奇异果冰等。最后入住酒店休息。

住宿：大台北高级酒店。

3. 第2天：台北 车程约2.5小时 台中或南投（含早、午、晚餐）

早餐后，乘旅游巴士前往野柳风景区游览（约停留60分钟），野柳是一处突出海岸的岬角，长约1 700米，因海浪侵蚀、岩石风化及地壳运动等作用，构造出海蚀洞沟，有烛状石、蕈状岩、豆腐岩、蜂窝石、溶蚀盘等各种奇特景观，而女王头、仙女鞋和烛台石更是闻名中外的海蚀奇观。游毕后前往御珍果土特产店。之后前往台北“故宫博物院”参观（约停留2小时），馆内珍藏了中华文化的遗产瑰宝。该馆遂有“中华文化宝库”之誉。接着前往绮丽珊瑚店参观。最后前往入住酒店休息。

住宿：台中或南投高级酒店。

4. 第3天：台中或南投 车程约1.5小时 日月潭 车程约2小时 嘉义或云林（含早，午：邵族风味餐；晚餐）

早餐后前往南投县埔里的中台禅寺参观（约停留60分钟），中台禅寺是结合了中西建筑元素，由著名建筑师李祖原先生所设计。参观完毕后前往日月潭风景区（约停留60分钟），日月潭为我国台湾最大的淡水湖，潭面广达900公顷，中间以拉鲁岛为邵族原住民的圣地，以此为界，北半部潭形如太阳，南半部潭形如月亮，故名日月潭。乘船游日月潭湖光山色美景，游览湖畔玄光寺，远眺慈恩塔、文武庙景点。最后前往入住酒店休息。

住宿：嘉义或云林高级酒店。

5. 第4天：嘉义或云林 车程约3小时 阿里山 车程约2小时 高雄（含早、午、晚餐）

早餐后乘旅游巴士前往阿里山森林公园游览（约停留120分钟），期间乘坐7或20座巴士接驳上山（具体用车请以到时实际情况为准），于园区内观看阿里山神木、三代木、姐妹潭、桧木林区等胜景，阿里山的林木品种多且林木年龄皆不小，有的甚至为数千年之神木。下山途中前往台湾第一好茶品尝阿里山有名的高山茶，游客可免费品尝或购买。晚上前往游览六合观光夜市，游客可自费品尝特色小吃。最后送返酒店休息。

住宿：高雄高级酒店。

6. 第5天：高雄 车程约4小时 台北（含早、午：美浓客家菜；晚餐）

早餐后，到达高雄出港口游览西子湾和前英国领事馆（约停留30分钟），西子湾是眺望高雄港的最佳位置，是游客、情侣观海的最佳去处；领事馆建在西子湾的小山岗上，建立于1866年（同治五年），是清朝年间外国人在我国台湾正式建造的第一座领事馆，领事馆内部目前陈列珍贵的高雄历史资料、图片、实物及模型，所以领事馆又名高雄史迹文物馆。之后前往新光码头也称海洋之星（约停留20分钟），为高雄港第22号码头，位于台湾高雄市新光路底，游客可在此看到南台湾第一高楼——高雄85大楼，也可欣赏货柜艺术，它是新光码头最早的设施之一，也是代表高雄的著名景点。随后前往林红珠宝批发中心参观。之后乘旅游巴士返回台北，抵达后前往参观位于台北市仁爱路四段，为纪念孙中山先生百年诞辰而兴建的台北中山纪念馆（约停留30分钟）。接着前往101大楼自由购物（约停留60分钟），游客可自行前往大楼5楼购票乘高速电梯到89楼观景台，俯瞰台北的美丽景色，门票费用约新台币450元/人。最后入住酒店休息。

住宿：大台北高级酒店。

7. 第6天：台北—广州（含早餐）

早餐后前往机场，乘机返广州白云机场后解散，行程圆满结束，祝您旅途愉快！

讨论

1. 该线路的特点对于领队工作提出了哪些具体要求?
2. 根据线路安排，结合领队工作规范，预想该线路工作的各个环节，写出工作计划。

Chapter 3

旅游团队接待技巧

曲中求直，蓄而后发……四两拨千斤也。

——李亦畲

学习目标 >

- 了解：一般团队、特殊团队和散客团队的特点。
- 理解：一般团队、特殊团队和散客团队的不同需求。
- 掌握：一般团队、特殊团队和散客团队接待的基本原则和技巧。

导入案例

迟到、堵车状况多，疲惫、饥渴怨气大

“十一”黄金周期间，某旅行社组织 34 人参加“深圳东部华侨城一日游”。导游通知客人 18:00 集合乘车返程，但到了集合时间，有些团友迟到，于是导游让已到的客人继续等候。过了半个小时，迟到的客人还没有来，又因天气很热，大家站在路边等得十分不耐烦，要求到车上等。导游便带领客人走到停车场，但到了停车场后才发现车不在停车场，而且也联系不上司机，只能又返回路边等车。后来，导游得知司机堵在路上过不来，就只好带领游客在密集的人流和车流中走了一个多小时，才找到被堵在路上的旅游车。此时已是 20:00，客人已经非常疲惫，又渴又饿，怨气冲天。最后，该团在凌晨时分才回到广州，一些住市郊的客人回家路途较远，又无夜班车可搭乘，但导游和司机都没有给予帮助或指引。事后客人向质监所投诉旅行社并提出赔偿。

讨论

1. 该案例中，导游有无工作方式方法上的失误?
2. 旅游高峰期，导游在团队活动组织中要注意什么?

3.1 一般旅游团队接待技巧

导游人员的团队接待技巧是指其在带团过程中处理团内、团外各种关系时运用不同方式、方法和技巧的综合能力，是导游人员必不可少的服务技能，它只有在长年累月的工作实践中才能得到不断提高。

3.1.1 基本原则

1. 富有专业精神

守时是导游专业精神的重要体现，尤其是接团前、团队出发时、就餐前、餐后准备上车时，导游人员应提前在车门边恭候客人，这既是对客人的尊重，也是专业精神的体现。另外，旅游旺季时，旅行社容易出现通知遗漏、约定不符、过度承诺、前后台信息不一致等情况，导致这些事件的原因有一部分与导游的操作不专业和缺乏责任心有关。若导

游有足够的责任心，多问一句，多说一句，多看一眼，很多事故就能避免，很多误会就能消除。

2. 遵守流程规范

很多投诉或事故的发生与导游不按流程操作、自以为是的懈怠行为有关。操作流程中的规定，如上车点名、时时清点人数、入住后查房、用餐时巡餐等，看起来是小事，但都是工作中不可缺少的环节，是众多导游从业者在经验教训中总结出来的。只有严格按规范操作，团队才能及早发现问题，有效避免事故，确保优质服务。

3. 保持良好沟通

导游应与客人保持良好的沟通，建立和谐的人际关系，不要以“专家”自居，要善于调节团队气氛，营造良好的团队氛围。另外，在处理问题和回应客人时，导游要注意把握态度和语气，多用柔性语言。当游客有情绪时，心有怨气，若导游此时在语言上不留意，对方很可能就会情绪失控，借机发泄，甚至导致事态升级，场面更难控制。

4. 勇于承担责任

无论出现什么状况，导游都要有勇气承担责任，敢于面对局面，积极化解各种矛盾；应先全力解决现场的问题，事后再进行内部工作纠正。导游不要在客人面前责备旅行社或组团人，这对解决问题无济于事，还会让客人误解为旅行社推脱责任。

3.1.2 接待技巧

全国模范导游员林大康对于旅游团队的接待技巧，总结了行之有效的“五行法”——行有预，做好行前的准备工作；行有顺，导游要摆顺各种关系；行有情，用情感打动游客；行有策，果断应对突发事件；行有转，把行程转化为满意。可见，接待技巧贯穿于带团过程的各个环节，导游必须灵活运用工作技巧，满足游客用餐、住宿、交通、行程、购物和娱乐等方面的需求。

案例 3-1

旅途尝鲜果，舌尖品中国

小文是广州的英语导游，接待入境游团队有自己独特的技巧。和许多优秀的涉外导游一样，她懂得味蕾可以极大地提升游客对旅游目的地的深刻印象。广州位于亚热带，四季水果不断，每逢有团队抵达广州观光时，水果就是小文和游客沟通的极好话题。盛夏季节，小文会向外宾介绍岭南的时令水果荔枝、龙眼、芒果；其他季节，小文会推荐四季常有的杨桃、木瓜、榴莲、山竹、火龙果等；她还顺路带领团队到超市购买新鲜水果。优良的品质和公道的价格让游客赞不绝口。客人对其中的许多水果只是听过或是在媒体上见过，小文却给了他们品尝的机会，游客大呼过瘾。例如，有些美国游客只尝过荔枝罐头，但在广州却尝到了清甜爽口、齿颊留香的“增城挂绿”，还知道了中国俗语“一颗荔枝三把火”，并学会了吃荔枝时喝盐水下火。

讨论

1. 该案例中，导游的做法有哪些值得借鉴之处？

2. 请列举你家乡盛产的水果、小吃等土特产。

1. 用餐方面

⑴ 进餐厅后主动招呼和安排客人就座，尤其对不同家庭、不同群体就座时出现的问题需及时化解，协助调整，切勿把客人引进餐厅就自行离去。

⑵ 主动指引客人洗手间所在位置，餐前餐后要预留时间给客人去洗手间。

⑶ 看到客人开始用餐后再行离开。每餐至少巡餐两次，并询问客人菜式、口味如何，及时发现问题并马上补救。

⑷ 巡餐时可为客人倒茶，介绍一下菜式，让客人觉得导游时刻在身边关注他们。

⑸ 客人离座时需提醒客人带齐物品以免遗漏；客人离座后最好看一下客人就座的地方（或餐桌上）有无遗漏私人物品。

⑹ 接待穆斯林团队、佛教团队要慎重选择餐厅，按照该团队要求的用餐条件和菜式与餐厅落实相关安排，务必注意细节，并严格执行，切勿自作主张、自以为是，以免引发宗教冲突。

⑺ 在客人开始用餐后才自行用餐，并抓紧时间尽快吃完；在客人用餐结束前来到客人身边，询问用餐是否满意，征求意见并提醒上车时间及其他注意事项，切不可让客人等候导游用餐。

⑻ 如需现场结账，手续应在客人就餐结束之前办妥，切勿让客人在餐厅外久候。

案例 3-2

地陪好心加菜，犯忌引来误会

由18位广东游客组成的团队到山东旅游，该团由两个家庭组成，一家12人，一家6人，吃饭要分成两桌，但客人都不愿意拆开家庭来坐，全陪便按照家庭人数来分桌，一桌12人，一桌6人，并特意提前跟客人打招呼，为了大家都能吃饱，12人大家庭的分量多一些，6人小家庭分量小一些，希望大家谅解。经客人同意，一路下来4天都如此安排，客人用餐也愉快。第5天中午吃饭时，餐厅按照地陪的吩咐，12人这桌上了12个菜，但6

人这桌上了 7 个菜。于是 6 人这桌客人跟餐厅吵了起来，责问餐厅怎么对同一团的客人不同待遇，菜式应是一样的，怎么会一桌菜式多，一桌菜式少，最过分的是上 7 个菜！客人怒气冲冲地找到两位导游，责问是否欺负游客，为什么要上 7 个菜？全陪一听明白了，广东客人最忌讳上 7 个菜，因为只有做丧事时，才会上 7 个菜。于是，全陪马上跟客人赔礼道歉，并向地陪了解情况，地陪说："餐厅是按照人数来上菜的，我担心客人吃不饱，还特意吩咐要多上，6 人上了 7 个菜，多上了菜还不好吗？"客人一听更气了："你们导游真是太不尊重人了，我要投诉！"

（资料来源：偎慧玲）

讨论

1. 该案例中，导游有无工作失误？若你是导游，如何处理？

2. 导游如何避免类似事故的发生？

2. 住宿方面

⑴ 若计调订错（漏订）酒店，导游不要埋怨旅行社，过分强调责任在谁，否则给客人造成推脱责任的坏印象。应沉着冷静，临场不乱，迅速联系组团社或地接社帮助解决，并维护整个团队气氛，让客人情绪保持安定。

① 应立即电话联系组团社寻求解决，或请求地接社或酒店协商（按团队房价）解决等。

② 在现场向客人先行道歉，请客人稍事休息等候。

③ 告知客人正在加紧解决，让客人知晓解决进度，减轻焦虑情绪。

④ 请客人不要焦虑，安心等候，很快就会得到解决，给客人信心和安慰。

⑤ 要采取多种方式安定现场客人的情绪，努力创造平和氛围，否则导游的慌张失态可能导致客人的埋怨情绪升级，给接下来的行程带来负面影响。

⑵ 若抵达酒店后被告知房间还未收拾好，如果时间不长，导游可先安排客人在大堂休息等候，并利用此机会介绍一下酒店设施、餐厅位置、酒店周边情况、次日起床和出发的时间、次日游览节目等；如果时间较长，可与酒店协商安排客人在大堂咖啡厅或茶室稍作休息，如有几间客房已收拾好但大部分还在收拾过程中，可以先安排有老人或小孩的家庭先进房。

⑶ 应把自己房号告诉客人，以便客人有事求助。

⑷ 客人入住后应及时巡查房间，询问是否会用冷热水龙头和安全锁，提醒进房后扣好安全锁，提醒注意浴室防滑，告知如何使用电壶和保险箱等。

⑸ 退房时提醒客人检查是否遗留物品、证件，保险箱的东西是否已取出，枕头下、浴室内是否有东西遗漏。若是老年人团队，还应提醒假牙、拐杖、老花镜、帽子、围巾等小物件是否带齐。

案例 3-3

计调大意订错店，一字之差引冲突

某旅行社的团队前往深圳旅游，抵达酒店后发现没有订房记录，导游致电组团社询问。原来该酒店与马路对面的一家酒店仅一字之差，计调人员下单时误订了另一家酒店。导游即致电旅行社请求给予解决，但解决过程时间较长，当时天色已晚，客人身心疲惫，非常不满，情绪激动。导游在与客人、酒店前台和旅行社计调人员之间的交涉中无法协调好关系，最后竟与司机一起擅自离开现场，弃客人于不顾，导致客人拨打“110”报警称人身受到威胁，现场情况失控，矛盾升级。事后，客人向广州市消费者委员会提出投诉并将此事曝光，对旅行社品牌带来极大的负面影响。

讨论

1. 该案起因是旅行社操作失误，但导游表现有无失当之处？

2. 类似上述漏订、误订问题的解决过程中，导游应以什么方式进行处理？

3. 交通方面

⑴ 提前一天预告明天的行程，如乘车时间较长，需走山路等，以便客人在心理上和物品上有所准备。

⑵ 若发现客人有晕车 / 机 / 船的，应提前告知客人服用止晕药物，并为其准备好呕吐袋等物品。

⑶ 乘车时的注意事项。

① 若旅行社没有提前安排乘车座位表，团内又有老人的，导游可以提议先让老人上车落座，或尽量安排他们坐在靠车前部。

② 夏天气温较高时应留意车内空调温度并及时作出调整。

③ 若行车时间较长，应在途中安排一些娱乐节目，或播放舒缓轻松的音乐，帮助客人缓解烦闷情绪，增加途中乐趣。

⑷ 乘机时的注意事项。

① 若乘机时间较长，应告诉客人不要穿太紧的鞋袜，以免下肢充血肿胀。

② 对于个别未出过远门的游客和高龄长者，安排座位时应注意，确保其身边有人照顾和随时应急；导游员应经常给予询问和关照，必要时可与机组人员联系取得帮助。

③ 若团队人数较多，带团导游不止一名时，导游应分别坐在最前排和最后排，这样既便于在机上随时应急，也便于出机舱后分别负责带队和押后，共同照顾客人。

④ 出机舱后应先集中客人，点名到齐后才一起走，不要自己一出机舱就走，后面的客人跟不上，避免因有些机场太大，客人走错方向的情况；在行进过程中找机会先让客人上洗手间，以免等候行李时间过长。

(5) 海上乘坐快艇时，应照顾客人穿好救生衣，并提醒客人尽量不要坐在船头，以免危险。

(6) 游览中的注意事项。

① 引领游览时导游不要走得过快，应不时停下来等待步伐较慢的游客，以免队伍拉得太长，影响听讲解的效果。

② 游览风景区时，有大路就尽量不走小道，有直线的路径就不走弯曲的小径，既减少客人的消耗，也为安全起见。在陡峭的山路上观景时，应让客人停下脚步，提醒注意安全，以免顾此失彼，发生危险。

案例 3-4

山路崎岖不减速，游客无辜遭横祸

某旅行社组织接待一个国外旅游团。途中，游客坐着大客车行驶在崎岖不平的山路上。行驶至一急转弯处，司机并未减速，客车撞在路边岩崖上，将靠在车窗边的一位游客的头部撞伤，导致该客人面部神经麻痹。据调查，在山路行驶时，路况极差，车体抖动厉害，车上导游人员并未作任何警示和采取必要的措施（如让司机减速）。事后，该游客提出了索赔。

（资料来源：http://blog.sina.com.cn/s/blog_4784a2f2010000v5.html，有改动）

讨论

1. 外国游客伤亡应遵循什么原则进行善后？

2. 导游应如何配合相关部门进行处理？

4. 行程方面

(1) 旅行社与游客在出团前就签订了旅游合同，合同中对于行程的每项内容都有清晰的介绍，客人对将要去的景点内容已有了解且充满期待。因此，除非特殊情况（天气或其他意外）不得不临时取消（或调整），通常情况下不得改变原定的基本行程内容，否则游客可向质监部门投诉旅行社违约。

(2) 若因天气原因或其他特殊原因导致旅游行程未能履行或未能完全履行的，导游必须正确清晰地向游客解释原因，并安排其他节目替代。若替代节目与原节目有差价，旅行社应予以退还差价。同时，旅行社还应收集和出示相关证据（如天气预告、水文站告示、政府通告等），以便向客人做出合理解释。

案例 3-5

满腔虔诚来朝拜，事与愿违扫兴归

4月的一个周日，某旅行社地陪小李接待来自我国台湾的一个旅游团。该旅游团刚从机场出口处出来，即引得众人纷纷围观，原因是他们每人胸前都挂着一个济公像。原来，该团成员全是济公信徒，此次来杭州的目的是探寻南宋僧人济公的遗迹，主要游览点是与济公有关的飞来峰、灵隐寺、净慈寺和虎跑泉等地。游客上车后，便直奔济公生前出家地——灵隐寺，并欲在该寺举行一个多小时的朝拜济公仪式。可到了灵隐寺，当领队与小李为此事和寺庙有关负责人商量时，却遭到一口拒绝。原因是寺庙事先没有接到有关方面的通知，再加上灵隐寺游客众多，如许可将影响寺庙正常秩序。领队和小李跟寺庙负责人说明情况，最后寺院方只允许把济公像摆在大雄宝殿释迦牟尼须弥座供香客朝拜。直到次日游客要离开杭州了，朝拜仪式仍然没能如愿举行，游客们只好怏怏不乐地前往下一站。

讨论

1. 若你是导游，该如何处理？

2. 接待朝拜团时，应注意哪些事项？

5. 购物方面

(1) 游客与旅行社签订的合同中已明确约定，不强制购物。因此，导游人员务必严格按合同约定执行，切勿擅自增加购物点。

(2) 购物是旅游六大要素之一，适度的购物活动是旅途中的乐趣所在。但在整个旅游行程中，游是“主”，购是“辅”，若把游与购的主次轻重颠倒，既破坏了旅游行程的完整性，也让游客感到旅途索然无味，若购物还带有强迫性的话，则违反了法规条例。

案例 3-6

境外购物遭威胁，游客回国要投诉

杜某夫妇随一旅游团赴国外旅游。一天傍晚，地陪将旅游团带至一个珠宝店，请游客下车参观选购，并竭力劝说杜某夫妇购买一条宝石项链。但杜某夫妇觉得此宝石项链做工粗糙、价格偏高，不愿购买，其他团友也无购买兴趣。见此情景，地陪将杜某夫妇叫到一边，指着面露怒色的经理说：“你们的团费很低，若不购买一定数量的旅游商品，会惹怒这些当地人的，我的压力很大……”听到这番话后，杜某夫妇无奈地摇摇头，最后买了这条价格不菲的项链。回国后，杜某夫妇向旅游质监主管部门提出了投诉。

（资料来源：http://jpk.hbtvc.com/ldyy2010/ku/416.htm，有改动）

讨论

1. 该案例中，地陪违反了什么规定？

2. 该团的领队应承担什么责任？

6. 娱乐方面

(1) 不得强迫游客参加自费项目或劝说游客放弃自费项目。一方面，游客有自主选择是否参加自费项目的权力，导游不得强迫或威胁游客参加。游客若自愿参加自费项目，应让其签名确认。另一方面，因为游客通常在报名时已经得到关于自费项目的资讯，心态上已有所准备，或心理上已有需求，他们一般会选择参加或部分参加，导游不应劝说其放弃。除非客人自愿放弃，否则，应留出时间尽量安排。

(2) 对于一些非常精彩、值得一看的娱乐节目，导游应进行介绍，做足铺垫，引起客人的关注，激发他们的兴趣，避免由于导游介绍不详，导致客人不清楚娱乐项目的精彩所在，错过了节目。

案例 3-7

“见见世面”要求无果，散布谣言侮辱导游

某年 3 月份，导游小王带团赴新马泰旅游。当行至泰国时，游客李某提出请小王带其到非法娱乐场所“见见世面”。小王对此要求当即予以拒绝。为此，游客李某觉得很没面子，心怀不满，在团里散布有辱小王人格的言论。

（资料来源：http://www.docin.com/p-377497485.html，有改动）

讨论

1. 该案例中，导游的做法是否正确？

2. 针对游客李某的行为，导游应如何处理？

3.2 特殊旅游团队接待技巧

3.2.1 老年团队

随着旅游业的发展及国民休闲健康概念的改变，越来越多的老年人走出家门外出旅游。旅行社除了有组织专门的老年人团队外，日常的常规团队里也有老年游客一起出行。如何能使老年游客满意，如何保障老年游客的安全，这是对导游的一个考验。

【拓展案例】

1. 基本原则

1) 耐心热情

老年游客由于年龄大，记忆力下降，刚说明的事项很快就忘记。因此，带老年团的导游要有一定的心理准备，要耐心、热情、不怕麻烦，不嫌啰唆。

2) 善于倾听

老年人出门希望能有说话的对象，导游就成为他们的最佳倾诉对象。因此，导游要学会倾听并给予回应，让他们感觉得到尊重和理解。

3) 服务周到

老年人出门随身会携带很多物品，如雨伞、拐杖、毛巾、衣服、药品等，他们动作比较慢且常常遗忘物品。导游除了要提供帮助，还要不断提醒，为老人提供方便。

4) 掌握节奏

带老年团的节奏应以“慢、缓”为主，切勿“急、赶”，以免发生意外。因此，在旅游中的各环节都要留有较宽裕的时间。

案例 3-8

导游太大意，老翁魂归天

某旅游团队进入景区游览，其中一位老年游客突感身体不适，头晕心悸，神志不清，不能跟团进入景区游览。导游让该客人在景区门口休息等候，他带领其他团友进入景区活动。导游离开时既未采取任何措施也未留下自己的联系电话。待团队游览完毕回来，该客人已经死亡。客人家属认为旅行社和导游有明显的处理不当，要求作出赔偿。

讨论

1. 该案例中，若你是导游，应采取什么措施？

2. 导游人员应如何预防此类事件的发生？

2. 途中服务

(1) 老年人普遍都有血压、心脏的问题，腰腿无力，步伐较慢。因此，在日程和旅游景点参观的安排上不宜过紧过密，时间应留有一定的余地，宜缓不宜急。

(2) 在游览过程中要注意劳逸结合，不要让老人感觉太累，给足客人游览及照相时间。带领游览路线时尽量选择较平坦的路，步速不宜过快，并要不时回头观察客人是否可以跟上。若队伍拉得过长，可稍作停留等人到齐再走。

(3) 根据老年人的体质需求，到每个景点时，要先安排老年人上厕所。离开景点前往下一个目的地前，再安排一次上厕所时间。准备上高速公路之前要有提示并合理安排好上洗手间的间隔时间。

⑷ 进入景区前，交代清楚停车地点、游览时间和集合时间，并作多次重复，确保老人能听明白；必要时让老人复述出来以确认他听清楚了。

⑸ 在游览的过程中，导游要全程陪同客人，不能只在景点的大门口等候，导游绝对不能离团，即便是解散自由活动时间也必须陪伴着他们，随时应对他们的需求，以防发生意外。

⑹ 远观景点时，若在车上则要求司机把车速放慢；若在走路时（尤其是上山途中）则应让客人停下脚步再作指引，提醒客人走路不看景，看景不走路，以免发生危险。

⑺ 在每天出发前，要详细告诉老人今天游览的主要景点，以便让他们做相应的物质准备和心理准备，如上山、到海边等，要穿平底鞋，带外套、帽子、围巾等。

⑻ 在老人上下车时，应站在车边搀扶助力，以防老人跌倒。上车后应询问老人空调温度是否合适，并及时调整。

⑼ 在车上播放音乐时，应以舒缓平和的音乐或歌曲为主，切勿播放节奏强劲的音乐。

⑽ 老人记忆不好，团队准备前往机场（或车站）时，导游应在开车前再三提醒客人检查证件带妥与否；若有必要，应亲自过目客人证件，确认无误后方可发车。

案例 3-9

六十老翁要逞强，红海浮潜酿悲剧

某旅行社组织“埃及八天游”在红海度假胜地洪加达活动，该行程中一个项目是“红海浮潜”观赏鱼类美景。在众游客准备更衣下水时，团内一位六十多岁的老年游客也换上潜水衣准备下水，领队见状即问客人水性如何，并提醒客人注意安全。该客人告知领队他在家时经常游泳，身体状况良好。但老人下水后不久，船上人员就发现其状态有异，一直浮在水面上不动，船上人员大声呼叫也没有反应。该客人家属即请求船夫前往抢救，待将客人拖上船后发现其已脸色苍白没有呼吸，医生当场做人工呼吸，但已回天乏术。

讨论

1. 导游在为老年团服务时应遵循哪些原则？

2. 导游该怎样预防此类事故的发生？

3. 讲解服务

⑴ 在讲解时，要注意语速，不要太快，确保老人听得清楚，尤其在讲到数字、年代、人物姓名时应慢速、清晰，让老人听明白。

⑵ 老年人耳背且反应慢，导游讲解的音量要稍高一些，讲解时在每段落之间应有留白，要给老人以理解和消化的时间。

⑶ 老人都有怀旧情结，在史实讲解中若能以当时的一首歌、一种情景、一句用语来带出讲解词，会引起老人的共鸣，产生非常好的效果。

(4) 尽量少用或不用网络语言或时尚词句，老年人听不明白，甚至会因此而产生反感。

(5) 在讲解中涉及某些历史事件、人物或战争背景等话题可能引起老年人的情绪激动，应尽快打住话题并巧妙地带过，淡化现场气氛，平复老人心情。

(6) 途中娱乐可以准备一些小故事、笑话、猜谜等，以调节气氛。娱乐方式要考虑老年人的特点，不要让他们为难（如轮流唱歌、脑筋急转弯之类）。如要引导全体客人唱歌也应选择一些怀旧歌曲，以激发客人的参与兴趣。

4. 用餐安排

(1) 餐厅的选择要注意尽量安排在一楼，如确实要上二楼的话要确保有电梯。最好选择大门口有坡形通道的餐厅，可方便老年人上下。

(2) 用餐前及用餐后要先安排客人上厕所，并主动指引洗手间位置，并提醒客人留意防滑。如有老人临厕久未回座，导游应尽快查看，以免发生意外。

(3) 用餐前过目一下菜单，尽量不要有太油腻的菜式，以清淡为主。

(4) 用餐过程中要巡餐，询问客人对用餐是否满意，防止老人因胃口不好或其他原因吃不饱。

5. 住宿安排

(1) 分房时要登记清楚每位老人所住的房号（客人的家人或子女可能会来电话追踪情况）；并将导游的房号及房间电话号码告知客人以便联络。

(2) 有的老人不会开门，或者不会用钥匙取电，或者不会使用冷热水龙头，因此，一定要在分房后致电各房间问候，或逐间查看，及时指导和帮助他们。

(3) 若入住的酒店房间提供的是纸质拖鞋的话，一定要叮嘱客人小心防滑。

(4) 提醒客人进入浴室时要小心滑倒，可向客人提议在沐浴前先将毛巾铺在浴缸或地板防滑，以免发生意外。

(5) 嘱咐老人锁上安全锁，保管好个人财物。

(6) 离开酒店时应反复提醒老人带齐物品，尤其是放在浴室的假牙、枕边的眼镜、床头柜上的随身药品、门边的拐杖等，这些都是老年人不能离身但又易忘的物品。

案例 3-10

合理诉求未满足，说明会上生矛盾

游客谭女士已经退休，属于“有钱有闲”一族，早年在职场上也是一位领导，去过很多国家和地区，自认为见多识广。一次，她与朋友一起参加了某旅行社的“东南亚海岛休闲旅游团”，孰料团队还未出发，谭女士就向旅行社投诉该团导游。原因是在出团说明会上，谭女士提出的问题总是遭到导游的打断或讥笑。谭女士感到被轻视，她认为导游对她不尊重，没有重视她的需求。经了解，导游告知客人所入住的酒店只有冰水没有开水，而

谭女士及团友数人均是老年人，喝不惯冰水且每天要服药，希望酒店供应开水或提供煮水的壶。但导游完全没有理会她的需求，也不正面回应如何解决，甚至觉得团友无理取闹，故而对客人出言不逊。团队还没出发，双方就已产生矛盾。

讨论

1. 导游应如何倾听老年人的诉求？

2. 导游在回应客人的合理要求时，在语言上应注意什么？

3.2.2 学生团队

中小学生的最大特点是好奇、多动、注意力难以集中，不像成年人那样乐意听导游的讲解；同时，他们正值成长期，学识尚浅，理解能力不高。因此，带领以中小学生为主体的旅游团队进行参观游览时应把握他们的特点，有针对性地提供服务。

1. 基本原则

1) 爱国主义教育

中小学生正是处于世界观和人生观形成的重要时期，导游应在旅游过程中通过讲解沟通、引导审美等方式，介绍祖国的大好河山和悠久历史，对其进行爱国主义教育，提升其民族自豪感和民族自尊心。

2) 时时安全提醒

由于中小学生缺乏必要的社会经验，自控能力较差，因此需要不断地进行安全提醒，以加强学生的自身防护意识，保证出游期间的安全。

3) 讲解活泼生动

中小学生心智未完全成熟，而且注意力容易分散，因此，导游人员讲解过程中宜采用生动活泼的语言，避免使用晦涩难懂的专业术语。

2. 途中服务

⑴ 提醒学生要有集体观念，统一行动，互相帮助，要跟随在老师或导游身边，不要独自行动；提醒方式要持续不断、反复强调，以强化学生的注意。建议分成小组、设立小组长，便于导游进行管理。

⑵ 提醒学生不要随意接受陌生人给予的食物和饮料，遇到有人纠缠要立刻向老师或导游报告，特殊情况下可求助于警方。要提醒和告知学生报警电话号码。

⑶ 检查学生是否有带身份证、学生证等证件，以免在登机和入住时带来麻烦；在去机场途中导游除了需口头提示，还应统一收取证件，以确认证件齐全，若此时发现证件遗漏在酒店还有时间补救。

(4) 提醒学生勿携带过多现金，不要轻易将现金外露；在他们购物时导游应在身边帮忙观察和给予提醒。

(5) 尽量避免有涉水、探险、攀爬等高风险的旅游项目，尤其是在容易发生危险的场所（如湖边、河边、山边、无栏杆的高处等）；如需解散自由活动时，导游不可走远并需密切观察，以防万一。

(6) 要再三强调自己的电话号码以便学生应急联络，电话号码的告知方式要清晰明了容易记。

(7) 随身携带止血贴、万金油、祛风油、腹可安等小药品以便户外救急。

(8) 与带队老师或辅导员建立紧密联系和良好的合作关系，提前把自己的计划与他们沟通，取得他们的配合。

【拓展案例】

案例 3-11

全团皆是学生，导游懒得说话

某旅行社导游带了一个小学生团，回来后该导游遭到了随团班主任老师的投诉，原因是导游在带团过程中除与老师说话外，没有与小学生说过一句话。后来找到该导游询问情况时，她说："反正我说了他们也听不懂。"

（资料来源：http://www.doc88.com/p-061195588305.html，有改动）

讨论

1. 导游带小学生团时应注意哪些原则？

2. 导游如何处理好和小学生团游客的关系？

3. 讲解服务

(1) 语言表达要有趣味性，词句组织要生动活泼，适应中小学生的语言接受能力。

(2) 语音语调要有起伏变化，节奏感强，以吸引学生听讲的注意力，切忌平缓低沉毫无变化，导致学生产生厌烦情绪。

(3) 用词、用语要浅显易懂，尤其是讲述历史时，用较简单的语句连接前后以便于学生理解，最好以讲故事的形式进行史实的叙述。

(4) 借助当下比较流行的一些现象、用语等强化讲解效果。如涉及历史人物称呼、头衔等专有名词，应在尊重事实的前提下，借助或转成当下较通俗的词语表达，以便学生理解；避免用过于专业的词语、古词语或生僻词，以免学生不理解甚至误解。

(5) 讲解过程应穿插一些诙谐幽默的语言令内容生动；可制造悬念让学生猜结局，增强学生听讲的兴趣。

(6) 应提前做一些准备，如小故事、笑话、游戏、猜谜、小魔术等，以便在较长的行车途中调节气氛；故事应避免过于严肃、过于政治化的题材，游戏或猜谜应以学生年龄能参与为宜。

(7) 准备一些小道具、小礼物等，小道具应方便携带并可利用它在车上向学生表演，在适当的时候也可邀请学生共同参与表演；小礼物如钥匙扣、笔、书签等，成本不高但效果好。

案例 3-12

学生喧哗欠尊重，导游教育要爱国

某学生团去南京旅游，在参观南京大屠杀纪念馆时，班里有几个学生不太安静，还在讲话。当时导游的脸色突然变得非常严肃，他说："各位既然选择了到这儿来，那么就请尊重这些死难的人。"几个学生觉得导游太小题大做了，当即一个学生反问道："那么请问导游你是不是南京人？"导游答道："严格来讲，我不能算是真正的南京市人，而是从南京周边的县镇迁居过来的。现在几乎所有的南京人都算不上是真正的南京本地人，因为真正意义上的南京人几乎已在南京大屠杀当中被屠杀殆尽了。"听完导游的这一席话，所有人的神情都变得凝重，在接下来的参观中自始至终都没有喧哗。参观完以后，导游还告诉学生们："大部分日本旅游团的南京行程中都会有参观大屠杀纪念馆这一项，若没有，只要时间允许，很多导游都会自己掏腰包增加这一项，免费让日本游客参观。"在后面的游览中，这位导游的讲解始终都体现出一种爱国主义情怀和尽职敬业精神。临告别时，很多学生都向他索要了通信方式并表示了感谢。

（资料来源：http://www.51kaoshi.com/Item.aspx?id=88980，有改动）

讨论

1. 导游在带学生团时，可以从哪些方面对学生进行爱国主义教育？

2. 进行爱国主义教育时，导游可以采取哪些方法和技巧？

4. 用餐安排

(1) 餐标不宜过高，菜式可适当增加花样，如多几款点心比一大盘海鲜更受学生的欢迎。

(2) 减少海鲜类的菜，尤其不要上虾蟹、贝类或刺较多的鱼类；也不要上火锅或带明火上桌的菜肴。

(3) 提醒并阻止学生在路边小摊贩处购买食品，尤其是无包装的生冷食物。

5. 住宿安排

(1) 入住前，告知酒店将房间内的火柴及烟盅收走；将电话、迷你吧、冰箱等上锁，若学生有需要可与老师和导游联系开启使用。

(2) 入住后，告知学生防火通道、安全门等安全设施，并提醒学生看清门后逃生路线图。

(3) 不允许学生私自离开住宿地点。若要外出，需征得老师或导游同意，在他们的陪同下出行。

知识拓展

如何带好女性旅游团和年轻人旅游团

如何带好女性旅游团？俗话说："三个女人一台戏。"女性旅游团的最大特点是兴奋、热闹。在旅游途中她们喜欢谈论家庭琐事、购物及化妆等，喜欢自由活动或三五成群聊天、拍照，思想上容易开小差，人也经常走散、走失。另外，女性求全心理高，团队内时常会产生一些小矛盾。因此，导游员应根据女性的特点，设法让她们高兴而来、满意而归。带领好女性旅游团要做好几项工作：第一，讲解景点要清楚、耐心，时常讲些有趣的故事；带团速度不宜过快，让她们在轻轻松松的氛围中旅游。第二，交代事情、提醒注意事项要清楚明确，说话不绕圈子。第三，经常关心她们的身体状况，带团时要多几次清点人数，防止有人走失。第四，在旅程安排上要松紧适宜，多给她们一些交流感情的时间。第五，在商店购物时导游要做好参谋工作，较为详细地介绍商品的特色，尤其是土特产品。第六，注意尊重客人隐私。女性游客在个别或三五成群地聊天时，若没邀请，导游最好不要参与。

如何带好年轻人旅游团？年轻人旅游团最大的特点是喜欢多动多看，他们在旅途中时常表现出激动情绪和好奇心理。因此，带领年轻人旅游团，首先导游本身要充满朝气活力；其次，要善于了解他们的心理活动特点。一般来说，他们到达旅游景区后，往往表现出渴望和向往心理，追求那些新鲜罕见的景色，因此，导游应留多一点自由活动时间，让他们拍照留念。另外，随着旅游活动的进一步开展，游客之间得到了进一步的交流和了解，他们会变得熟悉和亲热起来，旅游团中懒散和求全心理也会出现，平时活泼的人会变得更加活跃，平时散漫的人更容易迟到，许多人还会丢三落四。他们还特别喜欢开玩笑，提出各种各样、名目繁多的奇异问题。因此，导游的基本做法是：尊重他们、热情服务；讲有特点、做有规矩；履行合同、等距交往；有紧有松，导、游结合。

（资料来源：http://www.17u.com/blog/article/78238.html，有改动）

案例 3-13

游客无理要换人，导游莫名受“歧视”

××旅行社男导游小李接待了一个旅游团，团中大部分是男性游客。在饭店用完餐后，小李想带游客去游览，有游客当面向小李建议下午的游览可否请旅行社安排一名女导游。小李听后觉得很委屈，随即打电话给旅行社，请旅行社重新安排导游。旅行社经理告知小李，社内导游已全部出团了，换导游是不可能的，并要小李沉住气，尽力做好说服游客的工作和导游服务工作。于是，小李没好气地跟游客说："现在是旅游旺季，别说女导游，连男导游都调不出，请你们委屈一下。"小李觉得游客太不给他面子，因此进行导游服务时始终提不起劲。游客既无奈，又游兴大减。

（资料来源：http://www.tvet.org.cn/szzyzs/20/aljx/alfx07_03.html，有改动）

讨论

1. 导游遇到类似情况，应如何处理？

2. 若旅游团中大多数是男性，导游服务时应如何调整工作？若多数是女性呢？

3.2.3 高端商务团队

高端商务团队通常是指企业客户团队，或在行程中含有商务考察、会见、会议、交流、研讨等重要活动内容的高规格团队。这类团队中的嘉宾身份较高，往往有知名度较高的企业家、企业高层管理人员、对口行政接待部门代表、著名学者等。高端商务团通常以商务活动为主，旅游观光为辅，有的甚至完全不安排常规旅游，只是穿插一些乘车游览。

案例 3-14

事无巨细要周全，高端商务团队不好带

老曾是一个有着多年高端商务团接待经验的导游。一次，他接到的出团计划是某世界知名企业的西北考察团。按照以往的工作习惯，出行前老曾与该企业的行政的秘书进行了沟通，除了细化全程各环节的要求之外，还了解了客户的生活和饮食习惯。随后，老曾针对客户不喜欢吃生冷食品、睡觉不喜欢高软枕头、喜欢喝绿茶等习惯，与各地接待单位取得联系，要求餐饮不上冷菜，只上热菜；联系酒店将房间枕头换成荞麦枕头，并把秘书房间安排在客户团长房间的旁边。另外，老曾自己带了一些绿茶和乌龙茶，每到一地就让酒店服务员为客户泡上一杯热腾腾的香茶。入住酒店后，老曾逐个房间查询入住情况，提醒注意事项，并委托秘书代为询问和了解客户入住后的情况。

早上，老曾提前在餐厅门口恭候。当客人从房间下来时，老曾早已满脸笑容地迎了上来，向客人问好并把他们引进餐厅。

晚上，当地对口接待行政部门宴请该代表团一行。老曾提前再三核对了宴会地点、时间和流程等细节。待把客人带到餐厅并安排其落座后，宴会开始。因宴会没有安排司陪用餐，老曾和司机一起到附近的农贸市场买了些水果，以供次日客人在较长的行程中食用。随后，他俩找了一家小食店点了两个菜，正准备吃饭，就接到秘书打来的电话，说宴会提

前结束，客户准备上车离开了。于是，老曾和司机二话不说，放下筷子，跑出了小食店。当他们气喘吁吁到达餐厅门口时，主宾双方正握手道别。老曾把客人们迎上车，司机打开空调，他俩各就各位开始工作。回到住地，待安排好客户的入住后已是21:00了，老曾和司机在附近的一家小店吃了晚餐。

讨论

1. 上述案例中，老曾的工作有哪些借鉴之处？

2. 接待高端商务团之前，导游应提前做好哪些准备工作？

1. 基本原则

1) 谨言慎行

高端商务团的成员多为行政部门、商业界或学术界的领导或专家，在随团活动中，导游可能会了解到他们私下谈论的一些政策、商业或学术方面的内容或他们举办的未对媒体开放的一些活动。此时，导游应摆正自己的位置，认真做好服务工作，不要擅自议论、打听和泄露相关信息。

2) 超前服务

高端商务团团举行的活动大多较为正式、规格较高，往往会有媒体随团采访和报道，若出现意外状况，影响极大。因此，导游必须做好接待前的充分准备和接待中的超前服务，力求工作周到细致、万无一失。

3) 注重礼仪

导游往往会在高端商务团举办的一些政治、商务活动中担任服务、翻译等重要工作。因此，应注意着装、注重礼仪，使自己的言行举止符合场合要求，必要时预先了解和学习相关礼仪，避免主宾尴尬。

2. 途中服务

⑴ 导游应提前知晓嘉宾的行程细节，尤其是行程中有重要的商务活动或考察活动时，导游应与组织者落实活动衔接的细节，如了解对方的称谓、活动起止时间、双方是否有互赠礼品环节等，以便根据要求对客人做出提醒和指引，并做好协助工作。

⑵ 迎接嘉宾通常有迎宾仪式，导游应提前与组织者联系妥当，仔细问清楚细节，如停车地点、迎宾通道和贵宾厅的位置，是否有献花、采访、赠送礼物等环节。

⑶ 由于贵宾的身份不同于普通游客，有些导游不知如何与客人建立有效沟通，不知首次见面说什么、如何说。导游可提前了解嘉宾的背景、经历、爱好等，选择他熟知的或感兴趣的话题作为开场白；也可将本次活动的内容作为切入点。

⑷ 提前熟知嘉宾的姓名、职务和称谓。首次见面接到客人后应尽快记清楚客人姓名称谓，对号入座打招呼，准确地称呼嘉宾。

(5) 多与秘书沟通。级别比较高的领导通常都有秘书或助理，行程中有问题的话应先与秘书沟通，秘书熟知领导的个性和要求，对整个活动安排也很了解，通过秘书进行工作协调会达到事半功倍的效果。

(6) 娱乐有度，点到即止。若行车时间过长可以进行一些娱乐活动调节气氛，但要掌握恰当的时机，如餐后上车应先让客人小憩一段时间，不宜立即开始娱乐。同时，要视嘉宾身份、年龄等安排娱乐内容，年龄较大的嘉宾可尽量以语言类的娱乐为主，如猜谜、成语接龙等。同时，还要善于观察嘉宾对活动的反应，及时进行控制、灵活调节现场气氛，如某些客人不愿意参与也不要勉为其难。另外，要掌握度，不宜时间过长，娱乐与讲解的时间比例以 2∶8 为宜。

(7) 贵宾团不同于普通旅游团，除了某些大型活动有组委会专门发放的会议胸卡外，导游不必强求嘉宾佩戴团队胸牌。

(8) 除原定的旅游项目外，导游不可擅自建议或增加比较刺激的娱乐项目，如滑翔伞、蹦极等。这类游乐项目具有一定危险性，即使是嘉宾主动提出，导游也应对危险性进行提示，并对现场情况作出客观说明，以免发生意外。

(9) 媒体随团摄像、照相或采访嘉宾时，导游（翻译）切忌抢镜、挡镜，要清楚知道自己所站的位置。

① 在两位嘉宾中做介绍或翻译时，要留意摄影师镜头，如正在摄像或拍照，导游不要站在两位嘉宾中间抢镜，应及时改变自己站立的角度，可站在其中一方的后侧位。这是摄像的死角位，既不影响导游工作，又便于摄像师抓拍角度，不会犯抢镜的大忌。

② 在嘉宾照集体相时，导游应主动协助摄影师指挥嘉宾站位，或协助摆位子等。若嘉宾邀请导游一起照相，导游也应尽量推辞，若推辞不掉可站在最后面或最边上，万不可站在嘉宾中间抢镜。

③ 在行进讲解时，导游应注意摄影师镜头，尽量走在旁边，侧身向嘉宾做讲解，既能让嘉宾听清楚讲解，又不会挡镜、抢镜。

④ 导游希望与嘉宾合影时，应顾及场合与时机，并应征得嘉宾的同意方可拍照，并且应迅速完成。

案例 3-15

事先了解欠充分，迎接仪式成泡影

小唐去机场接一个高端商务团。航班正点抵达，客人出来后小唐清点好人数，举起导游旗说："我是接待员小唐，现在大家跟我一起去上车吧！"说完，他就在客人前面带队。走出好长一段路，小唐回身一看，几乎没有几个客人跟上来。他有点疑惑，问身边的一个客人怎么回事。客人告诉他，该商务团活动的主办单位在机场出口处要进行一个小型的迎接仪式，内容包括送鲜花、致欢迎辞和照集体相，而且还有几家媒体准备做一个现场采访。

小唐这么一招呼，团队客人走散了，没法集中，主宾双方关键代表和媒体记者不知所措。小唐见状，当即停下脚步并返回出口。该团的几位成员对他的行为很不满，上车之后气氛一度不太愉快。

讨论

1. 小唐的工作失误在哪？

2. 高端商务团团迎送流程通常有什么内容？

3. 讲解服务

⑴ 高端商务团团游客大多是带着明确的商务目的而来，他们对导游的讲解要求更多的是着重于经济发展、民生状况或与政府、商业、贸易等有关的各类资讯。因此，导游在上团前应做好充分准备，根据客人身份和行程要求来收集资料，修改导游辞，调整讲解重点。

⑵ 可以“各位嘉宾”“各位领导”或“各位女士、各位先生”作称谓，并根据客人身份和具体行程进行开场白，也可用本地民歌或山歌开场，但不宜过长过多。

⑶ 讲解过程中可适当穿插地方特色的词句、谚语、故事、传说、顺口溜等，以增强讲解的生动性，但不宜过多，画龙点睛即可。

⑷ 举例要恰当，话题不宜扯太远。讲解中可适当举例进行补充，但所举的例子应是有根据的，且以正面的为妥。

⑸ 讲解中涉及敏感问题时，应避免过多的渲染和强化，应用巧妙的语言介绍正面内容。若有客人提出异议时，不要与其产生争执，用轻松的语言化解并带过，转入下一个话题。

⑹ 导游讲解时应与客人有眼神交流。眼神交流可帮助导游提升语言影响力，同时也使导游随时观察到客人对讲话内容的反应，以便作出及时调整。

⑺ 导游在车上准备讲解时，若发现车内客人正在交谈时不宜即时打断，更不可直接要求客人安静。可先向客人问好引起客人注意，并可采用停顿讲解，留白十几秒，收拢客人的注意力，再行开讲。如有最高级别嘉宾在前座的话，可征求他的意见，通过他提醒其他客人安静听讲。

4. 宴会安排

⑴ 应提前知晓宴会地点和座位情况等，以便引领嘉宾顺利入座。

⑵ 若不能提前知晓分座图，导游应在进入宴会厅后主动协助确认主宾座位，如设有桌牌名卡应按名卡就座；如不设名卡（小型宴会）则应知晓宴会的基本排座原则，把嘉宾引导到合适座位；或可请客人在宴会厅门口稍等，咨询了解清楚后再带客人进场就座。切勿带领客人在宴会厅转来转去找座位。

⑶ 若有嘉宾在饮食上有避忌，则应跟踪落实菜单是否调整，或者是否有分菜。

⑷ 宴会开始后导游才可离开，且在宴会过程中仍应不时到现场照看，以防客人有事找不到导游。

⑸ 导游应将司陪餐的地点和自己手机号码告知客人以便随时联络。宴会结束前必须提前到宴会厅门口恭候，并带领和指导客人顺利离场。

⑹ 若需要就餐后由导游结账的，应在即将上最后一道菜式时办理结账，切勿等就餐结束才去结账，让客人久等。结账环节最好在不动声色中完成，并掌握好时间，最好的效果就是嘉宾准备离场时，导游已完成所有工作并在门口恭候。

5. 住宿安排

⑴ 导游应根据“规格高的嘉宾优先”原则进行分房和分发房卡，如高楼层房间应先分给高规格嘉宾，然后再往下分给其他客人；应把朝向比较好的房间（如朝向大海、湖泊、花园等）优先分给高规格嘉宾，再分给其他嘉宾。

⑵ 若该团特别重要，还应落实其他配套服务，如抵达酒店大堂有欢迎饮料，酒店高层出面迎接，有专人直接引导到行政楼层办理入住手续，房间摆放水果、鲜花、欢迎卡等。

⑶ 客人入住后应主动致电客人询问入住情况，如房内设施有不妥，应及时调整，并提醒嘉宾注意安全。

案例 3-16

高端团队赴印度，睿智领队出妙招

2 月 5 日—13 日，刘艳红作为领队陪同深圳大学 6 位学者前往印度进行了为期 9 天的旅游。结合为该团队服务的全过程，她从准备阶段、运行过程、后续阶段 3 个方面，阐述如何接待高端旅游团。

1. 准备阶段的工作

1) 确定旅游行程

刘艳红通过核对地图、资料、照片、录像等，对行程的安排进行反复研究。从行程调研到印度团顺利成行，花费了近 3 个月时间。最后选定以下旅游路线：德里→阿格拉→占西→克久拉霍→瓦拉纳西→孟买，受到客人好评。

2) 了解游客需求

此次印度高端旅游团队 6 位团员中，3 人来自深圳大学文学院，1 人来自管理学院，1 人来自国际交流学院，1 人来自外国语学院。从旅游目的来看，有考察文学、推进科研项目、院校交流、拜访朋友、学习梵文等多种需求；从游客年龄来看，50 岁以上 2 人，30 岁以上 3 人，30 岁以下 1 人；从学历来看，博士研究生 2 人，硕士研究生 2 人，本科生 2 人。提前了解游客情况，有利于帮助游客实现各自的个性化需求。例如，了解到管理学院的老师承担了重大科研项目——执政党的公信力研究，此行目的是约谈相关人士，刘艳红就主动提前并在旅游全程为其收集相关的资料和信息、协助其安排会见活动。

3) 做好知识准备

行前刘艳红与一位印度文化参赞进行面谈沟通，了解印度相关知识。而且，她找来专家学者列出相关书单，进行针对性的研究，如《中印文化比较》《印度笔记》《尼赫鲁家族和印度政治》《泰戈尔诗集》等。此外，她还通过看电影了解印度生活，如曾获得奥斯卡金像奖的影片《阿育王》《贫民窟的百万富翁》及《三宝大闹宝莱坞》等。另外，她通过网络新闻、电视节目和相关视频了解印度的最新资讯。最后，她特意去餐厅品尝印度菜，掌握其热门菜谱和英文菜单。

4) 卫生安全准备

以往，赴印度的游客易患腹泻。刘艳红经过查阅医学资料，了解到其主要诱因是饮水水质和进餐用具不卫生。于是，她采取了如下对策：临行前，提前提醒团友购买治疗肠胃及消炎的药物；行程中，每天为游客提供免费的瓶装矿泉水，安排游客在五星级酒店的自助餐厅用餐。

2. 运行阶段的工作

1) 组织各种活动

旅游途中，汽车车程 3 小时以上的路程有德里—阿格拉、占西—克久拉霍路段。刘艳红事先准备了大量的资料，务求旅途处处有亮点，每天都精彩。例如，在德里—阿格拉路段，她为游客朗读关于阿格拉红堡和印度泰姬陵的游记，以便游客在下午参观时对景点的了解更深刻。又如，在占西—克久拉霍路段，刘艳红分 3 段安排了车上活动：先是安排游客车上拍摄沿途景观和休息；接着举行读书会，为游客朗读次日要参观的世界文化遗产克久拉霍爱庙群的游记，并组织团中专家围绕建造克久拉霍爱庙群的原因进行讨论；夜幕降临时，她又组织谈心会，大家讲述各自经历和奋斗历程。这些活动使得原本枯燥无味的路程变得生趣盎然、轻松愉快。

2) 收集各类资讯

作为一名文化型领队，需要针对游客的知识结构和职业特点进行辅助性和启发性的专业协助。要经常换位思考，这一批游客究竟需要什么？例如，文学院的老师因为要开设东方文化史的课程，需要收集印度电影等方面的娱乐资讯，刘艳红就连续几天在旅途中专门为她收集印度英语报纸。

3) 满足个性化需求

领队在参与游程安排的时候，要照顾到游客的兴趣点、体力情况，同时考虑交通状况和景点开放时间等综合因素。例如，此次印度之行的第三天，行程看似简单，就是参观印度尼赫鲁大学、德里大学和国家博物馆，但客人们却有不同的个性化需求。刘艳红研究了路线，并提出合理化的建议。游客们听取了她的意见，在上午结束尼赫鲁大学的访问后，各自分头行动：参观博物馆的客人由地陪带领游览国家博物馆；而参加政党访谈的客人与德里大学的教授尽情畅谈。傍晚时，两组客人在德里大学会面。忙乱的一天被梳理得井井有条，大家都很满意。

4) 带领游客互动

此行中体验式的旅游最受客人的欢迎。刘艳红在访问和参观活动中，设计和参与了几次“和当地人偶遇、互动”的活动。例如，在孟买第一天的晚餐时间，忽然灯光熄灭，隔壁餐桌响起了英语版“祝你生日快乐”的歌声，客人们也顺势高声合唱，送上祝福。一会，这家印度人给团友们送来了生日蛋糕，团内一位老师回赠了一条丝巾。刘艳红上前用英语做了说明和解释，并为他们拍照留念，双方留下邮箱，互道祝福，一顿晚餐充满温情。又如，在孟买参观世界文化遗产——象岛时，团友们偶遇一个印度家庭，刘艳红主动把糖果送给哭闹的孩子。那家人非常感谢，请求和中国游客合影留念。

5) 帮助游客拍照

刘艳红一路为游客拍摄照片，深受好评。她为游客拍照时，对摄影时间、光线的判断力求精准。在参观德里世界文化遗产——76 米高的古特伯高塔时，天色渐暗，她向地陪建议，先随她去抢拍照片后再进行解说。拍完照片几分钟后，光线果真就不适合拍照了。刘艳红还对拍摄的色彩、道具进行研究，经常给团友拍照前“说戏”，力求拍出的每张相片都是精品。例如，拍摄恒河时，她先后以祭祀的花灯、红色的围巾、沐浴的人群、壮丽的日出、飞翔的海鸥、腼腆的船夫、香甜的奶茶、热闹的集市为背景，为游客拍摄了一组组精美的照片。

3. 后续阶段的工作

1) 制作宣传材料

沿途刘艳红共拍摄千余张照片，为研究印度旅游打下了基础。回国后，她将游客的照片分类、逐个发给相关老师，供其教学使用和作为留念；并精选相片，制成宣传材料，发给游客，让更多的人了解印度。

2) 借助博客宣传

在刘艳红的邀请和鼓励下，回国伊始，有两位老师完成并发布了印度游博客。其中，一位老师写的《印度旅行观感》《印度团友印象》长达两万字，内容丰富、描写详细、风趣幽默；另一位老师写的《印度札记》图文并茂、生动活泼；还有 3 位老师在其专业研究领域发表了相关论文，这些都直接或间接推动了印度旅游。

3) 调研游客新动向

以了解和感受文化为主要目的的高端游客向往哪些地方呢？回国后，刘艳红向团友进行了调研，以此了解客户需求，量体裁衣，开发和包装适当的产品。

讨论

你能从该领队的工作中学到什么？

3.3 散客旅游团队接待技巧

由于网络技术和电子商务的迅速发展、网上预订和网上成团模式的广泛推广，散客旅游团队已成为旅行社的重要客源之一。在我国，成员人数不到10人的称为散客团。如何提高散客旅游团队接待能力和服务水平，是旅行社及导游人员面临的挑战。

3.3.1 散客特点

1. 规模小、批次多

散客团的人数规模远远小于团体旅游。但是，随着旅行社电子预订系统的不断优化，旅游服务协作网络的覆盖面不断扩大，散客旅游的发展平台得以扩充和夯实。因此，散客成团数量日益增多。

2. 服务要求高

散客团中有大量的公务、商务游客及专业考察团体，由于这些游客具有一定的身份和地位，属于高端旅游消费群体，他们涉及的商旅活动层次较高，因此要求旅行社提供与其级别相符的服务标准。在行程中，他们除了进行游览活动外，还要出席官方会见和商务应酬，他们对旅游服务质量也提出了较高要求。因此，带团的领队和导游人员也需要较好的综合素质。

3. 预订期短，变更多

由于预订期短，散客团的行程计划容易出现变化，甚至是完全取消。旅行社要与散客团签订合同，声明由于游客提出要求更改或取消原定行程造成的损失应由游客自行承担。

案例 3-17

订立旅游合同，防范变更风险

某公司4位高管准备赴中亚某国进行商务旅游活动，委托当地大型旅行社办理各类出境游事项。该社收到全额团费后，与其签订了合同并帮助其办理签证，预订商务舱机票、五星级酒店、商务用车等。但在团队出发前2天，旅行社接到其秘书的通知，4位高管人员要赴外地参加重要的商务谈判，不能如期出行，要求办理退团手续。旅行社告知对方，已签订的合同具有法律效力，临时退团产生的损失要由客户方自行承担，并建议对方考虑改期出行，可以降低损失。秘书立即将旅行社的建议反馈给管理层，经过协商，公司同意延期出行。这样，既保证了客户的利益，也有效防范了团队变更或取消给旅行社带来的风险。

讨论

1. 通过上述案例，可以看出散客团有哪些特点？

2. 散客团为什么变化多？

4. 成员差异较大

散客团的成员来自五湖四海，社会地位、工作性质、教育程度、兴趣爱好和生活习惯迥然不同。另外，游客会将参团费用和自身收入及以往的旅游团费进行比较，从而形成不同的服务期望。

3.3.2 接待技巧

散客团通常没有领队或全陪陪同，地接导游身兼领队、全陪、地陪之职，责任重大，所承受的工作压力也较大。因此，面对纷繁复杂的情况，做好散客团队的接待工作，是对导游人员业务能力和带团技巧的考验。

1. 提供多样服务

接待散客团的导游经常面对的是高端消费群体，如官员、商人或是专业技术团体（教育、医疗、新闻、工程等专业团体），接待好此类团队的关键在于要处理好服务规范化和个性化的关系，即在必须做到规范化服务的同时，针对不同游客的特点，提供适当的个性化服务。这就要求导游员除严格执行标准程序之外，还要做较多的细节性、专业性的准备工作和服务工作。例如，全国模范导游林大康，他要求自己每年学习两种不同方言，每逢带团或参加导游员技能大赛，他的客家山歌、上海方言、山东快板、台湾民歌，以及现场编词配唱的功夫都能赢得游客或观众的热烈掌声。

案例 3-18

钻研专业知识，满足高端需求

全国模范导游、上海世博会金牌英语导游员曾文杰在接待每个团队之前，都会认真研究、制定不同的接待方案，形成自己独特的导游风格，为游客提供个性化的服务。他曾经接待过一个美国赴华医学考察团，在拿到接待计划后，他就自费购买了大量的相关英文医学专业书籍，刻苦钻研。在接待过程中，曾文杰除了进行常规导游讲解外，还自如地表达了自己对医学常识的认知，让游客们惊喜不已，对他大为赞赏。

讨论

1. 若旅行社安排你接待英国高校校长代表团队赴华交流，除了对行程的景点讲解做好准备，还可以从哪些方面着手收集信息，更好地服务高端团队？

2. 若旅行社安排你接待来自我国香港的佛教宗教团体一行 6 人访问世界地质公园——丹霞山，除了对行程的景点讲解做好准备，还可以从哪些方面着手收集信息，更好地提供个性化服务？

2. 建设团队文化

散客团的游客互不相识，容易形成游客之间、游客与导游之间的隔膜。尽快消除陌生感、建立和谐轻松的团队气氛是带好散客团队的关键所在。最常用的方法是导游人员在途中组织一些活跃气氛的活动，如请游客自我介绍，讲述家乡的趣事、方言，探讨大家都感兴趣的热点话题等；还可将游客分组来猜谜语、玩游戏，胜者给予奖励，输者表演节目，以此消除游客之间的陌生感，改善团队气氛。只有当游客尽快熟识起来，团队意识才会不断加强，团队气氛才会逐渐浓郁，散客之间才会互相关心，形成自律，导游带团也会更加轻松。

3. 化解各类矛盾

散客团的导游除了具备较强的工作责任心和细致的工作作风外，还要善于预见矛盾出现的可能性，尽可能将矛盾化解于萌芽状态，尤其要有承受抱怨的心理准备和化解矛盾的工作技巧。例如，在团队出发前，导游应熟知游客的接送点，并预先编排座次；对团队中身份、职业、地位差异太大的成员，可以安排在不同区域；对于团费问题，导游人员要注意，原则上一个旅游团内同一标准等级（如同为豪华等、标准等、经济等）的游客缴纳的团费价格差异不宜超过 15%。若超过这个比例，虽然问题的源头出在组团社，但游客会直接向带团导游提出异议。若同一个散客旅游团内团费高的游客享受的却是低标准的服务内容（如组团社按豪华等级收费，但散客团合同规定的游览内容和接待标准却是普通等级），这尽管未违反合同，但却有失公允，导游也应建议组团社给予游客一定的补偿，以平息游客的不满。导游员的真心待客，游客会看在眼里，记在心上。以诚待人、热情服务是化解矛盾的法宝。

散客旅游团容易出现矛盾多、问题多、意见多、事故多和满意少的“四多一少”现象，导游应熟知散客旅游团特点，掌握服务原则，灵活运用服务技巧，化解矛盾，创造和谐，提高旅游团的满意度。

【拓展案例】

本章小结

旅游团队由不同国家、民族、地域的人群组成，其价值观、消费习俗、生活方式、文化程度、旅游动机、旅途需求等差异较大，形成了各具特点的团队风格。导游接待一般团队时，要遵循各项基本原则，安排好游客用餐、住宿、交通、行程、购物和娱乐等方面；在接待一些特殊团队，如老年团、学生团、高端商务团时，要注意掌握不同团队的特点和需求，了解他们与常规团队的区别，掌握带团的基本原则和操作要点。接待老年团时，要耐心热情、善于倾听、服务周到、掌握节奏；接待学生团时，要注意对他们进行爱国主义教育，时时进行安全提醒，做到讲解活泼生动；接待高端商务团时，要谨言慎行，提供超前服务，并注重礼仪。最后，导游应掌握散客团的特点，注意建设团队文化、化解矛盾，为他们提供多样化的服务。

关键术语

老年团队（the elderly tour group）
学生团队（student tour group）
高端商务团队（VIP business tour group）
散客团队（FIT tour group）
规范化服务（standardized service）
个性化服务（personalized service）
超前服务（advanced service）

复习思考题

一、单选题

1. 在我国，成团人数在（　　）人以下的称为散客团。

A. 10　　B. 15　　C. 20　　D. 5

2. 下列哪项不是带中小学生团时的原则是（　　）。

A. 注意爱国主义教育　　B. 时时安全提醒
C. 讲解活泼生动　　D. 专注老师需求

二、多选题

1. 导游在带老年团时，要遵守的原则主要有（　　）。

A. 耐心热情　　B. 善于倾听　　C. 服务周到　　D. 掌握节奏

2. 导游在带高端商务团时，要遵守的原则主要有（　　）。

A. 谨言慎行　　B. 超前服务　　C. 注重礼仪　　D. 讲解详细

三、判断题

1. 乘机时，若团队人数较多，带团导游不止一名时，导游应分别坐在最前排和最后排。（　　）

2. 带老年团的节奏应以“慢、缓”为主，切勿“急、赶”。（ ）

四、简答题

1. 接待一般团队的原则和技巧有哪些？
2. 导游人员在接待老年人团队时，需要注意哪些要点？
3. 导游人员在接待小学生团队时，需要注意哪些要点？
4. 导游人员在接待高端商务团队时，需要注意哪些要点？
5. 散客团的特点有哪些？接待技巧有哪些？

课后案例

以客为友，视客为亲

东方国旅入境游分公司总经理苏洁是全国优秀导游、广州市首届金牌导游、优秀日语导游。在20多年的入境游接待工作中，她本着“以客为友，视客为亲”的职业精神，赢得了无数游客的褒奖和友谊。

有一年，苏洁担任某个日本教师团的全陪工作，从广州出发，游览桂林、张家界、九寨沟等地，全程15天。团长宫崎是一位已退休的教师，她腿脚不太灵便，坐着轮椅，但她对中国的秀美山川无比向往。苏洁深刻理解团长的心情，除了完成对全团应尽的职责之外，她的重点服务对象便是团长了。在平地上，她推着团长的轮椅一起观光；在崎岖的山路上，她叮嘱团长拄好拐杖，搀扶她慢慢欣赏风景。桂林的芦笛岩、九寨沟的长堤、张家界的金鞭溪……游程所到之处，宫崎团长没有落下一处，到处留下了她舒心的笑容。在这15天中，苏洁毫无怨言地照顾团长，就像女儿照顾母亲一样自然而周到，同时还兼顾到了对其他游客的照顾。十多天时间里，苏洁的体重下降了4千克，却带给宫崎一段美好的中国之行，她的敬业也获得全团游客的敬意。宫崎至今还和苏洁保持着密切的往来，每次来到中国，都点名邀请她陪同团队游览中国的大好河山。

（资料来源：苏洁）

讨论

1. 该案例中，导游的做法有哪些值得借鉴之处？
2. 该案例中，体现了导游人员的哪些接待技巧？

Chapter 4

突发事件和特殊情况的处理

兵无常势，水无常形。能因敌变化而取胜者，谓之神。

——《孙子兵法》

学习目标 >

- 了解：旅游途中常见问题发生的原因。
- 理解：游客的诉求核心和矛盾焦点所在；游客的心态和要求。
- 掌握：突发事件和特殊情况处理应遵循的基本原则、程序和方法。

导入案例

被鱼击伤惊魂未定，枪声四起又遇暴乱

某年 8 月，小刘带领一个 11 人的深圳团队到马尔代夫进行 5 天休闲度假旅游（该团没有地陪），亲身经历了 24 小时惊魂之旅：先是游客被鱼击伤，接着遭遇政治骚乱。

在前面 4 天的游程中，游客们尽情享受着异国的阳光、沙滩、海水，沉醉于美景之中。就在酒店下榻的最后一晚，意外发生了。团队中两位游客在岸边游泳时手被鱼尾击中受伤。由于不知道是被什么鱼所伤，伤口又不停流血，小刘请团长照顾其他游客，自己带领伤者到酒店医务室治疗。根据游客回忆描述，医生判断：游客是被鳐鱼击伤的。大家大吃一惊，这种鱼有些是有毒的！小刘赶紧请医生打电话到马累首都医院，向急诊医生求证击伤游客的鳐鱼种类，还好，击伤游客的鳐鱼是无毒的。

第二天，游客们先乘船观赏了壮丽的海上日出，接着受伤的游客到医院复诊，确认没问题后，团队赶到马累的海岸广场观光。午餐后，小刘陪同游客到酒店附近的特色商店购物。没想到 15:00 左右，游客们刚从商店出来时，听到不远处传来“啪啪”几声枪响。随即，马路上的人群四散奔逃，场面极其混乱。据后来新闻报道，当天，马累约有 3 000 人上街示威，后来抗议演变为暴乱，导致 4 人死亡，100 多人被捕。

讨论

1. 遇到类似该案例中的暴乱事件，导游该如何处理？
2. 导游应从哪几个方面着手来预防和处理突发事件？

4.1 突发事件的预防和处理

旅游途中可能出现各种各样问题，如游客走失、患病、伤亡，游客钱物遗失，发生交通、火灾、治安、食物中毒等事故。不可否认，这些问题有些是旅行社的责任，有些是游客自身的原因，有些是不可抗力的因素，但若导游人员能够在事故发生前多加提醒、事故发生后及时处理，就能有效降低事故的发生率和破坏性。曾有资深优秀导游提出，在旅游突发事件的处理与预防工作中，要牢记“一二三四”口诀：①抓住“一个中心”，即以游客安全为中心；②实现“两个管理”，即做好导游自我管理与导游管理团队；③强化“三个关键”，即在危机预防时期做到提早预防，在危机化解时期做到合理解决，在危机善后时期做好认真总结；④协调“四个关系”，即充分调动各个环节的能动性，兼顾游客、组团社、地

接社、相关部门（如领事馆、政府对口机构、机场、酒店、景区、保险公司）等方面，达到最佳协调效果。

4.1.1 基本原则

1. 重视安全提示

安全是所有旅游行程成功的前提，在安全提示上，导游应宁可多说，不可少说，时时提醒，处处留意，切记要提醒游客注意安全问题。出发前应先向游客敲响警钟，确保提醒工作做到位；在行程中更要经常留意身边环境和游客动态，及时发现隐患，化解风险。

2. 临危保持镇定

发生事故时导游人员首先要不慌乱，在确认自身安全的前提下展开对应的处理工作。确保自身安全很重要，不顾自身安全盲目抢救，最后只会增加伤亡。例如，在高速公路上发生车祸后，首先要观察自己身边和周边情况，不要因为忽视自身安全而增加伤亡。

4.1.2 游客人身安全事故

1. 游客走失

1）游客走失的预防

⑴ 多做提醒工作，让游客记住导游的姓名、电话号码、旅游车车号、标志、下榻酒店名称和电话号码；酒店前台通常都有该酒店的卡片，上有酒店名称和地址、电话号码等，导游在前台分房后可分发给游客人手一张以备不时之需。

⑵ 提醒游客，团体游览时，不要走散；自由活动时，不要走得太远，不要去秩序混乱的地方，并应告知游客集合地点的明显标志，以便游客辨认。

⑶ 做好各项安排的预报。游览点及用餐的餐厅名称、地址，到景点后应在景区示意图前集合游客讲清旅游路线、所需时间、旅行车停车地点等，再三强调集合时间和地点。

⑷ 导游应保持与旅游者在一起，并经常清点人数，应掌握游客的电话号码以便联络。

⑸ 地陪、全陪和领队要密切配合，分工合作，有人在前引领，有人负责断后工作。

⑹ 对于喜欢离开团队取景摄影的游客，导游要着重提醒安全问题，告知其下一景点方向，以便及时赶上团队，并互留电话，双方随时保持联络。

⑺ 游客晚间想出去购物，导游要给予协助，提醒游客妥善保管好自己的财物；建议游客去大型的正规商场，并为其写好商店名称与地址，关照游客要尽早回宾馆，返回宾馆后要和导游取得联系；还应留下游客电话号码以防不测。

2) 游客走失的处理

(1) 了解情况，分头寻找。地陪带领其他游客继续游览，全陪和领队分头去寻找。

(2) 若在景区走失，应向景区和当地公安派出所报告，请求援助。

(3) 向旅行社报告，必要时向公安机关报案。

(4) 同时与酒店联系，询问走失者是否回到酒店。

(5) 若未找到，团队又赶时间的话，导游可与全陪商量，一人带领旅游团按计划返回酒店，留下的人继续寻找，待找到后可搭乘其他车辆返回酒店。

(6) 找到走失者后，导游要问清走失原因，若属于导游责任，应向走失者道歉；若属于游客自己责任，应对其安慰，提醒以后注意。

【拓展案例】

案例 4-1

澳门美食诱人，游客牌坊走失

刚刚抵达澳门的领队导游小李带领内地游客步行去大三巴牌坊参观游览，在行进中，40 人的团队队伍拉得很长。游览结束后，大家在约好的集合地点见面，小李发现少了 3 位游客。因为游客的手机没有开通国际漫游，联系不上。小李与地陪迅速进行分工，地陪和其他游客在原地等候，小李到景区寻找。十多分钟过去了，还是不见这 3 位游客出现。大家七嘴八舌议论起来，一筹莫展，地陪打算汇报旅行社和报警。这时小李请地陪打通了团队即将下榻的文华花园酒店的前台电话，报了 3 位游客的姓名进行查询，没想到，他们已经自己先回酒店了，在大堂等着团队回来。原来，这 3 位游客途经一个广场路口时，适逢这里正在举办澳门美食节，他们被现场热闹的气氛所吸引，和团队走散，最后，他们只好坐出租车回酒店。

讨论

1. 导游如何防止游客走失？若出现走失情况，怎么办？

2. 找到走失者后，导游应如何做？

2. 游客患病

1) 一般急重病

(1) 请求工作人员协助，寻求医生抢救，迅速将患者送往就近医院。

(2) 在患者身上寻找急救药物让其服用缓解病情。

(3) 通知组团社和地接社，请求帮助。

(4) 在送往医院的途中及抢救过程中应要求领队和亲属在场，如需动手术则需要征得亲属和领队的同意并让其签字。

(5) 如患者是国际救援组织的投保者，导游应提醒领队或亲属并协助与该组织的代理机构联系。

(6) 妥善保管有医生签字的诊治、抢救及动手术的书面材料，以便作为善后处理的依据。

(7) 若患者是外国公民还应及时通知该国驻华使领馆，并协助其办理延长签证、分离签证、更改交通票等手续；患者在住院期间应增派人手协助，尤其是语言沟通上应派出对应语种的工作人员，以便与医生沟通。

(8) 处理好善后工作，如探望患者、协助理赔、费用结算等。

(9) 写出详细书面报告。

2) 重大疾病（非典型性肺炎、登革热、霍乱等）

(1) 发现疑似病例应马上报告组团社领导，启动紧急预案，应急机构迅速开始工作。

(2) 马上报告当地医院及传染病防治中心，采取措施及时将患者实施隔离。

(3) 组团社应急机构应迅速将情况向上级主管部门及公共卫生主管部门汇报，并听取指示。

(4) 实施出团前及旅游途中测量体温制度（含导游、领队、司机），建立健康登记表并保留资料 3 个月。

(5) 导游人员应关注参团游客身体状况，并严格实行首先报告制。

(6) 严格选择住宿及就餐地点并尽量实行分餐或自助餐制。

(7) 旅游车辆必须配备体温测量器并按照政府的有关要求进行车内消毒，加强卫生管理，旅游车车牌号码和旅游线路必须存档 3 个月。

(8) 游客名单登记表应有家庭住址、联络电话等详尽内容并保留 3 个月以便有关卫生机构随时跟踪复查。

案例 4-2

鼻血不止恐寿辰将尽，积极应对终安然无恙

全陪小张和 20 位教师游客乘火车从北京回广州。想到北京旅途顺利，游客开心，小张心情很愉快。这时，团队的负责人赵老师向小张反映，团里的一位老年游客陈老师流鼻血不止，情况比较严重。小张赶紧去看，只见陈老师面色苍白、少气无力。陈老师是退休老师，性格比较内向，没有家属一起出游。看到这种情况，所有的团友都把自己的纸巾给陈老师，但血还是止不住。小张把此事汇报给公司，并赶紧去找乘务员和列车长，请他们提供相关帮助。列车长不仅了提供了相对安静的休息区域、提供了急救药箱，还通过火车上的广播，召集了 3 位医生为陈老师诊治。医生们都说这是局部出血，不会危及生命，但脆弱的陈老师始终觉得自己流血不止，寿命将尽。小张看安慰无效，就和赵老师商议，建议在下一个大的火车站，把陈老师送去正规医院治疗，选派另一位临时负责人把其他老师安全送回家。但陈老师坚决不同意。就这样，团友们轮流照顾陈老师一直到达广州。到站后，小张马上与赵老师乘坐公司派来的车，和专程赶来的陈老师老伴一起，送陈老师前往医院。

经检查，陈老师是局部毛囊坏死导致血流不止，大家虚惊一场。事后，赵老师和陈老师专门为小张送来了锦旗和表扬信。

讨论

1. 该案例中，导游的哪些做法值得借鉴？

2. 若陈老师的病情很严重，需要中途下火车就医，导游该如何操作呢？

3. 游客死亡

(1) 及时报告旅行社以便旅行社出面组织善后工作。

(2) 及时协助办妥医院证明文件（抢救过程记录、诊断证明、死亡证明、死亡鉴定书等），如非正常死亡，还应有警方（法医）证明文件，这些文件都应复印备份留查。

(3) 通知家属前来办理善后手续。

(4) 死者遗物应理出清单，一式两份。若死者是外籍人士，则应由同行人员、使领馆人员和我方人员（必要时可请公证人员到场）一同清点后签字确认，办理公证并备案留底。

(5) 通知保险公司协助办理相关理赔。

(6) 若是外籍人士则还应做到以下事项：

① 通知使领馆及外事部门共同办理善后手续。

② 对遗体处理应尊重家属意见和宗教信仰。如需解剖应由死者亲属或使领馆官员或领队签字后进行；如就地火化须持医院的“死亡证明书”或法医的“死亡鉴定书”，到民政部门开具“火化证明”。

③ 如果必须将遗体运送出境，应经我国防疫机关检疫并发给“棺柩出境许可证”后方可出境，医院还应出具“尸体防腐证明书”并进行必要的装敛；灵柩（骨灰）运输出境许可证等应由主治医师和有关部门签章后，复印交给死者亲属、领队和旅行社保存。

(7) 配合保险公司提供各项文件的办理和完成理赔手续。

(8) 写出善后报告。

【拓展案例】

案例 4-3

导游处理不当，错失抢救时机

洪先生参加了旅行社组织的“连州地下河两天游”。在景点活动结束后返程途中，洪先生突觉心脏不舒服，便赶紧服用随身携带的药物并要求导游把他送到医院。导游提出可以将其就近送往当地县医院，但洪先生不同意，强烈要求去设备齐全、有急救能力的大型医院。司机和导游认为大医院路程较远，而该团游客分别住在两个方向不同的酒店，应先把游客送回酒店之后再去医院。

在此过程中，洪先生再三要求司机先送自己去医院，但司机和导游未回应其请求。直到把最后一批游客送到酒店后，司机仍然没有把洪先生送去医院，而是要求其自行乘出租车前往。双方发生争执，在其他游客劝解下，最后由导游陪同洪先生乘出租车前往医院。就在去医院的途中，洪先生晕厥在出租车上，送到医院后经抢救无效死亡。医生告知家属：如果该病人能早到几分钟的话，应该有抢救机会。家属非常愤怒，认为是导游和司机的处理不当导致错过抢救时机，造成洪先生死亡，要求旅行社和导游赔偿。

讨论

1. 在个别游客患病救治与全团行程安排上，应把握怎样的处理原则？

2. 导游应如何与司机协调好工作步骤，妥善处理途中游客急病的情况？

4.1.3 游客财产安全事故

1. 证件丢失

游客丢失证件的情况时有发生，大多是发生在以下这几类游客身上。

(1) 老年游客，记忆力下降，容易遗忘。

(2) 极少出门的游客，他们行李多，物品乱，东西放置没有条理，每天赶行程和换酒店，不免会丢三落四。

(3) 学生团中年龄较小的孩子，他们不懂如何保管自己的物品。

尽管丢证件是游客的自我失误，但失主自己内心已焦虑不安，导游此时不要过多责备游客，否则游客会更加慌乱，而应尽量安慰游客并请其仔细回忆可能丢失的地点，积极协助寻找。

(1) 让游客冷静下来仔细回忆丢失证件的前后过程，帮助游客分析当时所发生的情况，理出思路，找出依据，尽量想办法找回失物；若实在找不到，确认丢失后，应全力协助其办理手续。

(2) 外国游客首先由旅行社出具证明，证明该游客来自哪个国家，持何种国籍护照，在什么时间和地点丢失护照。持证明到当地公安机关报失，并由公安机关出具证明，持公安机关证明和游客照片到该国驻华使领馆补办新护照，领到新护照后再到当地出入境管理处办理签证手续。

(3) 外国领队如丢失团体签证的，除了由旅行社出具丢失证明外，应协助打印全团游客名单表，持护照影印件和原件，到省一级公安出入境管理处补办签证手续。

(4) 华侨丢失护照的，则首先由旅行社出具证明并持证明到公安机关报失，并准备好照片补办新护照，再持护照到侨居国驻华使领馆申办签证手续。

(5) 我国游客丢失身份证则由旅行社出具丢失证明，随后到公安部门办理报失手续，核实其身份信息后，由公安机关开具遗失证明，持该证明可办理乘机 / 车手续。返回原居住地后再行补办新的身份证。

(6) 我国台湾游客应前往丢失地的派出所办理报失，或前往当地公安分局的出入境管理部门办理“遗失证明”并提供下列资料：

① 个人申请（注明身份、遗失证件名称、号码及遗失经过）。

② 提交遗失地公安机关出具的报失证明。

③ 提交填写完整的申请表一式两份及照片。在当地市公安局出入境管理部门申请办理“临时台胞证”，等其返回台湾后再重新申请办理正式的“台胞证”。

(7) 港澳游客遗失证件应向暂住地区公安分局或县级市公安局出入境管理部门提出申请；如无其他身份证件或所有证件均已遗失，则向省市一级的公安局出入境管理部门提出申请。还可以通过深圳、珠海签证办事处授权的旅行社向深圳、珠海签证办事处申请办理出境手续。

(8) 内地游客在香港遗失往来港澳通行证应先向警方报失，凭香港警方出具的证件遗失报警单，再向香港旅行社申请一次性有效出入境通行证，并履行下列手续：

① 填写出入境通行证申请表和提交两张近期正面免冠照片。

② 提供身份证明材料。

③ 按取证时间持回执单到香港旅行社领取一次性有效出入境通行证，前往香港入境事务处办理相关离境手续后返回内地。

(9) 内地游客在澳门遗失往来港澳通行证应向澳门警方报失，并持报警回执向澳门治安局出入境事务厅申请办理申办报失通知书。凭该报失通知书向澳门中国旅行社申请一次性有效出入境通行证，并履行下列手续：

① 填写出入境通行证申请表和提交两张近期正面免冠照片。

② 提供身份证明材料。

③ 按取证时间持回执单到澳门中国旅行社领取一次性有效出入境通行证返回内地。

(10) 中国游客在国外丢失护照则应请在当地的接待社出具证明，持该证明到当地警察机构报案，并持报失证明到中国驻该国使领馆补办新护照，办妥后再持新护照到该国移民局办理签证手续。

丢失证照对游客来说是一件很不愉快的事，整个办理过程既耗时间又影响了正常的旅游内容。因此，导游应经常提醒游客保管好自己的证件，若有放在酒店保险箱里或押在前台的证件，离开酒店时都应再三提醒游客带上。如接待入境团队有团体签的话，导游一定要保管好，如无必要尽量不要放在酒店前台以免遗忘，如确实需要，可以影印件替代，原件一定要保管好。

案例 4-4

机场安检已过，证件不知所踪

全陪小宋和某报业集团的 16 人的记者团乘飞机去黄山旅游。出发前，旅行社交代小宋一定要带好这批贵宾团。小宋不敢怠慢，见面伊始就使出浑身解数为旅游团提供优质服务。哪怕是在赴广州机场路上，小宋也在滔滔不绝地介绍目的地。抵达机场后大家终于顺利过了机场安检口。小宋如往常一样，在登机前提醒大家再次检查自己的证件、登机牌、行李等。只见一位姓王的女士叫了一声："糟糕，我的身份证不见了！"小宋赶紧上前询问，帮助王女士回忆身份证可能遗失的地方。小宋安顿好其他游客登机后，自己留下来和王女士继续寻找。

由于安检口已经通过，是不用再审核身份证就可以登机的，况且时间所限，小宋和王女士还是决定先登机。登机前小宋协助王女士给机场失物登记处打电话反映了情况，报了证件名字、号码、地址等信息，留下了联系电话，并在后面旅游的每天都打电话询问有没有人捡到身份证交来。

小宋看到找到身份证的希望不大，就请黄山当地旅行社开具了遗失证明，随后他陪王女士到当地公安部门办理报失手续，核实王女士的身份信息后，公安机关开具了遗失证明。王女士最终持证明顺利乘坐原定班机返回广州。王女士返回居住地后自己又补办了新的身份证，她对小宋的耐心服务感到非常满意，但是小宋一直很自责，他想，如果自己多提醒一两次，可能就能避免出现身份证遗失的问题了。

讨论

1. 哪类游客容易丢失证件？容易在哪些地方丢失证件？

2. 小宋在团队证件提醒方面哪些做得好，哪些做得不好？

2. 钱物丢失

(1) 导游有义务和责任提醒游客注意保管好自己的财物。入住酒店后应告知游客如何使用房间内的保险箱，并把财物锁好。如房间没有保险箱，可协助询问酒店前台是否有代为保管的服务项目。

(2) 退房时切记提醒游客把保险箱中的东西取出来以免遗漏。

(3) 提醒游客进入房间后关好门并上安全锁，不要随便让陌生人进房间，若需要酒店的工人维修房内设施，也应看管好自己的财物。

(4) 在某些治安不稳定或人多杂乱的地区，导游应提前对游客作警示。告知游客着装上不要穿金戴银过于张扬，购买东西时手上尽量不要亮出过多现金，以免被盗贼盯上。游客在专注看景、看节目或在购物中，导游应帮忙照看周边情况，留意是否有可疑人员靠近，以便随时提醒游客。

(5) 若游客丢失钱财，应协助其寻找，如确认被盗或丢失，可带领游客前往公安机关报案，涉及具体价值和数额时（如做笔录），导游不可随意签名确认。

(6) 若入境游的游客或出境游的中国游客丢失的是价值额度较大的物品，如高档相机、珠宝、手表等，应提醒其报失时提供海关申报单。

(7) 若游客丢失的是信用卡，应迅速电话告知银行冻结该卡的使用。

(8) 若游客丢失钱财后因紧急事情需向导游借支一些现金，应请其写下借条（含姓名、住址、身份证号、联系电话、还款时间和方式）并签名确认，最好有第三方人员在场见证。

案例 4-5

酒店大堂等待分房，游客手机不翼而飞

小孙是一名刚上岗不久的新导游。一次，她作为一名全陪，带一个保险公司业务员的奖励团去西安、华山旅游。32 位团友年轻、热情、主动，一路欢歌笑语，小孙很开心，觉得向他们学到了很多。一路旅途顺利，大家最后一晚下榻西安某酒店，准备次日回程。抵达入住的酒店后，疲惫的团友们在大堂的沙发区等候，小孙和团队负责人、地陪在酒店大堂的总服务台前忙着领钥匙、分房。之后，小孙招呼大家到她身边取房卡，团友们全围了上来。小孙耐心地登记完大家的房间号，重申了次日的叫早、早餐、退房等时间。

团友们慢慢散去，小孙刚想回房间休息，这时，一位团友匆匆走过来说，自己的手机不见了，刚才明明是放在酒店大堂沙发区茶几上的，估计是在大家蜂拥去拿房卡时，被人顺手牵羊偷走了。小孙马上将情况报告了酒店的相关领导，并与团友一起调看了酒店的录像，发现确实有人顺手牵羊偷走了手机。小孙立即协助团友报了警。虽然团友安慰小孙说自己并不在意，但是小孙却陷入了深思。

讨论

1. 小孙在安排酒店分房事宜的时候，有什么做得不妥？

2. 若团友在去机场的路上发现自己的手机忘在酒店房间了，小孙又该如何解决？

3. 行李丢失

(1) 接机 / 车时，应等游客全部到齐集中一起，确认行李全部随机 / 车一起抵达且游客没有漏拿或错拿，才可带领游客出发离开。如有游客的行李没到、错拿或破损，应马上与游客一起到该航空公司柜台办理相关手续。

(2) 抵达旅游大巴停放点，应告知游客尽量把行李集中一起，方便司机或行李生摆放行李，此时导游也应留意观察周围的情况以防不法之徒趁乱下手。小件行李应让游客带上车并告知游客自己保管好。

(3) 若团队有专人负责行李运送，应在每个交接环节清点、核实、确认行李件数，确保自始至终行李的交接工作完整清晰。

(4) 若抵达酒店后有酒店行李生协助运送行李，导游应在查房时询问确认游客已收到行李，以免失误。

(5) 用餐后、下车时或离开候机 / 车 / 船等公共区域时，都应再三提醒游客带好自己的行李物品，尤其是随身的小物件，容易遗漏，导游更要着眼看一下，确保安全。

(6) 长途行车途中在休息区停车时，如游客都已下车上洗手间则应告知司机锁车门。游客上车后应提醒是否有挂在洗手间的提包，以免遗漏。

(7) 若游客的贵重行李物品丢失或被盗，实在无法找到的话，导游应陪同游客前往公安机关报案。

(8) 若游客有购买保险的话，可让游客持报案证明等资料向保险公司申请办理理赔手续，但理赔额度应按保险公司规定为准，通常情况下，现金、有价证券、贵重珠宝等不在理赔范围内。

案例 4-6

虽有万无一失准备，行李阴差阳错遗失

领队小何是个细心的女孩，春节期间，她陪同一个 20 人的团队去文莱、沙巴旅游。她为每位游客的随身和托运行李上都挂上了统一的行李牌，并请大家在行李牌上写好自己的姓名拼音、有中国国际代码 0086 的电话联系方式。对于没有开通手机国际漫游业务的游客，小何还帮助他们写上自己的国际漫游电话号码。

没有想到这么细心还是出了问题：游客万先生在行李输送带前怎么也找不到自己的行李。小何知道后赶紧带他到机场的行李问讯处查询。机场人员说确实有一件行李没人认领，经万先生查看，虽然该行李与万先生行李箱的外形和颜色都相同，但万先生确认并不是自己的行李，估计是被同机来的其他团队的游客误领了。

由于当时正值春节期间，旅游团队非常多，同班机上有多个不同旅行社组织的团队，大家错拿行李的可能性非常大。因此小何一边安慰游客万先生，一边提醒他保留好自己的行李标签，同时向他保证会尽全力找回行李。

之后小何就委托地陪询问当地旅行社计调，查明同机来的团队有多少、他们都分属什么旅行社，以及各个团队的地陪姓名、电话号码等。正在调查和寻找的过程中，小何突然接到一个电话，原来行李牌上的电话号码起作用了。领错行李的是另一个团队的游客。因双方行李箱的外形、颜色、品牌一模一样，那位游客拿走行李回到酒店后才发现，幸亏有行李箱上的联系电话，才能在最快的时间联系上了真正的行李主人。由于下榻酒店不同，小何请双方的地陪协助游客调换行李事宜，确保万先生一进酒店大堂就拿回了自己的行李。这次丢失行李处理得既快捷又稳妥，也没有影响到其他游客的游兴。小何的工作得到了大家的充分肯定。

讨论

1. 该案例中，导游的做法有哪些值得借鉴之处？

2. 导游应怎样预防游客行李丢失？

4.1.4 其他事故

1. 交通事故

⑴ 应迅速拨打报警、求救电话。电话中应把发生地点、有无伤亡、人数多少（有无爆炸、着火）等基本情况讲述清楚，若事发地在山区、野外等地域，要尽量讲清楚方位，尤其是事发地点附近有无明显标志、大型建筑物等信息，以便于救援车快速和准确地到位。

⑵ 组织人力全力实施抢救运送伤者。无论发生任何情况，抢救生命是首要工作，导游应在确认自身安全的前提下，与前来救援的人员一起对伤者进行抢救运送。如伤者人数较多，应问清楚是哪几家医院及医院名称和电话号码，以便后续工作的开展。

⑶ 迅速向公司汇报，汇报内容包括事发原因、时间、地点、目前全团状况、人员伤亡情况、自身安全情况等，以便公司安排人力协助善后。

⑷ 妥善安排其他游客的食宿及行程。应尽快把没有受伤的游客撤离现场，并在安排好他们的食宿后，进行心理安慰，缓解游客情绪。如有可能，可给予一些小礼物作为对他们的慰藉，并如期完成后面的行程。在此期间导游要把握好尺度，调节好全团气氛，不要带有负面情绪。

⑸ 联系和安排亲属见面及善后。如伤亡者在本团有亲属，则可请求亲属留下来协助善后，若没有，则应马上与其亲属取得联系，安排他们尽快到场协助旅行社的工作。

⑹ 联系保险公司做好理赔工作。尽快通知保险公司并保留所有相关证明（医院诊断书、检查结果等）和相关单据，以便保险公司进行理赔工作。所有单据和资料均应保留复印件备查。

⑺ 重大事故在善后的工作中应审慎处理对媒体的消息发布，导游不可随意对媒体发布信息。重大事故应由善后小组统一对外发布消息，或由当地政府、警方、旅游主管机构、旅行社等统一口径共同对外发布，导游个人切不可随意传播信息（包括采用微博、博客、短信、微信等途径），以免不确切的消息误传，给善后工作带来影响和妨碍。若涉及外籍游客团队则更要考虑外事影响和政治影响。

① 若有外籍人士伤亡则还应通知外事部门及该国驻华使领馆，以便统一处理意见，按照法律法规妥善办理相关手续。

② 若有警方介入事件则应与警方充分沟通，尽量协助提供事发细节，协助警方取证并保留相关证据的复印件，并把本团的行程告知警方以便配合完成相关的工作。

⑻ 导游应写出事故报告。事故报告包括团号、国籍、团员人数、行程、事发时间地点、事发经过、伤亡人数、救援过程、特别情况、目前其他团友情况、目前游客有何要求、当地政府或旅游主管机构意见和要求、或善后小组意见和要求、使领馆意见和要求、导游个人意见等。事故报告可作为旅行社备查资料。

案例 4-7

最美导游感动中国

2005 年 8 月 28 日，在陕西省延安市洛川境内，一辆大货车突然超速改道超车，占用车道后与湘潭市新天地旅行社文花枝所带团队的旅游车迎面相撞。在这起 6 人死亡、14 人重伤、8 人轻伤的重大交通事故中，文花枝是伤得最重的一个。但当施救人员一次次向她走过来时，她总是吃力地摇摇头说："我是导游，我没事，请先救游客！"由于延误了宝贵的救治时间，文花枝这个才 23 岁正值青春年华的姑娘失去了自己的左腿。她的主治医生十分惋惜地说，若她能及早得到救治的话，就有可能避免截肢。文花枝的壮举感动了中国，2006 年，文花枝获得"全国三八红旗手""全国五一劳动奖章""全国十大杰出青年"等荣誉；2008 年，文花枝被湖南省推选为第十一届全国人大代表。

（资料来源：http://news.xinhuanet.com/ziliao/2009-09/15/content_12054763.htm，有改动）

讨论

1. 该案例中，从导游身上能学习到什么精神？

2. 若出现旅游交通事故，导游应如何处理？

2. 火灾事故

⑴ 入住酒店后导游应提醒游客留意酒店的火灾逃生通道指引。

⑵ 发现火情应立即报警并迅速通知领队及全体旅游者。

⑶ 组织旅游者迅速疏散撤离至安全地方。

⑷ 若已被困，在等待救援时应引导旅游者自救。

⑸ 全力处理善后工作。

案例 4-8

不知逃生通道，半夜火海惊魂

某旅行社组织旅行团参加针对大陆游客对于我国台湾旅游需求而设计的"台湾八天游"。该团抵达台东当晚入住了一家四星级的温泉酒店 6 楼，该酒店呈 U 字形布局，但消防指引不明显，导游人员也没有特别提醒游客相关注意事项。入夜后，该团所住的对面楼层突然起火，火势越来越大，不一会浓烟就借助风力扑向这边的楼层。此时，酒店的电梯已经停运，整个酒店也已经停电，楼道里一片漆黑，住在楼道最里面的房间有 6 位游客分不清逃生方向，走不出来。于是，游客只好打开窗户摇动毛巾，大声呼救，幸好消防队及时赶到，搭起云梯，把 6 位游客解救了出来。游客被送至医院后，经检查无大碍，只是被浓烟所呛，但所有行李都已被损坏。游客抱怨导游安全提醒不到位、酒店消防指示不明显，导致他们差点命丧火海。随后几天，该团仍按原计划完成行程，每到一家酒店，导游人员都特别提醒团友留意消防通道和逃生指引等信息。该团回程后，游客向质监所投诉了该导游人员的工作疏忽。

讨论

1. 该导游人员在工作上有无不妥之处？

2. 入住酒店后，导游应以何种方式和语言对游客作安全提示？

3. 治安事故

⑴ 出团前应提醒游客，看护好自己的财物与证件。

⑵ 在人多杂乱的公共场所除了要提醒游客留意身边情况外，如发现可疑人员接近团内游客图谋不轨时，导游应及时提示和告诫团友（尤其是老年人）。

⑶ 在旅途中导游应时时提醒游客自我保护，在人多杂乱、治安较差的地区应提前告知游客，使其在心理上有所准备，发生情况时导游有责任保护旅游者人身和财物安全。

⑷ 若发生偷盗、抢劫应立即报警并保护事故现场。

⑸ 及时向旅行社报告，听取指示做出下一步处理。

⑹ 配合警方工作（做笔录了解案情等）。

⑺ 安抚旅游者情绪并全力协助善后处理。

⑻ 写出事故报告。

案例 4-9

结伴逛街购物，遭遇飞车抢包

杨小姐参加了某旅行社组织的“新马泰十日游”。抵达泰国后，领队告知游客注意保管随身物品。泰国地接导游告知游客泰国是佛教国家，治安很好，一般不会有偷抢发生。晚餐后，杨小姐与团友准备出去逛街，临行前，导游告知了她们购物街的地址，于是她们乘出租车前往该地段。下车后，杨小姐等人站在人行道上准备过马路，不料，一辆摩托车从她们身边飞驰而过，瞬间杨小姐挎在肩上的包就被抢走了！包内有护照和现金等。杨小姐急坏了，但因语言不通，不知如何报警。附近看到这一切的华人热心帮忙打电话报案。在警察局录口供时，地陪通过电话与警察进行了沟通。回到酒店后，地陪和领队都到游客房间予以关切询问和了解案发详情，并告知游客需要补办证件的手续和流程，还将游客随后的食宿作了妥善安排。

讨论

1. 导游应如何提醒游客注意自身财物安全？

2. 发生类似该案例中的事件后，导游应按怎样的流程进行处理？

4. 食物中毒事故

(1) 导游人员或领队应严格遵照旅行社规定在旅游团定点餐厅用餐。

(2) 提醒旅游者注意卫生，不要随意购买小摊贩的食物。

(3) 注意用餐过程，发现不合卫生要求的食物饮料等应立即责成餐厅更换。

(4) 设法让中毒者催吐，多喝水加速排出毒性；若情况较严重的应迅速将患者送往就近医院抢救，并请医生开具诊断证明。

(5) 立即上报旅行社，追究餐厅责任。若事故较严重，还需上报有关管理部门实施通报。

【拓展案例】

案例 4-10

食用问题食盐，集体食物中毒

某年 10 月 2 日，一众广州游客参加了“稻城亚丁、海螺沟、成都双飞七天团”，原计划 8 日下午返回广州。8 日上午，该团一行 13 人在海螺沟景区的明珠花园酒店食用自助早餐后，出现头晕、呕吐等中毒症状。随后，包括酒店员工及其他团队游客在内总共一百余人被送医院治疗，其中，该团广州游客谭女士经抢救无效死亡。

后经查，早餐含有巨量亚硝酸盐。

到底事发经过是怎样？游客和导游就餐时有无察觉？为何没有引起足够的警惕？刚脱离生命危险不久的当地导游谢强接受了记者的采访。

“当时有一大锅汤面、包子、花卷，还有泡菜，我做了 6 年地陪，常吃这样的早餐，到现在都想不起来有什么不对劲。”他回忆了事件的全部经过。

8 日早上 7 时 25 分，谢强和司机李师傅最早来到餐厅。谢强说：“我看了一下，有一大锅汤面，配有生泡菜、榨菜、辣椒油、腐乳等，还有白粥、豆芽、白菜，也有包子、花卷等点心。”赶着要为游客办退房手续的谢强简单吃了一小碗汤面，舀了点酸泡菜，还吃了一个鸡蛋、一个小花卷。吃饭的时候，李师傅和他聊起来，“这面条味道好像有点不对劲。”但谢强并没有细细品味，他心里一直想着送游客回广州的事。“也许是这样的早餐吃得太多了。”谢强说，他回想起来，仍没发现汤面、泡菜味道有什么异味，当时他也没有任何不良反应。

7 时 30 分，游客陆续来到餐厅，开始用餐。

7 时 45 分，李师傅吃完离开，到停车场等候，谢强带的 13 名广州游客也几乎吃完了早餐，谢强开始收卡退房。当时有游客反映有点头昏，大家开始以为是前两天去了海螺沟有些高原反应，也没有太在意。数分钟后，有人胸闷、呕吐，大家才惊觉食物中毒。

7 时 50 分，情况开始恶化，四五名游客开始胸闷、呕吐。谢强意识到可能是食物中毒，他立即到停车场找司机，从餐厅到停车场约 1 分钟，当他找到李师傅的时候，发现李师傅全身湿透了，趴在方向盘上，神志不清，谢强叫了他两声，他都没有反应。谢强立即拨打了 120 急救电话，同时快步跑到总台，要求酒店派车将 13 名游客全部送往离景区最近的磨西镇医院。这时，其他团队的大部分游客还没有明显的中毒反应。

3～5 分钟后，酒店派来了两辆车，之后又陆续派车将 13 人迅速送往磨西镇海螺沟医院。

到达医院后，其他游客也开始出现中毒迹象，有些手指、嘴唇发黑，甚至有人开始抽搐。医院条件比较简陋，游客一边输液，一边用氧气包供氧。

（资料来源：http://baike.baidu.com/view/4486110.htm，有改动）

讨论

1. 该案例中，导游有无失误？

2. 若出现食物中毒事件，导游应如何处理？

4.1.5 常用救护技能

在旅游过程中，由于外部客观因素或个人身体原因，旅游者可能出现晕车、中暑、溺水、昏厥、扭伤和骨折、高原反应、心脏病突发、被蜂蜇伤等情况，因此，导游应掌握一些常用救护技能。

1. 晕车（船、机）

1) 预防措施

(1) 出发前提醒游客不要过饥、过饱或过疲乘车。

(2) 服用一些预防晕车的药物。

(3) 建议游客在太阳穴涂些风油精等。

(4) 束紧裤带可减少内脏震荡，达到预防和减轻症状的效果。

(5) 让游客口含陈皮、话梅等小食，因为这些食品有冲淡汽油味和抑制恶心的作用。

2) 处理措施

(1) 提醒旅游者用冷毛巾敷在面部和胸部，可使症状缓解。

(2) 若旅游者想吐时应提供物品或场所让其尽量呕吐。

(3) 劝其将视线移向远方、凝视。

(4) 若是乘船，要调整卧姿。如船是左右摇晃，改为顺着船前进的方向平卧，然后闭目深呼吸；如船是迎浪前后起伏颠簸，则该卧姿为横向平卧，然后闭目深呼吸。

(5) 若是乘飞机，告诉游客应张口用力呼吸，可减轻症状。乘飞机出现的晕动症状一般要轻一些，服用晕车药并吃些巧克力或牛奶糖缓解。

2. 中暑

中暑的主要症状是大汗、口渴、头昏、耳鸣、眼花、胸闷、恶心、呕吐、发烧，严重者会神志不清，甚至昏迷。

【拓展视频】

1) 预防措施

⑴ 夏季中午气温高时不宜带游客在太阳底下长时间游览，对老人和儿童要多加注意。

⑵ 提醒游客随身携带防暑物品，如遮阳伞、帽子、扇子和茶水等。

⑶ 提醒游客携带些防暑药品，如风油精、白花油、人丹、十滴水、清凉油等。

⑷ 要注意旅游途中住处和临时休息场所的环境、条件，要有防暑和降温设施。

2) 处理措施

⑴ 迅速把游客转移到阴凉、通风的地方静卧。

⑵ 松解衣裤纽扣和鞋带，最好把鞋、袜脱掉，敞开衣服，加快散热。对发烧者要用冷水或酒精擦身散热。

⑶ 让游客服用含盐饮料或药物，如藿香正气水等；还可以在其太阳穴、人中穴擦些风油精。

⑷ 若中暑者已经昏迷，导游人员首先使患者侧卧、头后仰，以保证呼吸道畅通；还要用拇指掐其人中穴（鼻唇沟上 1/3 处）；或采用淋冷水、扇风等物理降温的方法，使其尽快苏醒。

⑸ 严重中暑者做必要治疗后立即送往医院。

3. 溺水

1) 预防措施

⑴ 在河、湖边游览时，应提醒游客，尤其是小孩、老人不要太靠边行走，以免滑落水中。

⑵ 在乘船、坐竹筏或漂流时要提醒游客格外注意安全，避免落水。

⑶ 在进行游泳、潜水等活动时，要提醒游客按规定操作，如不要到非游泳区游泳，要穿好救生衣、带好救生圈等。对有心血管疾病的游客，应极力劝阻其参与潜水活动。

⑷ 提醒游客随时注意气象变化，天气突变时，应及时上岸。

2) 处理措施

⑴ 迅速将溺水者头部抬出水面并拖上岸，除去溺水者口、鼻内的泥沙杂草等，并迅速倒出溺水者肺、胃内的水。

⑵ 情况危急的，一边就地进行人工呼吸和心脏按压，一边拨打 120 急救电话求助。

案例 4-11

游客不慎落水，导游及时相救

某年3月9日，来自湖南长沙的周某及妻子跟随云南一个旅行团来到电视剧《三生三世十里桃花》的取景地——湖南普者黑的十里桃林采风。从桃林出来后，夫妻二人在一座拱桥上拍照小憩，丈夫周某不慎跌落水中。妻子回忆："拱桥的栏杆有点矮，他跌下水后，我很惊慌，一直大声喊救命，很多人都围了上来，但旁边没有任何可以用于救生的工具。就在这时，我听到有人跳下水救人。原来是导游。我很感动，感谢他救了我们家一条人命。当时我想给他一些酬金，但他怎么都不要。"记者事后了解到，救人的导游名为林峰，隶属于云南天循国际旅行社。记者联系上林峰时，他正在带团的路上。记者告诉他，救人的视频在朋友圈热传，他说："这是小事一桩。"

从事导游工作整整12年的林峰，接待过成千上万人次的游客，也遇到过很多令他难忘的事情。关于救人这事，在林峰看来"这是人的一种本能，在那种情况下，无论是谁都会去救人。"采访中，林峰表示他喜欢导游这个职业。"我愿意一直做导游，我对这份职业感到自豪。"10日下午，昆明市导游协会发布了关于对林峰进行通报表扬的决定，认为林峰这种舍己救人的行为，彰显了云南导游满满的正能量，值得所有从业人员学习。

（资料来源：http://www.sohu.com/a/129413319_355753，有改动）

讨论

1. 该案例中，从导游身上能学习到什么品质？

2. 若出现游客落水或溺水事故，导游应如何处理？

4. 昏厥

1) 预防措施

(1) 昏厥是由于紧张、疲乏、饥饿、通风不良等情况引起的。导游人员应提醒游客晚上要保证充足的睡眠、白天保证适量的饮食。

(2) 若游客在旅行途中感到气闷，应立即打开车门、车窗通风。

(3) 提醒有昏厥史和低血压的游客切忌从山顶俯视悬崖峭壁。

2) 处理措施

如昏厥已经发生，应让患者平卧，头部放低，松解衣扣，用手指按压人中、涌泉等穴位。如再不苏醒，则应尽快送医院治疗。

5. 扭伤和骨折

1) 预防措施

(1) 行程不要安排得过紧，以免游客赶路着急。

(2) 在爬山或开展户外活动前，提醒游客带一些跌打药酒和活络油。

⑶ 登山时应经常提醒游客要注意脚下安全，观景或照相时应停下脚步，以免踏空。

⑷ 在较窄较陡的山路上导游应暂时停止讲解，让游客专心走路，以免游客为了听讲解而分心。

2) 处理措施

旅游途中登山、上下台阶或在不平路面上行走时，不小心都会发生膝部和踝部关节跌扭伤。发生了跌扭伤，切忌采取立即走路或用力按摩、搓揉等加重病情的方法，要帮助游客用正确的方法进行救护。

① 将患肢轻轻抬高，以促进静脉回流，改善局部血液循环，减轻瘀肿。

② 伤后应尽快进行局部冷敷，起到消肿止痛的作用。

③ 受伤 24 小时后内出血完全停止的时候可改用热敷消肿。

旅行中的意外事故常会引起骨折，老年人更容易骨折。由于致伤外力不同，可造成不同类型的骨折，骨折断端与外界直接相通的叫开放性骨折，未与外界相通的叫闭合性骨折。旅游者骨折，须及时送医院救治，但在现场，导游人员应做力所能及的初步处理。

① 止血。要注意伤口和全身状况，如伤口出血，应先止血，后包扎固定。止血的方法常包括：手压法，即用手指、手掌、拳头压迫在伤口靠近心脏一侧的血管止血；加压包扎法，即在创伤处放厚敷料，用绷带加压包扎；止血带法，即用弹性止血带绑在伤口靠近心脏的大血管上止血。

② 包扎。包扎前最好要清洗伤口，包扎时动作要轻柔，松紧要适度，绷带的结口不要在创伤处。

③ 上夹板。就地取材上夹板，固定两端关节，避免转动骨折肢体。

案例 4-12

以为扭伤无大碍，医院检查竟骨折

某旅游团入住了黄山上的山庄，团队晚餐后要步行约 5 分钟路程才能返回驻地。晚餐后天色已晚，从餐厅回酒店的路上，导游不断提醒客人注意安全并打手电为客人引路。但该团一位客人还是在行走中不慎扭伤了脚，客人当时感觉不太疼，就只是擦了点红花油。返程后客人到医院检查，发现脚踝关节骨折。为此，客人向旅行社要求赔偿，内容包括医药费、交通费、营养费等费用。该团已为游客购买了旅游意外险，但因为没有当地医院的医治报告，保险公司以资料不全为由拒绝受理。最后旅行社只好赔偿客人的医药费及交通费。

讨论

1. 夜晚行走山路时，导游应该对游客作什么提示？

2. 若客人出现扭伤情况，导游应如何处理？

6. 高原反应

1) 预防措施

⑴ 提醒游客进入高原前要注意防止感冒，防止过度劳累。

⑵ 告知游客高原反应一般可自愈，放慢动作，多加休息就可消除，多给游客乐观和积极的心理暗示，有助于帮助他们稳定心理，尽快度过适应期。

⑶ 可提醒游客出发前自带一些辅助药物，如红景天含片等。

⑷ 饮食方面选择高热量易消化的食物，可提醒游客自备如巧克力之类的食品，随时补充体力，尽量不要饮酒。

⑸ 刚到高原地区，应尽量减少洗澡次数并缩短洗澡时间，只用湿热毛巾擦拭即可。

⑹ 在海拔较高的地区行车时间较长时，应注意提醒游客少说话、闭目养神稍作休息，但不要进入睡眠状态，以免出现危险。

⑺ 可提醒游客自带暖杯，喝温热的水，少喝凉水或冷饮。

⑻ 时时注意控制游客情绪。尤其是游客见到美丽的景色时，往往控制不住自己，高声呼喊、雀跃、奔跑等。导游员应特别关注游客的行为和举动，进行提醒和制止他们这些举动，以免引发气喘、晕厥等突发症状。

2) 处理措施

⑴ 服用药物。头痛可服用索米痛片；呼吸急促可吸入含联合激素的药物；精神较差者可服用人参或地塞米松。

⑵ 可间歇式吸氧，氧流量以每分钟 1 ～ 2 升为宜。

⑶ 若游客高原反应情况非常严重，应迅速联系住店医生，或送医院或转移治疗。

7. 心脏病突发

1) 预防措施

⑴ 尽量不要安排刺激兴奋、体力消耗大的活动项目，旅游节奏宜舒缓。

⑵ 提醒有心脏病史的游客，随身带上硝酸甘油、亚硝酸异戊酯、速效救心丸等急救药物。

⑶ 建议有心脏病史的游客多吃蔬菜水果，尽量少吃高脂肪和高胆固醇的食物，烟酒也应暂时戒掉。

2) 处理措施

⑴ 旅游者心脏病突发，切忌急着将游客抬着或背着去医院，而应让其就地平躺，头略高，从患者口袋中寻找备用药物，让其服用。

⑵ 同时，地陪应立即找附近医务所医生前来救治，病情稍稳后送医院。

8. 被蜂蜇伤

1) 预防措施

⑴ 到野外登山游览时，避免带游客经过没人走的草径、草丛，这些区域可能是毒蜂筑巢之所。此外，花圃区是蜜蜂经常出没之处，应提醒游客注意防范。

⑵ 在山野游览时，提醒游客尽量穿浅色衣服，身体不可有香（异）味。

⑶ 发现有蜂在附近盘旋，要注意它的动向，并提醒游客千万不可打扰它，必要时应绕路而行。

2) 处理措施

⑴ 若旅游者被蜂蜇伤，导游要设法将毒刺拔出，用口或吸管吸出毒汁。

⑵ 然后用肥皂水，条件许可时用 5% 苏打水或 3% 淡氨水洗敷伤口，服用止痛药。若导游员或旅游者认识中草药，可用大肖叶、药荷叶、两面针等捣烂外敷。严重者要送医院抢救。

4.1.6 天灾逃生技能

1. 地震

⑴ 若地震引起轻微晃动，导游人员应提醒游客保持冷静，最好采取滚动的方法逃离建筑物或可能有重物压下来的地方。

⑵ 若旅游团被困在建筑物中，一时无法逃离，导游人员要提醒游客选择角落或有较好支持物处躲避（如沙发背面与墙壁之间能形成三角位，提供有效的保护空间）。

⑶ 若旅游团正处在行驶的汽车里，导游人员应马上要求司机把车开到远离建筑物的地方，千万不要在桥上、电线杆下等危险场所停留。

2. 海啸

⑴ 地震是海啸最明显的前兆。若感觉到较强的震动，应带领游客迅速离开海边、江河的入海口。

⑵ 听到有关附近地震的报告，要做好防海啸的准备，注意电视和广播新闻。强烈地震导致的海啸有时波及范围能达到上千米。

⑶ 听到海啸预警后应避免返回港湾，海啸在海港中造成的落差和湍流非常危险。若有足够时间，乘船旅游时，导游员要指示船主在海啸到来前将船开到开阔海面。若没有时间开出海港，所有人都要撤离停泊在海港里的船只。

⑷ 海啸登陆时海水往往明显升高或降低，若看到海面后退速度异常快，应立刻撤离到内陆地势较高的地方。

⑸ 灾害发生后，应为每位游客配备一个急救包，有药物和足够维持 72 小时的饮用水、便携的高热量食品及其他必需品。

3. 泥石流

在旅游团行程中若有泥石流、滑坡多发地区，导游人员必须注意天气预报，若有连绵阴雨或大雨，要与旅行社或旅游者商量，对行程作必要的修改；暴雨刚停时，旅游团最好不要在山区活动。遇到泥石流，导游人员要镇定地引导旅游者逃生。

(1) 泥石流发生时，不能在沟底停留，而应迅速向山坡坚固的高地或连片的石坡撤离，抛掉一切重物，跑得越快、爬得越高越好。

(2) 切勿与泥石流同向奔跑，而要向与泥石流流向垂直的方向逃生。

(3) 到了安全地带，应把旅游者集中在一起，等待救援。

案例 4-13

大雪封山景点取消，返程艰难几经周折

某年年初，中国南部各省份遭遇了前所未见的冰雪灾害，湖南和广东北部山区一直是雨夹雪的天气。赵先生等9名游客报名参加了“张家界武陵源—凤凰古城五天”火车团。出发当天，旅行社通知赵先生等人：因张家界大雪封山，旅游团不能进去，凤凰古城因公路冰封，旅游车也进不去，请游客自行选择是否出游。若此时退团，预订酒店等费用已经产生，无法退还，赵先生等人还是选择按原计划出团。没想到上了火车后，因大雪封路，火车时开时停，两天后才到达目的地。下车后，游客们被告知：由于风雪加重，张家界和凤凰古城不能进去了，改去天门山游览，并在游览后从吉首返回广州。不料，吉首回广州的班车也因故取消了。几经周折，该团只好先到广西南宁，再从南宁返回广州。赵先生等人认为花了金钱和时间，但什么旅游景点都没有去成，非常不满。

讨论

1. 该案例中，谁应负主要责任？

2. 若因自然灾害临时改变行程，导游应怎么处理？

4.2 特殊情况的处理

由于各种外在因素和旅游者自身因素的影响，旅游活动可能偏离原定目标，出现特殊情况。因此，导游人员要本着旅行社与旅游团双赢的原则，寻找现实而合理的解决途径，避免出现严重后果。

4.2.1 基本原则

1. 避免正面冲突

有些“家长式”游客，遇事喜欢先指责对方，凡事都要求做到极致，稍有不满意就喋喋不休；还有些“学者型”游客，自视甚高，喜欢吹嘘，以显示自己的才学，遇事钻牛角尖。对这类游客，导游切不可与他发生正面冲突，而不妨满足他的喜好，给他倾诉的空间，满足其自尊心，让他感觉被重视，还可以利用他协助自己管理团队，万不可以打压的方式压制他说话，或与他正面冲突言语相撞。对于某些游客提出的非常刁钻、难以解决的问题，导游也大可不必与游客正面冲突，尤其不要继续纠结难题，而应在交谈中找时机把话题转移，或引出一些游客感兴趣的、对游客有利的话题，把主题岔开，淡化难题，避免把话题越钻越深。

2. 学会换位思考

游客所提的问题或要求有些是不合理的，对此，导游人员应学会换位思考，明白游客的心态和诉求，尽量给予婉转的回应，切不可生硬地回绝，更不应耻笑游客，而是站在理解和尊重对方的立场提供意见。这样即使问题得不到解决，游客也会感受到导游的善解人意和专业素养。

3. 尊重游客隐私

有些游客因为有疾病、生活癖好或是有长期的生活习惯而提出一些特殊要求，只要是正当的，导游都应积极为其寻求解决办法。同时要注意在解决的过程中不要四处张扬，应适当保持沉默，并在整个旅途过程中保护游客隐私，让游客感受到被尊重。游客也会因此更尊重导游和配合导游的工作。

4.2.2 基本方法

1. 理解游客要求

游客的要求各种各样，导游首先要站在游客的立场和角度去理解他们，绝对不可责难、取笑或冷落他们，有些问题或要求可能很古怪或很刁钻，但既然游客有要求，导游应尽量给予解决或疏导，提出解决方案或减少游客的担心。

2. 读懂游客心思

游客向导游提出要求，就是对导游的信任并希望取得导游的帮助和指引，导游要尊重游客的自尊心，充分理解他们的心态。有些游客提要求的真正用意是希望取得导游的重视或关照，导游要学会读懂游客的“隐形语言”，理解他们的心态，成为他们可信赖可依靠的对象，使双方建立一种良性的合作关系。

3. 灵活运用语言

不同的游客对语言的感受大有不同，导游在应对游客的特殊要求时更应注意语言的应用。俗话说“话有三说，巧说为妙”，对某些比较敏感或是情绪容易激动的游客，导游应多用“柔性语言”。同样的意思委婉说出口，对方的接受程度就不一样，事情也会得到较好的解决。

4. 平等对待游客

导游不应因游客身份、年龄、职业、文化背景等差异而对游客的要求有所冷落。游客群体千差万别，所提要求有合理的也有刁钻的，有些是无理的甚至是可笑的，导游都应坦然面对并以诚恳的、积极的态度去解决，实在不可能解决的也应以诚恳的态度对游客做出说明和耐心解释，绝对不能以漠然的或是生硬的态度回应游客，更不可取笑游客。尤其是团队游客来自不同的地方，具有不同背景、不同职业、不同文化水平，导游若显示出厚此薄彼的态度，游客马上就会感受出来，并由此对导游产生不好的印象，在接下来的旅途中双方就很难有良好的配合。

总之，游客的要求千差万别，没有一成不变的解决方法。导游要做有心人，努力学习他人智慧，用心积累经验，丰富和提高自己的应变能力。

4.2.3 各种特殊情况的相关处理

1. 宗教方面

⑴ 接待宗教团队应弄清是哪种宗教、哪个流派和分支。若是神职人员，应了解其在教会中的职位，以免在接待中发生差错。如导游没把握则应请示旅行社或联系宗教委，审慎处理和安排，以免引发误会或事端。

⑵ 接待中要尊重游客的宗教信仰、习惯和戒律，不要向他们宣传无神论，避免涉及有关宗教问题的争论，更不要把宗教与政治、国家之间的问题混在一起随意评论。

⑶ 对于正当的宗教行为，如本旅行团内基督徒的布道、佛教团的开示等，若游客提出要求，可留出一定的时间予以安排并提供方便。若需前往教堂或寺庙现场进行相关活动，可提议游客与对方先联系落实，也可与当地宗教委联系安排。

⑷ 尊重宗教团队的饮食习惯并严格按照其要求做出安排。导游在与团队成员的交流中切勿用犯忌的词句、字眼，以免引发不愉快。

⑸ 若发现旅游团队中有非法宣扬邪教、散布反动言论、散发传单、聚众宣讲，或以宣扬宗教之名组织公众活动等非法行为，无论是本国还是外国游客，导游都必须态度坚决、观点鲜明地对其言行进行劝阻和制止，并及时宣传我国有关政策和规定。

⑹ 对于非法宣扬邪教等行为的处理宜慎重，事前要作深入的调查研究，认真核实，分清两种不同性质的界线，分清有意和无意的界线。对因不了解我国国情而做出违法行为者，导游要讲明道理，指出其言行的危害性和严重性，并报告有关部门，由他们来处理。

案例 4-14

游客全是穆斯林，用餐安排须谨慎

某年夏季少数民族运动会在广州举办。导游员小张被安排去接待一个来自西北地区的观摩团队，该地区的团队用餐按照组委会的安排，应带往特别指定的穆斯林餐厅。但当天该团飞机晚点到达，因为要赶开幕式的时间，小张自作主张把团队带去了一家粤菜餐厅。他认为该餐厅正好在出机场的途中，方便省时，不一定非要去穆斯林餐厅，只要不上有猪肉的菜就行了。一下车，游客们见到餐厅正门赫然几个大字“××海鲜餐厅”，即刻就发出了疑问。随后，几位游客就高声埋怨起来。小张一开始还平心静气地向游客解释，但游客不接受，认为他有意为之。小张觉得委屈，与游客对话的语气中带有不满情绪，于是，双方的争辩不断加剧，游客的抱怨情绪逐渐升级。最后，全团游客拒绝进餐厅，并扬言将在当晚的开幕式上拉标语表示愤怒，抗议组委会歧视少数民族和不尊重宗教。小张这下意识到事态的严重性，慌乱中急忙打电话给旅行社求助。旅行社接电话后，立刻致电组委会反映了情况。组委会即刻派出了几位领导和工作人员与团友见面解决纠纷，平息事态。该事件最后得到了较好的解决。但小张因擅自违反组委会规定被提出警告。

讨论

1. 对于佛教团、穆斯林团和基督教团，在上团前导游员应在知识、语言、行为等方面做些什么准备?

2. 接待穆斯林团和佛教团时，导游在安排用餐方面要特别注意什么?

2. 越轨方面

(1) 发现团内游客带有明显政治意图且不听劝阻的非法集会行为，导游应迅速报告公安机关处理。

(2) 对于严重违反我国法律法规的，如走私贩毒、倒卖金银、贩卖黄色录影碟和非法刊物等行为，导游发现应立即向有关部门报告，并积极配合处理。

(3) 游客来自不同国家和地区，文化背景不一样，举止行为、说话态度和习惯也会有很大不同。首先要区分是文化差异导致误会还是游客确实有不良意图，但对于明显是猥亵女性的言论和行为，不管是外国游客还是本国游客，导游都要态度鲜明严厉制止，并对其提出警告，若有出轨言行必定用法律武器维护女性尊严。

(4) 应联合全团的游客形成合力，营造正义的空间，给肇事者以强大的压力，使其不敢轻举妄动。

(5) 女导游上团的着装和举止、言行都要注意，面对游客要大方得体，轻松而不轻佻，勿给不轨之徒可乘之机。

案例 4-15

游客言辞暧昧，导游巧妙应对

导游梁小姐年轻美貌，说话甜美，服务周到细致，性格活泼开朗，深受游客欢迎，经常收到游客的表扬信。一次，梁小姐担任一个单位包团的地陪。团队内一位年纪大约 40 多岁的陈姓男游客经常对她语言暧昧、动作轻浮。一开始，小梁采取视而不见的态度对待这位游客，但这位游客不但没有收敛，甚至还变本加厉，说些黄色笑话或故意在小梁讲解时打断她，提出一些不堪的问题。

小梁想，如果故意避开或让他继续这样下去，不但会直接影响自己的讲解工作，也会影响其他游客对自己的看法，但如果正面严厉地反驳这位游客，不但让这位游客无法下台，还会影响整个团队的气氛。

“陈先生，我不太明白您说的是什么意思，您能不能大声再说一遍？或者您到前面来说，我这里有麦克风。”梁小姐礼貌地询问这位游客。因为旅游团的游客都是来自一个单位，大家都互相认识，这位陈先生很不好意思，说：“没什么，没什么，跟你开个玩笑，千万不要当真。哈哈！”

另一方面，小梁在景点的讲解过程中，积极地为游客讲解，让更多的游客围在自己周围，使陈先生几乎无法接近或有空隙胡言乱语。散团后，该单位还特意寄来表扬信，赞扬小梁工作认真负责、讲解细致全面。

讨论

1. 导游，特别是女导游，应如何应对游客的不雅语言和行为？

2. 导游应采取什么态度和方法处理讲解中游客的提问？

本章小结

旅游途中可能会发生游客人身安全和财产安全事故、交通事故、火灾事故、治安事故、自然灾害事故(如地震、海啸、泥石流)等。为了有效预防和及时处理这类事件，避免事态恶化，导游人员应重视安全提示、临危保持镇定，掌握常用救护技能和天灾逃生技能。另外，旅游过程中可能会出现一些特殊情况，如宗教方面、越轨方面等，导游人员应避免正面冲突、学会换位思考、尊重游客隐私，尽量理解游客要求，读懂游客心思，灵活运用语言，平等对待游客，使问题得到妥善解决。

【拓展视频】

关键术语

突发事件（emergency） 特殊情况（special case）

人身安全（personal safety） 财产安全（safety of property）

食物中毒（food poisoning） 救护技能（rescue skills）
越轨行为（deviant behavior）

复习思考题

一、单选题

1. 外国领队在旅行中不慎丢失团队签证，应先耐心寻找，确认丢失后应首先（　　）。
   A. 请接待社开具证明　B. 请失主准备照片
   C. 到公安机关报失　D. 备齐相关材料准备补办
2. 下列哪项不是预防和处理晕车的有效措施？（　　）
   A. 出发前提醒游客不要过饥、过疲乘车
   B. 出发前提醒游客尽量多吃点可以防止晕车
   C. 提醒游客束紧裤带减少内脏震荡，以减轻晕车症状
   D. 若旅游者想吐时，应提供物品或场所让其尽量呕吐

二、多选题

1. 游客若在游览中发生骨折，在送往医院救治之前，导游人员要做的力所能及的处理是（　　）。
   A. 止血　B. 包扎　C. 上夹板　D. 热敷
2. 在游览过程中，一旦出现游客食物中毒，导游人员应果断采取的措施有（　　）。
   A. 设法催吐
   B. 将患者送往就近医院进行治疗或抢救，并请医生开具诊断证明
   C. 立即报告旅行社，追究供餐单位的责任
   D. 若事故较严重，还需上报有关管理部门

三、判断题

1. 游客在游览中走失，在用手机联络不上的情况下，全陪应立即向团内其他游客了解情况并请领队、地陪迅速去寻找，自己带领其他游客继续游览。（　　）
2. 泥石流发生后，切勿与泥石流同向奔跑，而要向与泥石流流向垂直的方向逃生。（　　）

四、简答题

1. 旅游途中突发事件的预防和处理原则有哪些？
2. 游客发生人身安全事故时，导游应如何处理？
3. 游客发生财产安全事故时，导游应如何处理？
4. 特殊情况的处理应遵循哪些原则？有哪些基本方法？
5. 遇到宗教方面和越轨方面的特殊情况，导游应如何处理？

课后案例

游客涉嫌吸毒，导游沉着应对

全陪小云带团去华东旅游，入住无锡某酒店后，小云正准备休息，突然电话响了，客人黄太太急切地说："小云，我老公被公安局抓走了，麻烦你快来我房间！"小云正准备出房门，房间的电话又一次响起，是酒店前台经理打来，他告知小云，她所带的旅行团中有一位客人被公安局工作人员抓走了。据公安局工作人员说该客人涉嫌贩毒，并说证据确凿，该客人已经被带走了。带着疑问，小云和地陪小许赶到黄先生房间。黄太太泪汪汪地告知导游："我丈夫被警察带走了，说让我去公安局办理手续。"小云一边安慰黄太太一边询问到底是怎么回事，黄太太再三表明："我老公没有贩毒，他已经戒毒了，刚从戒毒所出来，我们就是来散心的。"就在此时黄先生的大哥也来到房间跟导游说："我现在要马上去派出所看我弟弟，他已经没有吸毒了，肯定是弄错了。"这时，酒店的前台经理也过来了："导游，派出所来电话了，说证据确凿，犯人马上拘留了，让家属去办理手续。"

"怎么会？肯定是冤枉的，我弟弟早就戒毒了，我们出来旅游也是合法的，我们居委会和那边的派出所都可以证明。"黄先生的大哥打通了黄先生居住地派出所的电话，证实黄先生确实已经戒毒，但是因为还在受监督期间，没有拿到证明就出游了，只要派出所之间沟通一下就没有问题了。

为了弄清事情原委，大家一起来到了无锡当地派出所。派出所警察说从黄先生的尿液里检查出他仍在吸毒，必须强行拘留押去戒毒所，请家属留下黄先生的证件并办理相关手续。"同志，我是他们的导游，我们客人是曾经吸毒，可是据了解他已经戒毒了，我们刚跟黄先生居住地的派出所通过电话，他们说可以证明。黄先生只是出来旅游前，忘了开证明文件而已，您看看是否中间有什么弄错了，能否让他妻子见见他呢？"小云对警察恳求说。黄太太终于见到了黄先生，从黄先生口里得知他确实毒瘾犯了，在出门旅游前吸食了冰毒。但黄先生的大哥却不死心："导游，你们是当地的，比较熟，我们有钱，你去沟通一下，看要多少钱放人。"小云说："黄先生，你弟弟的事我们很抱歉，我们都尽力了，若再纠缠，我们就犯法了。希望你能谅解。"

"我不为难你们，那我们回酒店吧，其他客人问起，就说我弟弟去看朋友退团了吧！"

"可以，没问题，你弟弟退团的事，我们会帮忙办理相关退团手续的。"

（资料来源：倪慧玲）

讨论

1. 本案中导游的处理手段是否妥当？
2. 对该类事件导游应掌握什么原则？

Chapter 5

导游综合能力

工欲善其事，必先利其器。

——孔子

学习目标 >

- 了解：导游人员应具备哪些基本能力。
- 理解：导游组织能力、交往能力和审美能力的重要性。
- 掌握：导游组织能力、交往能力和审美能力的应用。

导入案例

游客喜好各异，导游巧妙安排

英语导游刘辰接待了一个 16 人的美国团队在广州游览。从接到团队开始，她就留意观察，细心聆听，很快就发现游客不同的兴趣爱好：Tom 对中国的传统文化很感兴趣，能说些中国话，每到一个景点总要刨根问底；Kevin 和 Kate 带着 10 岁的儿子 Jay 出行，一家人其乐融融，喜欢美食；Gaby 和 Cathy 对导游讲解不以为然，对本地旅游纪念品很感兴趣，一有机会就去购物消费，并要求试试中式推拿；Jack 和 Rose 则是恩爱夫妻，常常卿卿我我，形影不离。针对游客们的要求和特点，刘辰采用了不同的接待技巧：对 Tom 多讲一些本地历史和风俗人情，详细回答他提出的问题，有空就在车上教几句普通话或是粤语，Tom 学得津津有味，逗得其他客人乐不可支；对 Kevin、Kate 和 Jay 则多介绍本地的生活趣事、美食佳肴，也尽量多对孩子给予关照，问寒问暖，一家三口一路春风满面；对 Gaby 和 Cathy 则详细介绍本地旅游纪念品的特色，帮助她们选购商品，晚上入住酒店后，还推荐她们到附近有名的养生堂做中式推拿，师傅专业的推拿技术和合理的收费让 Gaby 和 Cathy 赞不绝口；对 Jack 和 Rose 则尽量介绍本地的婚俗喜庆之事，对比中西方的异同，善意的玩笑让大家喜上加喜。大家对刘辰的导游服务非常满意，感觉在广州停留时间虽短，但不虚此行，对她表达了感谢和认可，不少客人还给她留下联系方式，希望继续联系。

讨论

1. 该案例体现了导游哪方面的出色能力?

2. 旅游团队是由游客组成的临时性团队，每个人的生活背景、教育程度、兴趣爱好不尽相同，为他们提供服务对导游的综合能力提出了怎样的要求?

5.1 组织能力

组织技能是指运用一定方法和技巧，把来自不同地区、不同系统、不同职业、不同文化背景，以及民族、性别、年龄等不相同的人组织在一个集体之中，共同实现某种目的的能力。导游人员的组织技能是指导游根据旅游接待计划，协调导游服务集体各成员之间的关系，督促、协助旅游活动的落实，科学合理地安排旅游团队的活动内容，照顾游客旅行生活的能力。它主要包括树立正确的服务理念、塑造良好的个人形象、合理安排好旅游项目等方面。

5.1.1 树立正确的服务理念

理念是指人们对客观世界或事物所确立的思想意识。服务理念是指服务机构建立自己的理念并用理念来规范服务人员的心态和行为。服务最终是由雇员提供的，特别是由那些与消费者发生交互作用的雇员所提供。导游人员的服务理念就是指导游对游客、团队、旅游活动等方面形成的相对稳定的认识，以及进行服务的心态和行为。

案例 5-1

服务细节小中见大，漏运行李完璧归赵

出境游领队程阳是某著名“全国百强”旅行社的“金牌领队”，从事出国游团队接待工作多年，以产品质量意识和超前服务意识要求自己，为游客提供优质服务。有一年，他带团赴澳大利亚 7 天游。从墨尔本飞抵悉尼机场时已是夜晚 9 点多，但是游客老王的行李没有出现在行李输送带上，程阳马上与机场工作人员交涉。原来老王的行李在上一站被漏运了，要托运到另外一趟航班，次日中午才能运抵悉尼。机场方面表示抱歉并告知行李抵达时会及时送往团队下榻的酒店，老王也接受了这个解决方案，便和团队一起坐车去酒店。在路上，程阳安慰老王，让他不要担心，因为自己的行李中有事先预备的应急牙刷、毛巾、一次性内裤、厚外套和零食等，老王可暂时取用。一到酒店，程阳便把这些生活用品送到老王手中。当时，处于南半球的悉尼正是冬天，气温很低，老王在旅途中虽遇到不愉快的小插曲，但程阳的服务却让他备感温暖。第二天早上出发前，程阳将自己的当地手机号码留给前台，请他们在接到机场送来的行李后及时通知他。当天下午 3 点，正当大家兴致勃勃地参观景点时，程阳接到了酒店电话，通知行李到了。晚饭后，团队返回酒店，老王的行李完璧归赵，所有游客不由得夸奖起程阳来。其一，出现行李漏运问题时，他能急客人所急，及时向机场反映，寻求解决途径；其二，作为资深领队，他常年坚持在出团前就预备好各种生活日用品，以备不时之需，主动提供补救服务，让客人倍感亲切、深受感动；其三，他提前与酒店前台打招呼，一收到机场送来的行李就通知客人，让客人宽心。大家认为，此次行李漏运事件，责任在航空公司，但领队的超前服务意识和品牌服务意识，为游客传送了细心、关心和爱心的讯息，也展示了名牌旅游企业高水准的服务质量。

讨论

1. 除了为游客提前准备应急日常用品，在导游人员超前服务领域，还有哪些具体可行的做法？举例说明。

2. 超前服务在为游客提供优质心理服务方面发挥哪些作用？

1. 形成市场观念

导游人员要具有市场观念、质量意识和竞争意识。在市场经济条件下，作为服务行业，旅行社除了出售有形产品——旅游线路之外，更重要的是出售无形产品——服务，导游人员作为服务对象的直接互动者必须具备这样的市场观念。

2. 加强服务意识

导游人员应意识到自己是导游服务的提供者，要具有较强的规范化服务意识；同时，不能被动、机械地应付游客，要经常站在游客的角度来思考，满足游客的合理和正当需求，提供个性化服务，甚至超前服务。

⑴ 规范化服务又称常规性服务、程序化服务或标准化服务。服务规范是由国家和行业主管部门制定并颁布的某项服务应达到的统一标准。规范化服务要求从事该项服务工作的人员必须在规定时间内按标准进行服务工作，它主要是对大多数消费者的共性需求而提供的服务。规范服务能提高效率，降低成本，使工作简单、快捷。加强导游人员的规范化服务，可减少带团活动中的随意性和偶然性，有效保证团队的接待质量。同时，带团技巧的规范化体现了导游人员的职业化，明确了其工作标准和工作方向，避免不恰当行为的发生。

⑵ 个性化服务又称差异化服务、特色化服务或定制化服务。它是指以客人需求为中心，在满足客人共性需求基础上，针对客人个性特点和特殊需求，主动积极地为客人提供特殊的服务，是对客人采取“量体裁衣”的定制式服务。它将规范化服务的要素进行拆分、重组，面向顾客的直接需求做出细节改良，使服务的末端环节更多地融入顾客的个人需求。个性化服务是社会发展、消费层次提高的需要，并在很大程度上反映了旅行社的服务质量和导游的带团技能。

⑶ 超前服务是在游客需要服务时，导游人员提供的有预见性的、超前性的服务。它是指在游客还没有开口之前，导游人员已经提供了其想要的服务。超前服务会给游客留下精明能干、可信可靠的良好印象。与超前服务相对的是滞后服务，即不能及时为游客提供其应得的服务，这是导游人员缺乏服务意识和责任心的表现，会给旅游团队留下负面印象。因此，必须强化超前服务意识，树立“服务领先一步”的理念，提升责任感和工作效率，提高对问题的预见能力及处理能力，始终把问题想在前、工作做在前，以早动促主动，保障旅游过程中各项活动的有序开展。

案例 5-2

物品有价，服务无价

某大型旅行社出境游资深领队老萧，一向以丰富的知识、别具匠心的服务受到游客赞赏，在业内也是有口皆碑，多次被评为先进工作者和优秀导游。他的成功秘籍之一就是每逢出团，必带“迷你急救箱”。急救箱里配备了专门为客人准备的常用物品：创可贴、棉纱布、棉签、酒精、剪刀、镊子和针线等。因此，客人在异国他乡游览时，如遇小磕小碰，“迷你急救箱”就发挥了及时雨的作用。虽然不少游客出门也会带上一些常用物品，但老萧的服务信念——“物品有价，服务无价”打动了客人的心，他们认为老萧带来的不仅是物品，还有周到的关怀和优秀的服务理念。

讨论

1. 作为游客，你在旅游经历中，遇到过导游人员提供的个性化服务吗？如有，请描述。

2. 上述案例为导游人员提供个性化服务带来启发。除了小药箱外，你还有其他建议吗？

5.1.2 塑造良好的个人形象

1. 重视第一印象

游客和导游双方开始接触时，导游人员给团队的第一印象十分重要，良好的仪容、仪态和语言能给客人留下美好印象。

⑴ 仪容包括相貌、着装、服饰及表现出来的精神面貌。导游人员的发型要干净自然，不宜雕琢痕迹过重；女性可化淡妆，不宜浓妆艳抹、当众化妆或喷涂气味浓烈的香水；着装应清爽整洁，方便工作，不可不合时宜。仪态包括站姿、坐姿、表情，以及各种肢体动作。导游人员应仪态大方、举止得体、表情自然，表达对客人的尊重并赢得对方的好感。语言包括音色、音调和讲话内容。导游人员应嗓音悦耳、语速适宜、用词恰当、讲解风趣，体现良好的职业素养。导游人员应当充分认识到整洁的仪容、得体的举止和文明的语言在导游服务中的重要作用，切实加强训练，创造良好的第一印象。

⑵ 导游人员应具备较强的自控能力，无论在什么情况下都不放纵自己、感情用事。导游人员必须具有良好的心理品质，时刻清楚自己的工作角色和任务。一上团，导游就应迅速进入角色并不受外来因素的影响，始终精神饱满、热情友好，给团队成员留下良好的第一印象，以便后续活动的顺利展开。

2. 树立权威形象

为了保证旅游活动的顺利展开，导游人员必须尽快树立自己在旅游活动中的主导位置。

⑴ 冷静的思维能力和准确的判断能力。导游人员在带团过程中，需要冷静思考并且准确判断。遇到险情时，沉着冷静，采取有效措施，果断处理，避免事故的发生；出现问题后，应采取合情、合理、合法的措施，减少损失和不利影响。导游人员具备这些带团技巧，会有效提高自己在团队中的威信。

⑵ 不卑不亢的工作态度。导游人员与旅游者、入境旅游团领队及其他人员交往时，应始终沉着自然、不卑不亢。在维护国家尊严的基础和原则上，与各方平等交换意见，维护

各方的正当权益，融合感情，消除分歧，引发游客的共鸣，赢得团队的信任。

3. 关注最终印象

导游人员留给游客的第一印象固然重要，但这并非一劳永逸。不佳的最终印象会导致前功尽弃，影响游客对整个旅游过程的评价。在旅游活动接近尾声时，无论是游客还是导游人员都会出现身体上和精神上的疲惫。此时，导游人员仍应保持饱满的精神状态，为客人提供服务：帮助行李打包、检查旅游证件、准备交通票据等。在送团的途中，导游人员要和团队成员共同回忆所走过行程，细数难忘的美景、美食和感人经历，诚恳讲出导游服务中的不足和失误，再次表示歉意，恳请客人提出意见和建议，并为客人送上真诚的离别祝福。在机场、车站或码头告别时，要向客人行注目礼或挥手礼，直到客人离开视线后，导游人员方可离开。这样，导游人员善始善终的敬业态度一定会给团队留下完美的最终印象。

5.1.3 合理安排好旅游项目

导游人员接团后，要根据旅游接待计划合理安排旅游活动，带领全团游览好、生活好。这就要求导游人员具有较强的组织、协调能力，在安排活动时有较强的针对性并留有余地。在组织各项活动时讲究方式、方法并及时掌握变化着的客观情况，灵活采取相应的有效措施。

1. 游览内容的兼顾

(1) 导游领到接团计划单后就要开始构思如何接待，应将计划游览的景点内容、数量、位置、线路、时间等反复琢磨，优化组合，兼顾食、住、行、游、购、娱六大要素，顺利展开游览活动。

(2) 除了安排游览，还要有计划地安排客人进行购物。丰富的旅游纪念品具有浓郁的民族特色和地方特色，适当安排时间给客人购物，能满足游客的愿望，丰富旅游活动。导游在介绍本地旅游商品及土特产时，力求做到生动、有趣、详细。值得注意的是，安排客人购物一定以客人自愿为原则，推荐的商店和商品一定要质量可信、价格合理。

(3) 可以向客人推荐健康合理、价格公道的娱乐项目，如中医保健推拿、刮痧、拔火罐、针灸等，这些传统医学项目可以缓解客人旅途的疲惫，有助于恢复体力和精力，颇受中外游客青睐；而民族风情歌舞可以让客人体验视听美感享受，卸下旅途的劳累和不快。同样要注意的是，自费项目一定要在客人自愿的基础上进行。

购物安排和自费项目不宜过多过滥，否则会给旅游团队造成负面影响，引发客人的反感和误解，甚至是投诉。

2. 游览节奏的把握

(1) 旅游项目安排张弛有道。在游览时，可根据当时环境、游客情绪和要求等方面的具体情况，处理好日程安排的松紧、劳逸等关系。这就要求导游人员根据具体服务团队的游览行程、旅游时间，以及游客的年龄、健康状况、特殊要求、兴趣喜好等方面的信息，将旅游项目安排得张弛相宜，使游客既轻松舒适，又不虚此行。

(2) 旅游项目安排缓急有度。在游览前，导游人员应熟悉游览景点，做好统筹安排，分配游览时间；游览时，对行进速度的节奏要有控制。行进速度过快，客人疲于奔命，无法细赏景观；行进速度过慢，容易给团队留下拖沓散漫的印象，造成游客观赏兴趣下降等。只有做到快慢相宜，不紧不慢，才能保证游览参观信息的有效传递，保证旅游活动具有一定的自由性和随意性。

【拓展视频】

5.2 交往能力

由于导游工作的性质特殊，他们的工作对象来自不同的国家、民族，个性、身份各不相同。因此，导游人员的工作交往面广泛且复杂。这就要求他们必须掌握一定的公共关系学知识和跨文化常识等；同时，应具备灵活多变、善于交际的能力，即愿意和人打交道，善于和人沟通是导游人员最重要的素质之一。导游人员具有良好的交际能力，在待人接物时自然、得体和周全。这样，游客也乐意和导游打交道、交朋友。交谈、倾听、发问和回答是了解游客旅游动机和增强与客沟通的有效途径。

5.2.1 与游客的交往能力

1. 交谈技巧

交谈技巧是导游人员最重要的带团技巧和交际能力。导游人员的语言运用得当，不仅能够活跃气氛，而且可以促进双方的相互理解、相互信任和相互支持，使旅游活动达到双赢共利的效果。因此，导游人员应认真学习和研究交谈的语言艺术，掌握语言表达方式的基本知识和特点，提高语言的运用能力。导游人员要遵守语言运用的一般原则：一是语言的表达要客观清楚，应实事求是地表达思想，传递信息，不愚弄欺骗对方。二是语言的针对性要强，针对不同旅游动机、旅游需求、文化背景、兴趣爱好的游客，在使用语言时，做到有的放矢。三是语言要符合逻辑，概念必须明确，符合逻辑规律。

2. 倾听技巧

倾听是语言实现正确表达的重要基础和前提。这里的“听”，是指要用心倾听，为游客设身处地地着想，并且判断对方话语背后的动机。有效倾听要求导游人员时刻保持清醒并集中精力，努力排除各种干扰，观察对方的说话方式，发现言语背后的含义，同时通过恰当方式（如鼓励、点头、目光、赞赏等）促使对方阐明真意。在倾听过程中，导游人员可以收集到客人的需求信息，方便展开工作；听到游客的投诉抱怨，也要学会忍耐，不能避而不听，只要对方未表示说完，都应继续倾听，切不可打断其讲话。缺乏经验的导游人员的最大弱点就是不能耐心地听对方发言，而是急于表达自己的看法或反驳对方的意见，结果，失去了许多宝贵的信息和彼此沟通的良机。导游人员应边听、边想、边分析，以确保自己完全正确地理解对方。倾听过程中，要向对方给予反馈，向游客表明自己在认真倾听；没有听懂时，可向对方请求重复。此外，还要核对情况细节，确认自己是否已听清其意，以免造成误会。

3. 提问技巧

提问是有效的交际工具。在旅游活动中，为了了解游客的真实想法和需求，导游人员必须善于利用各种方式和技巧探知对方的需求，而提问则是最常用的取得信息的重要手段。优秀的导游人员总是密切注意游客的心理变化，仔细观察游客的举止、手势、表情等，恰当地提问。提问的方式多种多样，要掌握技巧：采用谦虚的态度、和蔼的口气；要体谅对方，发问应能使对方愉快回答；简明扼要提问和围绕中心主题提问，注意提问的连贯性等。

4. 回答技巧

在旅游活动中，导游人员和旅游团队是互动双方的主体，彼此交流常常通过问答来实现。有问必有答，问有艺术，答也有技巧。总的来说，导游人员要具备良好的倾听技巧，弄清对方提问的真正含义，不随便答复；要掌握回答问题的原则，即什么能说，什么不能说；要推测回答后果，并决定如何回答。对不同的提问，应采取不同的方式回答，如正确回答、不彻底回答、不确切回答、回避回答、以问代答、要求对方再次阐明问题等。在拒绝游客要求时，一般不直接说“不”而是用“恐怕……”或“也许……”来委婉地拒绝。这类语言随着话题、交际场合、双方关系的变化而变化，没有固定的格式。导游人员应尽量使用委婉的语言，这样易于被对方接受，游客有被尊重的感觉，有利于双方就某些问题达成一致，顺利开展活动。

5. 跨文化交流能力

在世界经济日趋全球化的今天，随着我国经济社会的不断发展，人民生活水平的大幅提高，外国人入境游和中国人出境游的国际旅游交往活动频繁展开。优秀的导游人员不仅要具备说、听、问、答等方面的交际技能，还要通晓我国主要入境游客源国，以及出境游目的地国家的风俗习惯、人文背景等跨文化常识。这也是一名优秀导游知识、修养与文明程度的综合反映。例如，导游人员要熟悉西方游客的普遍性格特点：女士优先、尊重隐私、以右为尊、重视公共道德等；要遵循“五不问”原则：不问年龄、不问婚否、不问经历、不问收入、不问健康；西方游客普遍忌讳数字 13 和星期五等。

以下是我国旅游业常见入境游团队的游客特点，以及导游人员带团的注意事项和技巧。

1) 北美洲

⑴ 美国游客：他们随和亲切，有幽默感，与人交往时，习惯保持一定的身体间距，习惯在见面和离开时有力而简短地握手，并且面带微笑，熟人之间会亲吻或拥抱。他们常讲“Business is business”（公事公办），坚持对事不对人的原则。他们性格开朗、自信果断，有着与生俱来的自信和优越感，会不断提出自己的权益要求，而且表达直率。他们喜欢谈论商业、旅行、当今潮流和国际事件等。

美国游客是我国入境游工作中常见的服务对象，导游人员要注意以下事项：在与其交谈时，注意彼此的间距通常在 3 英尺（91 厘米）左右；与游客保持良好的目光接触，通常是每隔 2 或 3 秒对视一下，持续 5 ~ 7 秒，这样持续的目光接触被认为是表达兴趣、诚挚和真实的信号。美国游客独立自主，不喜欢被导游过分管制或太多提醒。与美国人交流，“是”与“否”必须清楚，若客人提出的意见是无法接受的，就必须明确告诉他们，不得含糊其辞，但要绝对避免指名批评，因为美国人谈论他人时，都会顾及避免损害他人的人格。美国人喜欢谈论政治，却不喜欢别人批评美国。美国游客喜欢中国美食，偶尔安排麦当劳、肯德基或是必胜客也无妨。

⑵ 加拿大游客：加拿大人的个性包含着英、法、美三国人的综合特点。他们既有英国人的含蓄，又有法国人的明朗，还有美国人的无拘无束。加拿大游客比美国游客更有耐心，更显温和，时间观念也很强。他们见面或分别时要行握手礼，相互亲吻对方脸颊也是常用的礼节。

刚开始和加拿大游客接触时，导游人员会觉得他们和蔼可亲，平易近人。但是只要涉及实质利益问题时，他们就会变得非常坚持。因此，在旅游活动中，导游人员应力求慎重，遵循既定的行程标准，避免不必要的麻烦和纠纷。不要把加拿大人等同于美国人，他们有自己的特点，不喜欢被人作比较。不要随便谈及魁北克问题。

2) 亚洲地区

⑴ 中国台湾地区游客：该地区游客注重休闲，对旅游接待要求较高，喜欢开朗型和知识型的导游人员。

旅行社一般选派普通话或闽南语导游带团，可增加游客的亲切感。带团时，导游人员要注意双方的政治分歧，可以适当宣传两岸统一思想。

⑵ 中国港、澳地区游客：该地区游客在饮食文化、生活习惯和使用方言等方面与广东省游客相近。他们注重旅游景点和酒店餐厅等硬件设施的建设，喜欢开朗型和知识型的导游人员，喜欢多看景点、多听典故和传说。

旅行社一般选派粤语导游带团，讲解时要注重景点的历史传承和文化内涵，以便引起游客的共鸣。根据港、澳地区游客信仰宗教的特点，在寺庙参观时，可多预留些时间，便于游客进香礼拜。饮食安排以清淡为主，避免过于油腻和味道过重的菜肴。

⑶ 日本游客：日本深受中国传统文化的影响，儒家思想已沉淀于他们的内心深处。日本是一个岛国，资源缺乏，人口密集，具有民族危机感，这就使日本人养成了进取心强、工作认真、考虑长远影响的性格。他们慎重、礼貌、耐心、注重建立和谐的人际关系，重视商品质量。日本人不会对别人的建议直接说“不”，他们认为表面上的和谐非常重要。日本人会说“是的”，但这并不一定是表示同意。它可能只意味着“是的，我理解你的观点”或“是的，这需要进一步的研究”。日本人视线之间的直接接触较少，而且沉默较多，强调非语言交际，比如鞠躬。日本人注重仪容仪表的修饰，认为这是文明的象征。

接待日本旅游团队时，导游人员必须注意：男性导游应穿着西服和皮鞋，夏天可以穿衬衫；女性导游则要着套裙，穿丝袜，化淡妆，以示对游客的重视和尊重。日本人的时间观念和集体观念很强，组织纪律性高，有利于导游人员进行团队管理，但导游人员自身一定要注意守时和自律。日本人的等级观念很重，务必弄清游客的级别、身份和职务，以便安排对等的服务接待标准。日本人讲话委婉多是出于保全个人面子及整体和睦，因此在与日本游客沟通时，对其语言的正确理解至关重要。日本人以鞠躬表明对对方的敬意程度，导游人员对游客保持合适的鞠躬很有必要。可以和日本游客谈论日本饮食、日本建筑、体育（棒球和高尔夫球），以及旅游经历等话题。日本游客对饮食卫生要求较高，导游人员安排的餐厅一定要符合有关部门制定的卫生标准。他们能接受广式月饼等中国传统食品。此外，他们欣赏中国字画，对旅游商店的促销工作较为支持。

⑷ 韩国游客：韩国也深受中国传统文化和儒家思想道德的影响，注重礼仪。韩国人很谦和，在称呼对方时多使用敬语和尊称，很少会直接称呼对方的名字。韩国人对本国文化、经济成就和体育强项引以为荣。

在接待韩国游客时，导游人员必须要注意：和韩国人见面时应鞠躬，可与男性握手表示尊敬，与女性则不需要握手。谈论的话题可以是传统文化、经济成就和体育运动，如足球、棒球、跆拳道（起源于韩国）、拳击和篮球都是韩国非常普及的运动。此外，爬山和徒步旅行也是韩国人喜爱的活动，在旅游行程中安排这些项目，他们一定很高兴。导游人员在与韩国游客沟通时，应避免谈论该国政治，由于历史原因，不要谈论日韩关系和朝鲜半岛局势，许多韩国人对讲日语的人没有好感。韩国人喜欢中国字画，对旅游商店的促销工作较为支持。

⑸ 新加坡游客：在新加坡人口中，华人占绝大多数，约 70% 以上，其次是马来人、印度人、巴基斯坦人、白人和混血种人等。老一代华侨的乡土观念很强，勤奋、能干、耐劳、明智、爱面子，年轻一代的华侨虽已具备了国际化大都市的素质和特点，但依然保持了不少传统道德观念，如注重信誉、珍惜朋友等。新加坡游客素有礼貌，“对不起”“谢谢”时常挂在嘴上。新加坡客人有纪律，去哪儿都排队，搭乘电梯永远站一边，以方便他人通行。新加坡游客讲究公共卫生，会自觉把垃圾丢入垃圾桶。但是，新加坡客人习惯投诉，从简

单的口头抱怨，到白纸黑字的报告，只要是自身合法利益受到侵犯，一定要得到解决和答复。所以，导游人员在遇到问题时，要注意安抚客人情绪，及时解决问题，避免客人产生文字投诉。新加坡华人游客擅长多种语言，可讲英语（官方语言）、中文、粤语和闽南话，若导游人员能用其家乡方言与之沟通，会增进他们的好感。

⑹ 印度尼西亚游客：印度尼西亚（以下简称印尼）是信奉伊斯兰教的国家，90% 的国民是伊斯兰教徒，他们有着十分牢固的宗教信仰，饮食上有许多禁忌。印尼人很讲礼貌，若是交往不深，表面上虽然十分客气，但心里的想法却可能完全相反。

在带团过程中，导游人员要注意：印尼人把左手视为肮脏、下贱之手，忌讳用左手传递东西或食物。忌讳别人摸他们孩子的头部，认为这是缺乏教养和侮辱人格的举止。印尼的华裔游客非常喜爱中国的川菜，对其麻辣风味赞不绝口，这是他们和其他游客的重要区别之一。若接待的是穆斯林，则要安排清真餐饮。印尼人爱喝冰水，对中国的传统热茶则不太接受。

⑺ 泰国游客：泰国人的热情有礼早已闻名于世，尽管泰国人看起来很腼腆，实际上却容易与人融洽相处，而且总是面带笑容，故泰国有“微笑国度”之美称。他们认为头部是精灵所在的重要部位，若无意中碰及他人的头部，要立即诚恳地道歉。他们忌讳外人抚摸小孩（尤其是小和尚）的头部，小孩的头部只允许国王、僧侣和自己的父母抚摸。即使是理发师也不能乱动别人的头部，在理发之前必须说一声“对不起”。此外，他们还认为左手和脚掌都是不洁净的，使用左手递东西或用脚掌指人都是对他人的鄙视。泰国游客还具有不依赖别人、不铺张浪费的特点。

导游人员带团时要注意上述禁忌，不要为了表示喜爱而抚摸泰国小孩的头部。不可使用左手传递重要的东西，在正式场合中，还要双手奉上。在入座时，不能将脚放在桌子上，不可使用脚尖撞人或指人，不要跷起脚或把脚底对着别人。女性导游落座时，要求更为严格，双腿必须并拢，否则会被认为是缺乏教养。许多泰国华人的祖籍是广东潮汕地区的，导游人员可以用潮汕方言与其交流。

3) 欧洲

⑴ 英国游客：英国人看起来冷漠高傲、保守矜持，但文质彬彬、待人客气，“女士优先”的社会风气很浓厚。英国人善变通，善交际，能考虑到对方的立场和观点，对建设性意见反应积极。

带团时，要注意讲解的逻辑性，英国客人欣赏知识型、专家型的导游。英国游客不太活跃、甚少提问，喜欢导游主动传递信息。英国游客喜欢悠然自得的行程，旅游节奏不必太快。来自苏格兰地区的游客说英语带有比较浓重的地方口音，导游人员需要尽快适应，没听明白的地方可以请客人重复，避免误会。饮食方面，英国人讲究口味清淡，注重营养，喜欢牛肉、羊肉、蛋类、禽类、甜点、水果等食品，夏天喜欢吃水果和冰淇淋，冬天喜欢热布丁，进餐时一般先喝啤酒，喜欢威士忌等烈性酒。

⑵ 法国游客：法国以盛产时装、彩妆、香水、护肤品、箱包等奢侈品闻名天下，法国

人爱美，每天都离不开化妆和美容，就连老年妇女也是如此。法国人无论是男女长幼，都喜欢佩戴丝巾，显得高贵优雅。他们的国家意识和民族自豪感很强、性格开朗、谈吐文雅，热情幽默，喜欢谈论趣事，制造宽松的气氛，喜欢建立个人友谊。法国人深谙享受生活之道，严格区分工作时间与休息时间，每年 8 月份是度假的季节，各行各业的员工都尽情享受休假的惬意。“女士优先”在法国极为盛行，人们把对女性表示谦恭礼貌当作教养良好的标准。

法国游客在交谈时，喜欢相互站得近一些，认为这样显得亲切。他们在谈话过程中经常用身体语言来表达某种意思，如他们耸肩膀表示高兴，导游人员要注意学习甄别。法国游客欣赏中国传统文化，与他们聊聊社会新闻、文化、娱乐等方面的话题，更能融洽双方的关系，创造良好的气氛。在团餐安排方面，导游人员要注意，法国人重视健康，讲究营养平衡和荤素搭配。主菜多是鸡鸭鱼肉和海鲜，一定要配蔬菜，如菠菜、扁豆、花 菜、番茄等。法国人通常不吃味精，吃饭时爱饮酒且比较讲究，红葡萄酒配红肉（牛、羊、猪肉等）、白葡萄酒配白肉（鸡、鸭、鱼、海鲜产品等）。

⑶ 德国游客：德国人多属日耳曼民族，严肃沉稳不尚浮夸。刚开始交往，他们给人的印象往往是沉默寡言、不苟言笑，显得呆板而沉重。接触时间长了，就会觉得他们待人接物虽严肃拘谨，但却态度诚恳坦直、为人朴质、乐于助人。德意志民族是一个团结自律的民族，在公共场合礼让老弱妇孺，不打闹喧哗，讲究公共卫生，不喜欢在别人背后说长道短。他们也十分喜爱欢乐喜庆的场面，和朋友在一起也喜欢热闹。

带团时，导游人员要注意：德国人比美国人更有时间观念，他们希望旅行社能准备充分，准确安排旅游的主题、日程，行程中的每一个景点都有限定的游览时间，导游的讲解陈述应清楚果断、逻辑性强，还需要引用数据支持。德国人收入高，消费注重品质，导游推荐的产品必须有质量保证。在饮食方面，德国游客喜欢猪排、牛排、烤肉、香肠、汤类和啤酒，导游人员要适当安排。德国人的英语水平较高，旅游旺季缺乏德语导游时，英语导游也可以上团接待。

⑷ 荷兰和比利时游客：荷兰人比较朴素，性格坦率、开诚布公，讲究秩序，事先计划并安排是他们的习惯，他们多数都懂英语和德语。比利时人喜欢社交，工作态度却很现实、稳健，商业道德水平相当高，重视商业信誉，他们多数会讲法语和英语。

导游人员在带团时要注意：这两个国家的游客办事比较稳重，习惯按照确认的行程进行旅游活动，不喜欢没有事先约定就更改行程。荷兰团喜欢在旅游地自行安排饮食，导游人员应帮其推荐卫生条件达标、菜肴具有本地风味的餐厅，保证客人吃得干净、尽兴。他们也喜欢尝试当地的水果，如我国亚热带地区的荔枝、芒果、木瓜、甘蔗等。由于这两国游客的英语水平较高，英语导游也可以上团接待。

⑸ 意大利游客：他们热情随和、性格开朗、质朴而热忱地欢度着人生。意大利是美食国度，人们对烹饪佳肴很感兴趣。意大利南北之间差异悬殊，各个地区都保持着自己独特的习惯、传统、历史、饮食、语言及风土人情。一般来讲，大多数的意大利北方人身材高

大、肤色较浅、头发为棕色、眼睛是蓝色。而南方人个子矮小些，肌肤、头发、眼睛的颜色较深。人们印象中的豪爽、典型的意大利人其实是南方人。

导游人员接待意大利团队时，通常不安排肯德基、麦当劳等美式快餐，因为意大利游客对中国菜情有独钟，尤其是粤菜。

⑹ 西班牙游客：西班牙人热情奔放、乐观向上、无拘无束、讲求实际，认为人活着不应成为生活的奴隶，而要成为生活的主人，要善于驾驭生活，把生活安排得丰富多彩。西班牙人自强自立，喜欢亲自体验，不大愿意依赖别人。

即使是导游人员刚刚接到西班牙游客，他们也会像老朋友那样无拘无束地同你侃侃而谈。他们认为没有规矩，不成方圆，愿意服从导游定下的规矩来约束自己。西班牙团队对中国菜情有独钟，尤其是粤菜。

⑺ 北欧游客：挪威人注重理论，勤于思考，富于创造性，善于形成理论体系；瑞典人善于应用，精于加工制造；丹麦人善于推销，是一流的商人。北欧人举止优雅，不大声说话，也不显出焦急慌张，平稳从容的态度与他们的机敏反应并不矛盾。北欧人计划性很强，做事按部就班，视迟到为个人无纪律的特征。北欧人态度谦恭，不易激动，善于处理人际关系，喜欢追求和谐的气氛。

在旅游过程中，导游人员要注意团队的旅游节奏以舒缓为适。北欧游客坦诚，不隐藏自己的观点，在旅游活动中，善于提出建设性方案，导游人员更多的时候应考虑如何与其配合。由于北欧游客的英语水平普遍较高，英语导游也可以上团接待。

⑻ 俄罗斯游客：他们来中国停留时间较长，消费能力强，喜欢购买服装鞋帽、家电商品，对中医理疗、餐饮娱乐很感兴趣。由于俄罗斯远东地区比较寒冷，患风湿病的人比较多，因此游客对中医理疗比较感兴趣，专门来理疗的团队基本都是住10天以上，喜欢选择距理疗医院较近的酒店。此外，在俄罗斯看牙医比较贵，而中国不少大城市牙医设备好，效率高，价格也要便宜不少，到中国治牙病也逐渐成为俄罗斯游客的新选择。

俄罗斯的民用轻工业不发达，购买日用品十分昂贵，因此，导游在接待俄罗斯访华团队时，要着重向他们推荐当地有名的服装鞋帽、电子产品、生活用品等购物场所。饮食方面也要注意，俄罗斯游客不喜欢油条、馒头、稀饭等中式早餐，应安排西式早餐。他们喜欢北京烤鸭、水饺等京、粤、川菜肴，口味较重，喜油腻，常喝的饮料有伏特加、啤酒、葡萄酒、香槟。

4) 大洋洲

澳大利亚游客：办事严谨认真、较为保守、爽快开朗、健谈随和。澳大利亚人友好善良、同情老弱、怜爱小孩、乐于助人。在过马路、乘车时，老人和小孩总能受到特殊照顾。澳大利亚人很注重享受生活。他们工作有保障，又有诸多的社会福利和保险，基本不存在生活之忧。他们喜欢游泳、划船等水上项目，对赛马博彩更是情有独钟。

导游带团时要注意：澳大利亚游客不喜欢别人把他们与美国人、英国人相提并论，而是自豪地称自己是澳大利亚人，突出他们自身的性格特点。澳大利亚人酷爱运动，导游人员可与他们讨论中国的体育发展情况，容易得到共鸣。他们还很喜欢逛夜市，体验当地民情。澳大利亚游客的英语有比较浓重的口音，导游人员需要尽快适应，没听明白的地方可以请客人重复，以避免误会。许多澳大利亚华人是从中国香港或广东地区移民过去的，导游人员可以用粤语与其交流。

5) 中东地区

阿拉伯游客：中东地区信仰伊斯兰教，多数国家实行政教合一的体制，拥有独特的文化传统、风俗习惯和生活禁忌。阿拉伯人喜欢谈论他们国家的历史、城市或艺术风格。他们习惯近距离交谈，习惯用手触碰对方的肩臂表示友好。阿拉伯男性经常彼此拥抱、互吻脸颊，男人牵手逛街也是常见之事。穆斯林在饮食方面有不少禁忌：在动物性食物方面，禁止食用没有念诵安拉之名而宰杀的动物；家禽家畜类主要食用牛、羊、驼、鸡、鸭、鹅，鱼类和海鲜也可以食用；禁止食用任何动物的血液、猪肉、自死的动物、猛兽猛禽和两栖动物；在植物性食物方面，只要是加工方式符合清真食品的规定，就可食用；禁止饮用任何酒类。

在接待中东游客时，导游人员必须注意以下事项：称呼对方时须在第一个名字前加头衔，譬如 Mr.Sheik（酋长）、Excellency（阁下，用于官员）、Your Highness（殿下）。与他们交谈，应保持视线接触，可使用明显的手势，但脚底绝不可朝着对方。若有阿拉伯妇女在场，男性不应与其握手或互相介绍认识。尽管大部分从事商旅业务的中东游客懂得基本英语，但是，作为导游人员，还是要讲得简单和缓慢，避免使用术语。许多来中国的中东游客是商人，要经常陪同他们参观当地商品批发市场或是企业工厂，导游人员对这些地方也要熟悉，注意收集资料。和中东游客谈论的话题包括他们快速发展的社会成就，以及质量上乘的咖啡和红茶。避免讨论伊斯兰教或妇女的社会地位，不主动提及中东政治。根据伊斯兰教义规定，一名男子可以合法娶 4 位妻子，但是导游人员不应询问游客家中女眷和女儿的情况。在饮食方面，要十分注意穆斯林的禁忌，可选择清真餐厅，那里出品的菜肴地道美味，颇受穆斯林团的青睐。此外，必胜客的海鲜比萨也受到他们的好评。

6) 拉丁美洲

拉丁美洲游客：他们穿着讲究、服饰正规，见面时会不停地和对方握手，以示友好。他们开朗直爽、注重感情，家庭观念较重。在拉丁美洲各国中，巴西人酷爱娱乐，不会让任何事情妨碍他们享受闲暇的乐趣；阿根廷人比较正统，非常欧洲化。拉丁美洲国家假期很多，他们处理事务的节奏也比较慢。在旅游过程中，导游人员最好的办法是放慢游览节奏。

案例 5-3

团队好似联合国，导游要懂多语言

接待美国、加拿大和澳大利亚华侨团队的入境游导游会有这种体会：客人以散客为主，有华人、有外国人、有混血儿；华人的原籍又来自五湖四海（广东、上海、香港等）；有些华人在国外出生长大，一句中文都不懂；有些老外热爱中国文化，说得一口流利的汉语。面对这种情况，语言服务的标准化和个性化就很有必要了。

广州某社的小黄就很擅长接待这种散客团队，她会分别使用英语、普通话和粤语轮流向游客问候并进行讲解，她的语言能力和个性服务让客人感到很亲切、温暖，团队氛围轻松愉快。

而出境游领队老文在带领团队出游时，在车上或景点，会使用普通话作为统一语言向游客宣布注意事项或进行导游讲解；与客人个别交流时，则会根据他们的日常用语习惯，分别使用粤语和客家话进行交谈。他提供的有效语言服务使客人和他的关系很融洽。

讨论

1. 除了普通话，你还懂哪些方言？可以运用的外语有哪些？

2. 如何运用规范化语言和个性化语言促进与客人的沟通交往？

5.2.2 与工作人员的交往能力

旅游团队中的工作人员包括地陪、全陪、领队和司机，大家在相互尊重、大局为重、互利共赢的基础上分工协作、各司其职，朝共同的目标努力，保证团队工作的顺利展开。

1. 领队、全陪、地陪三者的合作

领队、全陪分别是国内外组团社的代言人，地陪是地接社派出的任务执行者。领队和全陪处于监督执行情况的位置，相当于团队的领导，统筹全面工作。地陪负责景点讲解、协调吃、住、行等各项事宜，处于被监督的位置。三者虽然代表各自旅行社的利益，但都有共同的服务对象，共同的工作任务，共同的最终目标。三者是平等协商、互信互助的合作关系。

地陪要多支持领队和全陪的工作，多征询他们的意见和建议，因为他们与团队接触的时间长，对客人更了解，与客人的感情更深，他们的意见和建议更能反映全团游客的需求。在行程出现变更或旅游计划被迫调整时，要实事求是地向他们反映，争取得到他们配合，进而得到全团游客的谅解。

在实际工作中，一方面，某些领队和全陪会故意刁难、指责地陪的工作，对于领队或全陪的挑衅，地陪应先以优质的服务争取游客的认可和理解。地陪可利用用餐时间或自由活动时间，与领队或全陪进行协商，明确指出大家是平等协作关系而并非附庸关系，彼此

要在互相尊重的基础上共事。另一方面，也有部分地陪倚仗着本地资源优势，在带团过程中以自我为中心，忽视甚至不理会领队和全陪的意见。为避免上述问题的发生，实现良好合作的上策应是，地陪自觉主动地突出领队和全陪在团队中的权威形象，而领队和全陪也应尊重地陪的工作，一切以团队满意为大局。

领队、全陪、地陪三者可建立正常的友谊关系，但涉及各自旅行社的商业禁区，应当主动回避，不打听不议论，以免造成误解。若三方在工作中出现矛盾，应共同协商，尽快达成协议，找到解决方案，避免正面冲突。若三者中的任何一方与客人产生矛盾，其他人应帮助调停，避免事态恶化，并以服务为主导转移客人的注意力。旅行社在安排团队工作人员时，可以优先考虑与合作关系融洽的领队、全陪、地陪共事，他们之间稳定友好的关系可以为游客带来更满意的旅游经历，也可以减少各旅行社的纠纷和矛盾，实现共赢。

案例 5-4

地陪、全陪、领队巧分工，观光、用餐、拍照三不误

某德国邮轮旅游团于周日 7:30 在广州黄埔港靠岸，游客共 100 多人，分为 4 个团。其中 1 号团 32 人参加广州一日游，并于 16:30 返回到码头，17:30 乘邮轮离穗。当天的游览活动丰富多彩，世界第二高电视塔——广州塔引起了 1 号团的浓厚兴趣，部分游客还在塔上请工作人员拍照留影，并拿到一张号牌，以便离开时到底层商店柜台购买数码相片。当天正值周末，游客众多，柜台前排满了游客等待购买照片。德国客人要想买到照片，估计要等上 30 分钟，而此时，其他不需要购买照片的团友已按约定时间在车上等待，准备前往餐厅用午餐，其他 3 个人团的客人也前往同一餐厅，大队用餐之后要接着进行下午的游览，再赶回港口。1 号团再这样等下去，恐怕无法按原计划游览，耽误大队的行程。见此情况，地陪主动和领队、全陪协商，大家很快便达成一致：所有客人一起上车，跟随地陪和领队按时前往餐厅，全陪则留在柜台继续等待帮助游客购买照片，之后搭乘出租车自行前往餐厅会合。3 位工作人员分工合作，取得了令人满意的效果：旅游巴士在 10 分钟后如约到达餐厅，地陪和领队安排客人入座，嘱咐厨房起菜，全团客人开心享用花城美食和本地啤酒。半小时后，全陪也带着照片来到餐厅会合，德国客人看到自己在羊城最高建筑的留影非常高兴。全团午后的行程也可以按原计划进行。地陪、全陪和领队 3 位中外服务人员齐心协作，巧妙安排，既完成了规定的行程，又满足了部分游客的个性化服务需求，将游、购、食、行有机地结合，顺利完成了任务，受到了客人的好评。德国领队非常感谢地陪和全陪对她工作的支持，回国后特地向旅行社汇报了他们出色的工作表现。

讨论

1. 该案例中，导游的处理方法有哪些值得借鉴之处？

2. 地陪、全陪和领队应如何维护各自代表的旅行社的正当利益？

2. 与司机的合作

团队每到达一地游览，游客接触到的当地一线旅游从业人员就是地陪与司机，他们的行为举止、工作能力、合作关系直接关系到游客对当地的观感和评价。司陪双方要互相尊重，以礼相待，营造和谐的工作环境。

导游人员在作自我介绍的同时，不要忘记介绍司机，要突出司机在行程中的重要作用。在安排活动线路时，地陪应谦虚地征询司机的意见，经验丰富的师傅经常会提出合理化建议，设计出顺路又省时的线路。行程有变化时，要及时通知司机做好准备。若接待的是外宾团队，记住用中文告知司机该团队的出发、集中、离开的时间和地点及相关事宜。

导游人员要协助司机做好行车安全工作：提醒他们定时检查车况、按时休息、不要饮酒、不要超速驾驶等，确保旅游车辆和司机精神状态处于安全水平。此外，导游人员也要帮助分担车辆的清洁工作，如提醒游客在车内不吸烟、不乱丢废弃物、不进食有异味的食物等。

3. 与其他旅游接待单位的协作

旅游接待单位除了旅行社之外，还包括酒店、餐厅、车队、景点、商店、机场、车站、码头等单位，为了保证旅游各环节的通畅，导游人员要充分运用有效的交际沟通方式。

导游人员必须加强预先沟通的意识：到餐馆用餐，除了提前确认用餐人数外，还要在团队抵达前15分钟应再次确认餐桌号，确保客人抵达时直接就座，不至于等待抱怨。例如，入住酒店前，导游可提前致电总台，记录房号，在根据团队游客的性别、家庭、旅伴、爱好等事先排好住宿名单，这样团队抵达酒店时就可以取到钥匙而不会耽误时间，也便于总台人员迅速登记客人信息。再如，参观景区时，如遇天气异常或媒体报道有重大接待活动时，应事先致电景区了解是否能正常运作，以便提前向游客做好解释工作等。

导游人员应注意积累与协作单位的人脉关系，建立与定点合作单位的良好关系，妥善协调各自的关系和利益，有效促进团队行程的顺利进行。例如，与景区（点）工作人员接触时，导游带领游客游览时，应注意景区（点）有关停车、卫生、门票、开放时间等的相关规定，服从景区（点）管理员的管理。从事出境游业务的国际领队，要注意遵守我国及境外边检、移民、海关、检疫等部门的法律法规，服从统一管理。

案例 5-5

游览大巴改地铁，客人不满化欢欣

法语导游小陈提前半小时到达港九直通车站，等待从我国香港来广州的入境游团队，并电话联系客车司机和行李车司机，确认他们到达与否。行李车司机已按时到达，但客车司机在机场送走另外一个团队前来车站接团的路上，遇上了堵车，估计不能按时到达，十分焦急。小陈马上致电旅行社，看能否有其他车辆来接应，但此时正值旅游旺季，难以调度车辆。小陈考虑了一下，向旅行社提出了解决办法：既然难以保证大巴按时到达，不如直接和客人说明情况，并带领客人搭乘位于火车站内的地铁前往游览第一站——陈家祠，大巴亦直接开往那里等待。第一站游览结束后，客人就可以搭乘大巴继续剩下的行程了。旅行社同意小陈的意见，并嘱咐他关照客人上下地铁。接到团队后，小陈如实地向法国领队和游客解释了大巴不能按时到来的原因，并诚恳地表达了歉意。建议客人将行李放到行李车上，然后一齐搭乘地铁前往第一个景点参观，也可以感受一下广州地铁的便利，体验一下广州百姓的生活。同时，大巴直接赶到陈家祠恭候大家继续剩下的游程。团队游客听了小陈的想法，非常雀跃，因为地铁本来就是巴黎游客的日常交通工具，大家没有任何排斥的想法，加之可以体验本地民情，大家更加兴致勃勃，领队也支持小陈的建议。小陈马上通知客车司机，让他直接前往陈家祠接应，司机也觉得这样更加稳妥，便直接前往。

游客跟着小陈到了地铁站，小陈与地铁方面说明了团队的特殊情况，并得到了工作人员的支持，为他们单独安排售票机买票，单独安排闸口进站台。团队很快就搭上了地铁，15分钟后就到达了陈家祠，开始岭南文化之旅的第一站。1小时后，游览结束，客车也早已在停车场等候大家，大家开开心心地登上大巴，纷纷说在广州搭地铁看古迹真让人难忘。司机通过小陈向团队表示抱歉。游客都表示谅解，并表达了对中国涉外旅游从业人员素质的赞赏。小陈在处理特殊事件时，冷静沉着，灵活应变，不仅为旅行社、司机、领队等提供了有益的参考信息，增进了彼此在工作中的信任，更重要的是，及时平复了客人可能产生的不满情绪，为客人的旅途增添了意想不到的亮色。

讨论

1. 该案例中，导游人员有哪些做法值得借鉴？

2. 导游人员与其他部门工作人员沟通和交往时，应注意哪些事项？

5.3 审美能力

旅游美学的研究对象包括3个层面：第一，审美对象，即游客的观赏对象；第二，审美主体，即作为观赏者的游客；第三，旅游活动中诸多的审美关系，尤其是人际关系。旅游审美活动是指在旅游过程中游客（审美主体）对旅游景观（审美客体）的美学观赏、体验和评价。可见，旅游活动是一项寻觅美、欣赏美、享受美的综合性活动。游客通过认识游览观赏对象的审美特征，得到更深的美感享受和审美教育。因此，为了使游客在旅游过程中得到愉悦、美感和启迪，导游人员担当着传递审美信息、指引游客审美行为的角色。

5.3.1 培养自我审美意识

旅游审美既表现为游客对景观对象的鉴赏活动，也表现为游客对接待服务的品评过程。导游人员作为旅游审美信息的传递者，帮助游客对美进行感知、理解和领悟是其应尽的责任。这就要求导游人员多角度、全方位地培养审美意识。审美意识是具体而非抽象的，导游可以参加旅行社举办的美学讲座，艺术教育与实践课程（如国画、书法、戏曲、玉器、陶瓷、刺绣、酒类等鉴赏课程），姿态与形体训练（如交谊舞培训）等，掌握一定的美学常识和美学修养，使其仪表、风度、语言、情趣和技艺等方面都符合美的规律，符合个体与社会审美的要求。此外，导游人员应练习背诵咏叹山水的诗歌或散文游记，在实地考察和亲身体验的基础上，尝试从美学角度去分析观赏对象的特征，反思自身的审美心理和相关体验，不断提升自我审美意识。这样，才能在实际的接团工作中，引导游客欣赏和体味景观的形式和意味，丰富和深化游客的审美感受。

案例 5-6

独辟蹊径提升审美意识，学以致用优化服务质量

A 旅行社是国内著名的百强旅行社之一，以历史长、团量大、服务好、导游佳闻名。该社经常接待规格较高的国内外旅游团，嘉宾具有一定的身份地位，参加接待的导游人员也必须具备较高的综合素质。

早在 20 世纪 80 年代，改革开放带动入境游团队增加时，该社负责人就邀请了专业人士辅导导游人员学习国标舞，训练其良好的外在气质，以更好的状态服务外宾团队。之后，该社在培养导游带团技能、提升导游审美素质方面一直独辟蹊径。他们请来本地小有名气的收藏家为大家开设讲座，详细介绍玉器工艺品的历史、开采、制作、品种和寓意等知识，并展示玉器精品。精彩的讲解和精美的藏品引起了导游人员的极大兴趣，拓展了他们的视野，提升了大家的审美层次。此外，该社还邀请当地戏剧学校的教师前来讲授优化吐字发音、控制音量大小的实用技巧、以音传情的表达方式，以及保护嗓音的有效方法等。这些课程对提升导游人员的语言审美意识大有裨益。此外，每逢驻华使领馆、境外旅游行政管理部门，以及国外旅游企业在当地举办文化宣传活动时，该社的负责人也安排导游人员前往参加，了解跨民族、跨文化的审美情趣。这些审美意识的培训可以说是润物细无声。导游人员在第一线服务时，自然而然会把这些美的信息传递给游客，营造愉快的旅游审美氛围。

讨论

1. 你学习过哪些才艺帮助自己提高审美能力？

2. 除了培养自身审美意识外，导游人员还要运用哪些技巧引导游客审美？

5.3.2 研究游客审美心理

旅游审美活动集自然美、生活美和艺术美为一体，融自然景观、人文景观、风土人情和民俗风情于一炉。由于个体差异，旅游者的审美需求多种多样。导游人员应充分考虑游客的审美需求和动机，认真研究旅游者的审美类型，在接待过程中细心观察，识别游客固有的审美习惯，针对其审美意向来安排旅游活动，突出最能激发其审美兴趣的内容，使游客进入审美境界。

尽管自然美和人文美都有美的客观属性和形式，但是旅游者的审美意识和审美活动带有社会性、时代性、国籍性、民族性和主观选择性。导游应尊重他们在文化背景中客观存在的差异，尊重他们的审美习惯，了解不同民族的审美观和审美标准，通过跨文化交流，引导游客顺利展开旅游审美。

案例 5-7

熟悉德国游客审美习惯，帮助游客获得最佳享受

全国优秀导游肖青国先生是出色的德语导游，20 多年来在旅行社从事一线接待工作和管理工作，曾担任入境游公司副总和导游公司副总。他不断完善语言能力，丰富跨文化知识，针对德国团队的特点提供优质服务，令客人对他的带团技巧赞叹有加。

肖青国对德国游客的旅游审美很有研究。通过查阅资料、和游客交流，他总结出来几点：①德国游客来华访问时，不但喜欢了解中国高速发展的经济成就，还喜欢了解旅游地的历史底蕴、传统文化和地方特色；②在欣赏自然风光时，他们不喜欢千篇一律的景观和太多修饰的景观，他们认为互相模仿的景点是没有生命力的。针对德国游客的这些特点，肖青国和同事们经过摸索研究，设计出了一系列极具岭南特色的广东行程：参观广州骑楼、西关大屋、清平药材市场、广州花市、世界文化遗产——开平碉楼等；在带团过程中，肖青国着重讲解本地历史传统和人文风情，使德国游客的审美需求得到了满足，反响甚好。

讨论

1. 讨论导游人员研究游客审美心理和审美需求的重要性。

2. 除了该案例中提到的特点和需求，德国游客还有哪些审美特点和需求？

5.3.3 掌握旅游审美技巧

在旅游审美活动中，掌握和运用一定的观赏原理是导游技巧的重要表现。不同的景观要借助不同的观赏角度和导游技巧才能显示内在的魅力，才会与游客的审美心理契合，获得共鸣。旅游审美不仅需要有值得观赏的自然资源和人文资源，还需要恰当的导游技巧。导游服务就是要把景点的美丽和内涵传达给游客，通过联想、移情、欣赏等技巧使外界的美变成旅游者内心的享受，激发游客的审美想象力，帮助游客保持最佳审美状态，让游客获得生理和心理上的满足。

1. 静态观赏和动态观赏相结合

静态观赏是指旅游者在一定的驻足点上，有选择地观赏风景。动态观赏是指旅游者在游览过程中徒步、乘车或乘船，在移动过程中欣赏不同的景观。导游人员应视不同景观和时空变换，融合“动”“静”因素，适时适地向游客提出有效的观赏建议。

例如，旅游团队在全国5A级旅游景区广州白云山游览时，导游可建议游客在山顶广场的“白云晚望”亭倚栏远望，静态观赏花城旖旎风光：草木青翠，雾气缭绕，清新怡人；珠江如带，蜿蜒东去，十数座大桥飞架两岸；建筑鳞次栉比，风格各异，尽显现代风貌。静态观赏可让旅游者在固定方位较长时间地领略景观之美，获得更深感悟。若游客在参观广州陈家祠（广东民间工艺博物馆）“广绣馆”时，导游也可推荐同样的方法，引导游客观赏：广绣作品以条幅、挂屏、台屏等形式出现，其特色产品有人物绣和花鸟绣，构图饱满、繁而不乱、装饰性强、色彩鲜艳、富丽堂皇。导游可站立于作品前方进行讲解，让游客驻足欣赏人物绣的虚实、叠绣、渗绣、线面结合等不同绣制方法，以及形神兼备的中外人士肖像刺绣；或带领游客停留在花鸟作品前，引导大家了解其中的“平、齐、细、密、均、光、和、顺”的艺术风格，以及构图精密、色彩分明、针法多变、主题突出等特点。静态观赏法适合游览时间较为充裕的团队。导游要注意挑选最佳的观赏位置、距离和角度。

动态观赏可让观赏对象在旅游者流动的视觉空间中挪移、整合，便于旅游者欣赏其全貌和变化。例如，乘船游览世界遗产——杭州西湖就是典型的动态观赏行程。旅游团队泛舟湖面时，导游可随着前行方向，对前后左右的景观进行讲解。引导游客在方位移动过程中，远观平湖秋月、断桥、孤山、雷峰塔、三潭印月、苏堤春晓等著名景点。船在湖中缓缓前行，两岸青山如黛，湖边垂柳依依，动态观赏产生的景观互借、分隔、藏露、开合都可让游客领略到“淡妆浓抹总相宜”的西子风情。动态观赏让游客的视觉美感与审美心理有机统一，给游客留下难忘的回忆。此外，船游桂林漓江也有“动观流水”之妙，在磨盘山码头登船前往阳朔，有4个小时的航行时间，导游人员可以充分运用动态观赏的优点，调动游客的审美心理要素（感受力、想象力、理解力和情感），引导大家沿途欣赏“江作青罗带，山如碧玉簪”的百里画廊：九马画山、浪石烟雨、黄布倒影、兴坪佳境等美景纷至沓来，宛如在画中行，常常眼前明明是一座山，可船行不到一分钟，两三座山便跃然于眼前，层层叠叠，非常美丽。导游人员善用“移步换景”的动态观赏技巧，必定会令游客获取空间进程中的最佳观赏效果。

2. 掌握观赏距离和角度

在审美活动中，要通过一定的距离和角度进行观赏，才能发现审美对象的最大魅力。距离和角度的变化造成了透视关系、纵深层次、视野范围的差别，产生不同的美感。导游人员要因地制宜，学会发现观赏的理想方位、距离和角度，并指导游客去完成观赏过程。

观赏角度是多元的，可分为平视、仰视、俯视、侧视。视角是影响或改变旅游者观赏效果的重要空间因素。在我国，江河湖海景观边上多建有亭台楼阁，因为观赏这类景观，重在观其势、观其旷、露其曲，导游人员应带领团队登上高处采用俯视的方式达成观赏效果，同时兼顾传统文化中登高望远的情怀，为游客提供休憩的场所。不同的景观，如果选择不同的视角和距离，会获得不同的观赏效果（见表 5-1）。

表5-1　观赏对象与观赏位置

观赏对象	最佳定位	举例
高山峰峦	远距离眺望峰峦、高处俯视、侧视	武陵源群峰、华山、泰山
江河湖海	远距离眺望、高处俯视	岳阳楼与洞庭湖、黄鹤楼与长江、滕王阁与赣江、大观楼与滇池
峡谷、洞、一线天	近距离观看、高处俯视、低处仰视	长江三峡、桂林芦笛岩
小型湖泊、沼泽、池塘	近距离观看	公园内的荷塘
瀑布	适当距离仰视	黄果树瀑布、尼亚加拉瀑布
山水组合	乘船远观	长江三峡、桂林漓江
地貌的酷似造型	特定观赏点	黄山石猴观海、路南石林阿诗玛、广东肇庆七星岩

例如，到访文明古国埃及，游客必定要参观位于开罗郊外的金字塔群和狮身人面像。要观赏这些具有四千多年历史的庞大而神秘的建筑物，必须要有理想的方位。在进入该景区的东门高处，建有一家室外咖啡厅，在这里可俯视伏身近处的狮身人面像，眺望矗立远处的胡夫金字塔和哈夫拉金字塔。当地导游会叮嘱游客在此处观赏留影，体会历史的宏大震撼和岁月的沧桑变化。而游览年轻的发达国家澳大利亚，游客必定要参观其标志性建筑——悉尼歌剧院，它坐落在悉尼港湾，三面临水，环境开阔，无论远观近看，都别有风情。若要更好地观赏它举世无双的外形全貌，本地导游通常会建议游客到歌剧院的对岸远眺：濒水而立的巨大白色贝壳群组，仿佛是飘动的船帆，又如盛开的花簇，在蓝天、碧海、绿树、悉尼港湾大桥的衬映下，婀娜多姿，轻盈皎洁，让人赏心悦目。

3. 掌握观赏时机

光照、时令和气候影响着自然景观的色彩、线条、形象和音效，同一风景在不同的季节、时间和天气里会呈现不同的风貌，导游人员要因时制宜，把握观赏时机，帮助游客收获不一样的旅游审美经历。

观赏的季节：由于不同国家和地区的地理位置、纬度高低、气候特征不尽相同，因而形成的地貌景观也别具一格，景观观赏一年四季皆有情趣。例如，夏季，游客可以去潜水、冲浪，享受阳光和海水的温暖，领略夏日风情；冬季，游客可以去赏梅、滑雪，体验冰雪世界的奇妙，感受北国风光。

观赏的时间：要把握特定景观出现的特定时间，如农历八月十八的钱塘观大潮，公历 5 月份的青海观候鸟；每年 11 月份至次年 5 月份的黄山观云海；下午 2 ~ 5 时的峨眉观宝光；仲夏时节的俄罗斯圣彼得堡观“极昼”。

观赏的气候：对于旅游来说，艳阳高照未必就是好天气，在大雾、降雨、低温这些“坏天气”的日子里，旅游心情和旅游质量可能反而会提高。例如，在雨雪天之后，逢日出及日落之前，黄山云海最为壮观；每当高温高湿、雷多雨大的季节来临，山间水量丰盈之际，就是观赏庐山瀑布的好日子。另外，花卉的观赏与气温和日照关系紧密，日平均气温在 8℃以上，红梅开放；在 10℃以上，桃花开放；在 12℃以上，樱花开放；在 15℃以上，牡丹开放；在 22℃以上，荷花开放；在 20℃以下且日照时间小于 12 小时，桂花和菊花开放（四季桂除外）。导游人员要根据气温、降水、日照等气候变化，适时提醒客人观赏最佳的时令景色，同时提醒游客做好防雨、防晒、防寒等保护措施。

4. 克服审美疲劳

人们在较短的时间内多次参观同一景点，一般都会产生厌烦情绪。同样，导游人员多次去同一景点，容易产生审美疲劳。但作为导游人员，即便是带团参观一个自己曾经去过无数次的旅游景点，都应像第一次游览那样，把自己的喜悦兴奋寓于观赏对象中，再配以精彩讲解，感染旅游者一起游览美景、欣赏风光、体验愉悦。全国模范导游、上海世博会金牌英语导游曾文杰曾在全国导游大赛颁奖晚会接受主持人杨澜的采访：“总是重复同样的道路，介绍同样的景点，同样的话你要说千遍百遍，不会厌烦吗？”他回答说：“虽然每次面对同一样的风景，但是有不一样客人在伴随。而且只要导游过程充满着激情，就能够感染每一位游客，和客人之间有很好的互动，所以不会厌烦。”曾杰文平实的回答，是对导游克服审美疲劳的最好诠释。此外，帮助游客克服审美疲劳，也是导游人员的责任。在参观多个类似的景点时，客人自然会出现注意力分散、不耐烦等情况，此时，善于观察的导游人员应有意识地加入一些新的信息吸引游客或是缩短在该地的游览时间，让游客听得新鲜、玩得尽兴，始终保持高涨的情绪。

本章小结

导游应当具备良好的组织能力、交往能力和审美能力。首先，为了顺利组织开展旅游活动，导游应树立正确的服务理念，建立和维护良好形象，合理安排旅游项目。其次，导游在与游客交往时，应掌握交谈技巧、倾听技巧、提问技巧和回答技巧，同时，还应具备跨文化交流能力；在与工作人员交往时，应处理好与其他部门和人员的关系。最后，导游人员应拥有良好的审美能力，不但要培养自我审美意识，还要研究游客审美心理；带领客人游览时，应注意静态观赏和动态观赏相结合，并把握观赏的距离、角度和时机，努力克服自身审美疲劳，帮助客人保持较高的游兴。

关键术语

综合素质（comprehensive quality）
组织能力（organizing skill）
交往能力（communication ability）
审美能力（aesthetic ability）
第一印象（first impression）
合作技能（cooperative skills）
审美需求（aesthetic needs）

复习思考题

一、单选题

1. 导游人员要熟悉西方游客的社交礼仪，不属于“五不问”的内容是（　　）。
A. 个人健康　　B. 婚姻状况　　C. 个人经历　　D. 兴趣爱好
2. 导游人员必须加强预先沟通的意识：到餐馆用餐，除了提前确认用餐人数外，还要在团队抵达前（　　）分钟应再次确认餐桌号，确保客人抵达时直接就座。
A. 10　　B. 15　　C. 20　　D. 30

二、多选题

1. 导游人员在带团过程中要强化服务意识，要强化向游客提供（　　）的意识。
A. 规范化服务　　B. 心理服务　　C. 超前服务　　D. 个性化服务
2. 旅游审美技巧主要包括（　　）。
A. 静态观赏和动态观赏相结合　　B. 掌握观赏的距离和角度

C. 掌握观赏的时机　　　　　　　　D. 克服审美疲劳

三、判断题

1. 导游的组织能力主要包括树立正确的服务理念、建立良好的个人形象、合理安排好旅游项目等方面。（　　）
2. 超前服务是在游客需要服务时，导游人员提供的有预见性的、超前性的服务。它是指在游客还没有开口之前，导游人员已经提供了其想要的服务。（　　）

四、简答题

1. 导游应具备哪些综合能力？
2. 什么是规范化服务、个性化服务、超前服务？请举例说明。
3. 导游的组织能力包括哪几个方面？每个方面的工作重点是什么？
4. 导游的交往能力包括哪几个方面？与游客和工作人员的交往中分别应注意哪些问题？
5. 导游人员可以从哪几个方面引导游客审美？

课后案例

航班延误状况连连，优秀导游当之无愧

沈莉莉是全国优秀导游，广州市首批金牌导游，多年在旅游服务的第一线工作，她出色的带团能力不仅带给游客欢乐，还挽救了游客的生命。

有一次，她带领20多人的国内散客团赴北京，游客以老人和儿童为主。5天的游览行程结束后便准备乘坐夜里10点多的班机返穗。由于航班起飞延误，乘客只能在封闭的机舱内等候，空调系统按规定也不能运作。半小时过去了，团中一位老人因为空气不流通，导致呼吸不畅，突发心脏病。在一片惊叫声中，莉莉赶到了老人身边，同时通知空姐前来急救，并要求打开舱门，让空气流通。经过急救后，老人的状况稍微缓和，但为了安全着想，莉莉请求机组联系地面救护车将老人送去医院并得到了机场方面的支持。但是，作为全陪，莉莉还要照看团中的其他游客，因此她请求团中两位年轻人陪同老人前往医院并请他们保持电话联系，答应会安排他们的回程航班。

处理妥当之后，已经是夜里11点多了。此时，机组发出通知：由于航班继续晚点，所以要安排乘客入住机场酒店，明早改乘其他航班返穗。莉莉带领客人下机，接着便赶紧和航空公司办理换票手续，并于夜里12点半将客人安排入住到指定酒店。此时，她接到另外两位客人从医院打来的电话，告知老人的情况稳定了，莉莉感到很安慰。但是，老人不想留院，要求随大队返穗。于是，莉莉顾不上休息，马上和航空公司沟通，要求增加第二天早班机的3个座位，同时提出：老人是由于航班延误，机舱闷热，空气不流通而引起心脏病突发，航空公司负有一定的责任，能否在头等舱安排1个座位给带病的老人，以保证他安全舒适地返回广州。莉莉态度诚恳，言之有理，她强烈的责任感和爱心也打动了航空公

司，她的建议得到采纳。莉莉处理完机票事宜，时间已接近深夜两点了。第二天早上，莉莉及时和老人的家属电话沟通，通知他们来机场接机。之后，团队搭乘班机安全返穗。此次出行，虽然突发紧急状况，但莉莉真诚的服务态度、过硬的业务素质、出色的带团技能赢得了游客们的高度肯定。

（资料来源：沈莉莉）

讨论

1. 该案例体现了导游人员哪方面的组织技能?
2. 阐述该案例所体现的导游人员与有关部门的沟通交际技能。

Chapter 6

导游语言艺术

言之无文，行而不远。

——孔子

学习目标 >

- 了解：游客在旅游过程中对导游讲解的需求。
- 理解：导游词的特点；导游讲解的特点；对客语言沟通的特点。
- 掌握：导游词撰写的方法；导游讲解的技巧和方法；对客语言沟通的技巧。

导入案例

河南嵩山少林寺导游词

各位来宾：

欢迎来到佛教禅宗祖庭——少林寺。

相信各位都看过或听过由著名影星李连杰主演的电影《少林寺》吧？片中少林弟子精湛的武艺和少林寺古朴的风韵一定给您留下了深刻的印象。对了，这部红遍大江南北、风靡世界的电影就是以我们现在看到的这座寺庙为背景拍摄的。

嵩山少林寺始建于公元 495 年，距今已有 1 500 多年的历史了，是北魏孝文帝元宏为安顿印度高僧跋陀罗尊者落迹传教而兴建的一座寺院，因其建在少室山下的丛林茂密之处，故取名为少林寺。

公元 527 年，释迦牟尼的第 28 代佛徒菩提达摩漂洋过海来到中国，途经广州、南京，然后北渡长江，来到河南开封少林寺。达摩在少林寺面壁九年，首创禅宗，少林寺因此而被世界佛教界尊为“禅宗祖庭”，达摩祖师更被奉为“东土禅宗初祖”。

隋末唐初，少林十三棍僧因救驾后来成为盛唐开国皇帝的李世民有功，获得了空前的发展，博得了“天下第一名刹”的美誉。

少林寺坐落于河南省登封市西北少室山的五乳峰下面，面对少室山，背依五乳峰，群山环峙，众峰耸立，溪水环流，林木茂盛，景致幽雅。

少林寺由常住院、碑林、塔林、初祖庵、达摩洞、甘露台等组成，我们今天主要参观的地方是常住院。

少林寺常住院是寺中主持和尚和执事僧侣进行佛事活动和起居生活的地方，它依山而建，总面积 3 万多平方米。鼎盛时期的少林寺中轴线上依次是山门、天王殿、大雄宝殿、法堂、方丈室、立雪亭和千佛殿七进院落。有殿堂 5 000 多间，僧人 2 000 多人。由于清末民初军阀混战，许多建筑都化为灰烬，我们现在看到的建筑大多都是近年重修的。

中国寺院建筑大多坐北朝南，布局整齐，主体建筑有山门、天王殿、大雄宝殿、藏经阁和方丈室，少林寺也不例外，这里特别值得一看的有两个地方：

一是钟楼前的这块碑，叫“太宗文皇帝御书碑”，是唐朝皇帝李世民亲笔题写的石碑，碑上记载了当年十三棍僧救驾的历史和他们的名字，也是影片《少林寺》拍摄的历史依据。各位请看，在李世民题名处竟出现一条深深的凹纹，那是由于每位来到少林寺的人都要在这里用手摸摸，感受一下它的灵气。据说，摸一下皇帝的御笔，就能保您事事顺心。

二是少林寺建筑中的最后一进——毗卢殿，殿内 48 个深深的脚印使整个地面凹凸不平，这就是著名的少林弟子练功坑。武术界盛传的“南拳北腿”就是这样春夏秋冬、白昼黑夜硬生生地用脚跺出来的。

现在的少林寺不仅因其古老神秘的佛教文化名扬天下，更因其精湛的少林功夫而驰名中外。少林武术也是世界公认的中国武术正宗流派，少林武术的精髓是禅武合一，以禅修心，以武强体，讲求内外兼修，动静结合。少林武术充分融入阴阳平衡、刚柔相济等中国古代哲学思想，已成为最具影响力的中国符号，正所谓“中国功夫冠天下，天下武功出少林”啊！

嵩山少林寺正以其独特的“禅”和“武”，承载着“天下第一刹”的美誉，影响着中国、影响着世界。

谢谢大家。

讨论

1. 以上为第四届全国旅游院校服务技能（导游服务）大赛参赛的导游词。请做出评论。

2. 参赛导游词和带团时的导游词有什么区别?

【拓展视频】

6.1 导游词撰写艺术

导游词是根据旅游资源提供的内容，经过后期文学、艺术的再创造，并通过导游人员的口头语言和体态语言，向游客传递知识、交流信息等具有直接实用价值的一种特殊文体。导游词是导游讲解的基础，也是体现导游人员知识水平和业务水平最重要的因素之一。

6.1.1 导游词的特点

1. 具有说明文的特性

说明文是应用文中最常见一种文体，是以说明为主要表达方式来解说事物、阐明事理而带给人知识的文章体裁。它一般着重介绍事物的形状、构造、类别、关系和功能，解释事物的原理、含义、特点和演变等，具有客观性、明确性和实用性的特点，而导游词的内容首先是对旅游资源的真实反映。因此，导游词具备了说明文的基本特征。

1) 客观性

旅游资源包括自然资源和人文资源，它是自然赐予人类的宝贵财产和先人遗存下来的珍贵遗产，都是客观存在。导游在介绍这些资源时，必须对其作忠实的描述。

例文 6.1 这段文字真实、客观地说明了嵩山少林寺的建造年代、存在时间、兴建缘由、名称来源及所处地位等。

例文 6.1

嵩山少林寺始建于公元 495 年，距今已有 1 500 多年的历史了，是北魏孝文帝元宏为安顿印度高僧跋陀罗尊者落迹传教而兴建的一座寺院，因其建在少室山下的丛林茂密之处，故取名为少林寺。公元 525 年，西天第 28 祖菩提达摩从南天竺国来到中国，在少林寺面壁九年，首创禅宗，少林寺因此而被世界佛教界尊为“禅宗祖庭”，达摩祖师更被奉为“东土禅宗初祖”。

例文 6.2 这段文字运用了地理学的知识和概念，客观地阐明了芦笛岩风景区岩洞形成的原因和历史。

例文 6.2

芦笛岩的形成经历了漫长的年代，这里原是一个古代地下湖，由于地壳运动，山体抬升，地下水位下降，地下湖变成了山洞。后来，地下水沿着山体中许许多多的破碎带流动，溶解了岩石中的碳酸钙。当地下水从岩石缝隙流到洞中时，碳酸钙就沉淀结晶出来，经过几百万年的积累，形成千姿百态的钟乳石，组成了一座大自然的艺术宫殿。

（摘自《走遍中国》）

2) 明确性

导游词的目的非常明确。无论运用什么方法、什么手段，目的只有一个，就是将旅游资源中的真、善、美传递给每一位游客，使游客在旅游活动过程中既能学到知识，又能得到美的享受。

例文 6.3 这段导游词非常明确地告诉了游客少林寺常住院的作用、范围、大小及历史。

例文 6.3

少林寺常住院是寺中住持和尚和执事僧侣进行佛事活动和起居的地方，总面积 3 万多平方米，它依山而建。鼎盛时期的少林寺中轴线上依次是山门、天王殿、大雄宝殿、法堂、方丈室、立雪亭和千佛殿七进院落。有殿堂 5 000 多间，僧人 2 000 多人。然而由于清末民初军阀混战，许多建筑都化为灰烬，我们现在看到的建筑大多都是近年重修的。

例文 6.4 这段导游词将北京故宫博物院建筑的分布、名称和作用进行了明确说明，使游客一目了然。

例文 6.4

故宫全部建筑由外朝与内廷两部分组成。外朝与内廷以乾清门为界，乾清门以南为外朝，以北为内廷。故宫外朝、内廷的建筑气氛迥然不同。外朝以太和殿、中和殿、保和殿三大殿为中心，位于整座皇宫的中轴线。其中，太和殿俗称金銮殿，是皇帝登基和举行朝会的地方，也称为前朝，是封建皇帝行使权力、举行盛典的地方。此外两翼东有文华殿、文渊阁等；西有武英殿、内务府等。

3) 实用性

导游词的内容是对旅游资源的说明和介绍，是导游人员在引领游客参观游览时的解说词。另外，导游词可以提供给旅游爱好者和普通读者阅读和欣赏，激发他们的旅游兴趣。

例文 6.5 这段导游词用严谨、科学的知识和数据告诉游客温泉内含的物质和实用价值，以及所产生的作用和效果，使游客在游览过程中不但增加了趣味，还学到非常实用的知识。

例文 6.5

根据专家论证，金山温泉水中含有丰富的偏硅酸、氡、硫、锶、锂、铜等 48 种微量元素，能加快人体血液循环，疏通血脉，迅速解除疲劳，恢复体力，并有治疗风湿病、心血管疾病、神经衰弱、伤风感冒和各种皮肤疾病的功效，尤其对号称“贵族病”的肥胖症有极高的疗效。身体健康的人，沐浴后也会觉得皮肤特别爽滑，精神焕发。

（摘自《广东导游词》）

例文 6.6 这段文字生动地描述了该景物的妙趣之处，增加了游客在游览参观时的兴趣。

例文 6.6

一是钟楼前三通石碑中一通，它叫“太宗文皇帝御书碑”，是唐朝皇帝李世民亲笔题写的石碑，碑上记载了当年十三棍僧救驾的历史和他们的名字。各位请看，在李世民题名处竟出现一条深深的凹纹，那是由于每位来到少林寺的人都要在这里用手摸摸，感受它的灵气。二是少林寺中最后的一进——毗卢殿，殿内 48 个深深的脚印使整个地面凹凸不平，这就是著名的少林弟子练功坑。武术界盛传的“南拳北腿”就是这么春夏秋冬、白昼黑夜用脚跺出来的。

2. 具有散文的特点

导游词不但是简单介绍旅游资源的说明文，还是引导游客审美的散文。散文是“集诸美于一身”的文学体裁。它的特点是形散而神不散，具有选材的灵活性和较强的抒情性；表达方式多样，可将叙述、议论、抒情、描写融为一体，短小优美，生动有趣。它包括杂文、随笔、游记等，是一种最自由的文体，具有很高的审美价值。而导游词则是通过导游人员的口头讲解，将景物、人物或事件等用优美、生动、有趣的语言传递给游客。其结构和内涵具备多中心性、抒情性和生动性等一般散文的特点。

1) 多中心性

一篇完整的导游词一般是针对一个旅游景区或大园区的介绍，景区内各个景点、景物之间可以是相互关联的，也可以是互不相关的；可以是以一个中心为主题（如一座庙宇或一座主题纪念馆），其他景物为它服务或陪衬；也可以每个单体都有自己的主题和内涵，具有自己鲜明的特色。例如，深圳华侨城的民俗文化村，包括大峡谷自然风景区、欧洲风情小镇和禅茶文化景区，每个景观都没有必然联系。因此，导游词的撰写可以分不同主题、不同特色进行描述（见例文 6.7）。

例文 6.7

根据游踪顺序撰写民俗文化村的导游词，可以分多个中心，民俗村概况→维吾尔族风情→藏族风情→金戈王朝→民族村寨表演（黎寨→佤寨→摩梭寨→侗寨→傣寨）→大型表演（东方霓裳 / 龙凤舞中华）。

2) 抒情性

许多旅游资源表面上看只是石头、溪水、树木、花草等，但只要赋予这些自然景观丰富的内涵，对它们进行拟人化、形象化的描写，再加上个人感情的抒发，就可以把看似冷冰冰的山脉、海洋、河流、植物、动物等描写得像诗歌一样，烘托出无限的艺术意境。例如，介绍世界自然文化遗产黄山的导游词，对奇松、怪石、瀑布、云海的描写体现了中国人对自然界的崇拜和敬仰，让人对黄山美的意境充满向往（见例文 6.8）。

例文 6.8

瞬息万变的云海和千年耸立的松石共同组成了这人间极致的美景。它让每一位亲身感受到的人，都有一种抑制不住的创作冲动。于是黄山成为中国人心目中的大山，成为衡量一切大山的美的标准。

3) 生动性

导游词应该运用大量的描写手法，使用丰富的词汇，采用灵活的修辞方式，力求调动游客的视觉、听觉和嗅觉感受，引起游客的美好遐想（见例文 6.9）。

例文 6.9

黄山海拔高达 1 800 多米，陡峭的山体几乎无路可循，山上时常出现的浓重云雾更给它添加了神秘的面纱。古时候很多人都尝试着走进大山，但是多数人只能望山兴叹或半途而废。因此，在明朝以前，很少有人能进入黄山，也几乎没有关于它的记载。黄山的盖世美景一直沉默在偏僻的山野，直到 17 世纪徐霞客的连连感叹“登黄山天下无山，观止矣”惊动了世人。这一连串的赞叹，就是日后那句广为流传的“五岳归来不看山，黄山归来不看岳”的出处。

（中央电视台《黄山》解说词，有改动）

【拓展视频】

3. 具有朗朗上口的效果

导游词写得再好，也需要通过导游人员的口头讲解传递给游客。平淡、无味、杂乱无序的解说只能让游客不知所云、昏昏入睡。反之，一段韵味十足、平仄有序的讲解能让说者朗朗上口，听者心情愉快（见例文 6.10）。

例文 6.10

历代君主无不自称是真龙天子，九五之尊。因为“九”在阳数中最大、最尊贵，而“五”在阳数中处于居中的位置，这两个数字组合在一起，既尊贵又吉祥，所以将“九五之尊”作为皇帝的尊称。我们都知道，皇帝的脸叫龙颜，皇帝的身体叫龙体，皇帝的孩子称龙种，皇帝的衣服叫龙袍。最后一位以龙自居的人，已经在一百多年前退位，龙不再是某个人独享的尊号，它落入凡间，融入 13 亿人的生命。

一篇好的导游词，在用词造句方面要力求浅显易懂、朗朗上口，在用词上多采用四字结构的成语或形容词；在句式上多采用短句或借用诗词的句子。

6.1.2 导游词的撰写

1. 素材选用真实、准确

1) 背景材料的真实

导游词在介绍和解释旅游资源的自然成因或历史渊源等内容时，选取的资料必须有根有据。在撰写导游词前，必须认真收集、审核和选择材料。真实、准确的描述，能使游客对导游人员产生信赖感。例如，对城市进行概括介绍时，城市的面积、地理位置、人口现状、历史发展等都必须真实可靠。

2) 语言使用的准确

导游词语法要正确，用词要恰当。例文6.11这段描写广东省概况的导游词数据准确、内容翔实、结构清晰、层次分明，可供参考。

例文6.11

广东省地处我国大陆的最南端，简称粤，东邻福建，北接江西、湖南，西依广西，西南端隔琼州海峡与海南省相望，毗邻东南亚诸国。广东属亚热带海洋季风气候，北回归线横穿境内，平均气温在22～24℃，大陆面积17.8万平方千米，常住人口约1亿零八百多万。

岭南文化是中华文化的重要组成部分。广东不但有12.9万年前的马坝人遗址，还有1.7万年前的阳春独石仔母系氏族社会的旧居、两千多年前南越古国的宝藏、海上丝绸之路的遗迹等。悠久的历史酿造了广东的文化与文明，在历史长河中形成的广东粤剧、客家山歌、潮州大锣鼓和潮剧、舞龙舞狮等民间艺术，为广东的文化增辉添彩。

广东旅游资源丰富，有被评为世界遗产的“开平碉楼群楼”“丹霞山风景区”，有被称为中国第一大休闲旅游度假区的“深圳东部华侨城旅游度假区”，还有……

2. 逻辑结构严谨、清晰

导游词的逻辑结构应层次分明、逻辑有序，可以按由远及近、由外到内、由低到高、由宏观到微观的顺序进行介绍。一般来说，一篇完整的导游词包括前言、总说、分说和结语。前言和结语不是主要内容，但它们对整篇导游词起到承上启下、画龙点睛的作用。前言是导游人员在讲解前的开场白，包括对游客的欢迎、问候，以及自我介绍和注意事项。结语则是整个游览结束后的感谢或祝愿等话语，不一定每次讲解后都说。

总说和分说部分是导游词的主要内容。总说部分一般是对城市、景区、景点进行概述，如地理位置、历史渊源、主要特点、游览内容和旅游价值等；也可以留下悬念，激发游客的游览兴趣。分说部分是对游览的具体景观、景点作具体解说，一般根据景区内的游踪依次介绍，各段落之间可以没有关联，可以用“我们现在来到了某地，请看……”来衔接（见例文6.12）。

例文6.12

云山间的花城明珠——云台花园

各位来宾：

经过半小时的车程，我们马上就要抵达游览目的地白云山山脚啦。一路上，和煦的晨光通过车窗照在大家笑容洋溢的脸上。此时，你们的北国家园正是千里冰封、万里雪飘，而南国广州却是春意盎然、繁花似锦。蓊郁叠翠、百花吐艳的白云山景区就是“隆冬春意”

的代表，它位于广州市北部，30 多座山头延绵起伏，总面积 28 平方千米，主峰摩星岭，海拔 372 米……白云山是国家重点风景名胜区，5A 级旅游景区，由南至北共有 7 个游览区：麓湖游览区、三台岭游览区、鸣春谷游览区、摩星岭游览区、明珠楼游览区、飞鹅岭游览区，以及荷依岭游览区。今天，我们参观的是位于云山脚下，背依云台岭的云台花园……预计游览时间两小时，结束后请大家回到下车的地方上车，车身颜色为蓝色，车牌号码是粤 A12345，我的手机号码是……现在，就带上我们的好心情下车吧，随着我的导游路线，一起呼吸花城山间清朗的气息，一起感受自然与人文的情怀。

各位，我们已经步入了云台花园。它于 1993 年动土开工，1995 年 9 月落成开放……云台花园的布局是以这座正对大门的台阶为中轴线而东西展开的。台阶分为 3 部分……

各位团友，今天的游览设计以休闲为主，不赶时间，就让我们晒着冬日暖暖的阳光，懒懒踱步，偷闲半日吧。说着走着，我们就见到了草坪上的大型花钟，花钟的钟点数字用不同植物色块修剪而成，下面的中国地图也是用花卉造型的，设计与构思都很奇妙……

接着，让我们走进玻璃温室，体验冬日里的热带风情吧！……

下面 15 分钟，请各位在温室里拍照留影，留住南国冬季里的炽热！

拍照完毕，和大家分享一个故事吧。请看玻璃温室后的小山坡，那儿有一座重修的宋代古墓——姑嫂坟，是广州重点文物保护单位之一。相传……

边走边聊，我们就来到了岩石园，又称巍璞，园内分布有风化塑石区、太阳广场及图腾柱区……

嗯，大家有没有闻到阵阵清甜的花香扑鼻而来？哦，这两位阿姨说对了，是玫瑰的清香！玫瑰园就在岩石园旁边，我们过去赏赏花吧！……

大家不妨随我到醉华苑一游。到了，这就是，一座依山亭苑，左右各为展馆。我们先去左边的精品名贵花卉展馆参观吧……

走出醉华苑，让我为大家介绍一下我们面前的人工湖——滟湖，它位于云台花园的中心地带，面积达 8 000 平方米……

不知不觉，我们已经来到中轴线西侧了，这里最有特色的当属谊园，它是世界和平与友谊的见证，是体现广州外交成果的重要窗口，也是今天游览的重头戏……

请大家移步，这边的三人舞姬雕塑是日本福冈市送来的，它原来立于福冈市那珂河畔，已有三百多年的历史……

好啦，请大家再过来看看这块路标牌，很多人误以为是花园的指示牌呢！其实这是美国洛杉矶的赠礼，它标明了洛杉矶距离广州 11 993 千米。洛杉矶于 1981 年 12 月 8 日与广州市结好……

那边也有一块纪念路牌，是韩国光州市 2003 年送来的。上面写着“广州路”，背后的故事很生动……

我们再走回来这边，这是 1996 年加拿大温哥华赠送的礼物——日晷（双时钟），这种古老的时间测定方法在中国古代已广为使用了，赠礼是用来纪念广州和温哥华结好十周年……

各位，一路阳光，一路芬芳，一路清新，一路绚丽，悠闲的时光带给我们温暖的回忆，云台花园的游览就到此为止。我们一起上车，继续参观下一个景点，不断体验岭南的风光和人文，不停发现花城的独特与魅力。

3. 叙述内容点面结合

导游词的内容应遵循应用文的一般写作规律，有点有面、详略得当，每个景物或景点都有其精彩的地方和普通的地方。因此，撰写导游词时，对精彩之处应浓墨重彩，对普通之处则应言简意赅。例如，对北京故宫的介绍，若面面俱到，估计几十万字也描述不完，只能按照游客的一般游踪，将大部分游客想了解的内容如“前三殿”“后三宫”和一些与著名历史事件有关的地方进行详细介绍，对其他不太重要的地方一笔带过（见例文6.13）。

例文6.13

故宫全部建筑由外朝与内廷两部分组成。外朝与内廷以乾清门为界，乾清门以南为外朝，以北为内廷。故宫外朝、内廷的建筑气氛迥然不同。外朝以太和殿、中和殿、保和殿三大殿为中心，位于整座皇宫的中轴线，其中，太和殿俗称金銮殿，是皇帝登基和举行朝会的地方，也称为前朝，是封建皇帝行使权力、举行盛典的地方。

我们现在来到了太和殿，大家看……

4. 解说方式虚实结合

导游词的内容可以是具体、有形的物体，如景观的实体、实物、史实、艺术价值等，也可以是一种精神向往的非实体，如与景观有关的民间传说、神话故事、趣闻轶事等。对“实”的内容，要熟悉它的文化内涵和艺术价值，对“虚”的内容，要以实为主，虚实结合。

例文6.14这段传说美丽而传神，对介绍广州起到画龙点睛的效果。但要切记，无论是神话传说、历史典故或是坊间野史，都不能胡编乱造，更不能把人们耳熟能详的传说和典故编写到与之无任何关系的景物中，弄巧成拙。

例文6.14

广州又称羊城、五羊城、穗城，简称穗。这些都和一段美丽的传说有关，据《羊城古钞》记载，周朝时，广州连年灾荒，农业歉收，百姓食不果腹。一天，南海天空飘来五朵彩色祥云，五位仙人穿着五彩衣服，骑着不同毛色的羊，各执一串一茎六出的谷穗降临此处，他们将谷穗赠送给当地居民，并祝愿此地五谷丰登、永无饥荒。然后，仙人飘然而去，五只仙羊化为石羊留在广州。从此以后，广州便成为岭南最富庶的地方，这就是广州羊城的由来。

5. 书面语和口头语有机结合

撰写导游词时，既要吸收古汉语中的精华，又要多使用现代汉语，使导游词同时富有厚重感和时代感。要注意的是，不要使用过多的政论体语言，少用生僻字或同音字（见例文 6.15、例文 6.16）。

例文 6.15

嵩山少林寺始建于公元 495 年，距今已有 1 500 多年的历史了，是北魏孝文帝元宏为安顿印度高僧跋陀罗尊者落迹传教而兴建的一座寺院，因其建在少室山下的丛林茂密之处，故取名为少林寺。

例文 6.16

古语云：泰山亦神州。此地乃神仙之州。用现在的话说，泰山就是神仙所在的地方。中国古代四大名著或多或少都与泰山有关。《西游记》中提到泰山的有 40 多处；《水浒传》中燕青打擂，就是浪子燕青和黑旋风李逵在泰安岱庙上的一次精彩的比武；《三国演义》虽然没有具体描写泰山，但是罗贯中祖籍是泰山东平人，曾多次登临泰山；《红楼梦》中贾宝玉醉酒喝女儿茶解酒，就是泰山的贡品——女儿茶。

6. 修辞手法灵活多样

在导游词的撰写过程中，要懂得运用各种各样的修辞方法。通过恰当的比喻、类比、比拟、排比、对偶、夸张、设问和引用等方式，将旅游审美对象塑造成一幅幅生动具体、神形兼备、充满诗情画意的艺术作品。使游客在游览过程中既能体会自然景观的形式美，又能感受名胜古迹的内涵美。

1) 比喻、类比、比拟

比喻、类比、比拟的修辞方式都是根据联想，用相同、相似或相反的事物来打比方或进行比较。比喻是用跟甲事物有相似之点的乙事物来描写或说明甲事物。例如，对于不了解佛教教义的游客，特别是信奉其他宗教的西方游客而言，例文 6.17 这段比喻浅显易懂，体现了导游的丰富知识和幽默感，不但让游客了解了其中的内涵，还能让人听后会心一笑。

例文 6.17

我们眼前这座巨大的钟乳石，很像一座精美的黄杨木雕。有人说它像海上的仙山——蓬莱。上面长满了各种奇花异草，有万年不老的常青树，有人参、当归，还有珍贵的药材灵芝草。

（摘自《走遍中国——优秀导游词精选》）

类比与比喻的方式相近，是利用两个对象的某些相同或相似性质来进行对比。在旅游活动中，可以将游客所见事物与其平时熟悉的事物相类比，从而引起他们的回忆或联想。例如，为欧洲游客讲解时，可以将苏州纵横城市的河流布局比拟为“东方的威尼斯”，游客听了不仅感觉亲切，而且对苏州城市布局的特点也心领神会。

2) 排比、对偶

排比是把三个及以上意义相关或相近、结构相同或相似、语气相同的词组或句子并排在一起。它利用文字音节上的高低不同，形成层次感和增强节奏感，使语句整齐、朗朗上口，便于记忆和传诵(见例文6.18)。

例文 6.18

广东是全国第一旅游大省，它包容传统，融合现代；承接历史，创造未来。这里是岭南文化的发祥地、海上丝绸之路的出发地、中国近代革命的策源地、改革开放的前沿地。这里气候宜人，山川秀美；文化古老，异彩纷呈。

(摘自《广东旅游文化节简介》)

对偶句就是把结构相同、意义相关的两个句子或词组对称地排在一起。它形式工整、节奏鲜明、音调和谐，便于记忆和传诵(见例文6.19)。

例文 6.19

自然的泰山，彰显着自然的神奇。文化的泰山，印证着文化的神圣。

3) 夸张、设问

夸张是有意识地使用言过其实的词语把事物的本质更好地体现出来，从而起到强调的效果，但它并不等于有失真实或不要事实。历代诗人留下的不少运用夸张手法的经典诗句都为导游词提供了绝佳借鉴(见例文6.20)。

例文 6.20

唐代诗人李白　飞流直下三千尺，疑是银河落九天。

君不见黄河之水天上来，奔流到海不复回。

唐代诗人陆游　三万里河东入海，五千仞岳上摩天。

设问是导游讲解中常运用的一种手法，它不但能启发游客思考，还能增添游客兴趣(见例文6.21)。

例文 6.21

相信各位都看过或听过由著名影星李连杰主演的电影《少林寺》吧？对了，这部红遍大江南北、风靡世界的电影就是以我们现在看到的这座寺庙为背景拍摄的。

4）引用

⑴ 引用诗文、对联。在我国几千年的历史发展过程中，流传着大量脍炙人口的诗文和对联。导游在撰写或讲解导游词的过程中，若能将经典诗句或对联穿插其中，不但能为景点增添意境和趣味，还能体现导游的人文素养（见例文 6.22、例文 6.23）。

例文 6.22

泰山，不仅被中国历代帝王奉为神山，更是中华民族的精神象征、华夏文化的缩影。孔子曾留下“登泰山而小天下”的赞叹，杜甫则留下“会当凌绝顶，一览众山小”的千古绝句。

例文 6.23

各位游客，请看天王殿门前这副对联：大肚能容容天下难容之事，开口常笑笑天下可笑之人。

⑵ 引用典故、神话。导游词的创造离不开典故和神话，一段经典的故事和美好的传说能使静态的景物或景观充满生命力（见例文 6.24）。

例文 6.24

故宫各大建筑物屋脊上安放的各种小动物，又称垂脊兽，它们的数量随着殿宇等级的不同而不同。最高等级的太和殿上垂脊兽的数目最多，共有 11 个，依次为骑风仙人、龙、凤、狮、天马、海马、狎鱼、狻猊、獬豸、斗士、行什。相传每一种动物都有各自独特的本领，比如第九个，叫獬豸，据说它是龙生九子之一，是中国古代传说中的上古神兽，它怒目圆睁，能辨是非曲直，能识善恶忠奸，拥有分辨正邪的神秘力量，是勇猛、公正的象征。

⑶ 引用民谣、顺口溜。民谣和顺口溜是具有浓郁地方特色的语言表现形式，其内容通俗易懂、寓意深远，形式结构工整、朗朗上口（见例文 6.25、例文 6.26）。

例文 6.25

苏州是中国著名的国家级历史文化名城，有“人间天堂，园林之城”的美誉。这里素来以山水秀丽，园林典雅而闻名天下，有“江南园林甲天下，苏州园林甲江南”的美称。

例文 6.26

旅游八大看“头”：北京看墙头，西安看坟头，广州看车头，苏州看桥头，上海看人头，桂林看山头，河南看光头，海南看浪头。

7. 活用音韵和对仗

现代汉语属于白话文，和口语非常接近，没有严格的韵律和对仗要求。但在撰写导游词时，应充分遵循汉语的规律，注意语言要平仄有序、对仗工整，使其在解说过程中音韵优美，给游客带来愉悦的感受（见例文6.27）。

例文 6.27

苏州园林历史悠久，最早建于公元前6世纪，据统计共有170多处，有“不出城郭而获山水之怡，身居闹市而有灵泉之致”的美誉。苏州园林的自然美以其意境深远、构筑精致、艺术高雅、内涵丰富而成为众多古典园林的典范和代表。

6.2 导游词讲解艺术

导游讲解语言需要对严谨规范的书面语进行加工，与通俗易懂的口语相结合。它既要有书面语的典雅和规范，又要有口语的亲切和生动。因此，导游讲解工作既是一门艺术，又是一种技巧。

6.2.1 导游讲解的特点

1. 有根有据

导游讲解一般都是对旅游资源的介绍和描述，特别是在景区景点的现场讲解中，要根据史料或实物进行解说。因此，对景区景点中所涉及的古诗或对联，要事先搞清楚其中的意思和内涵；对一些古迹存在的年代或自然景观的生成原因，一定要非常清楚，切忌不懂装懂、胡编乱造。

2. 亲切互动

导游要与游客面对面地讲解，因此，在讲解过程中，导游人员必须每时每刻注意游客的反应，选择恰当的时机和场合，与游客进行互动，切忌自顾自地“背诵”导游词（见例文6.28）。

例文 6.28

各位游客，我们现在来到了万里长城的脚下，相信大家都知道毛主席“不到长城非好汉”的著名诗句吧？我们马上就要去攀登这举世闻名的古代遗址了，但是在各位要当好汉之前，请听我说说登长城的注意事项……

3. 有问有答

在游览活动中，导游讲解既像老师在上课，又像学生在讨论。遇到不明白或者有不同意见时，游客随时都可以提出自己的疑问或观点，由导游解答或与游客讨论。有问有答的讲解方式最容易调动游客兴趣和拉近与游客的距离，使游客有参与感和成就感（见例文 6.29）。

例文 6.29

我们现在来到了六祖慧能的家乡“国恩寺”大雄宝殿前，各位一起来看看这副对联吧：朝朝朝朝朝敬朝朝朝敬，齐齐斋齐齐戒齐斋齐戒。各位游客，看看哪位能准确读出以上对联。对了，这副对联的妙处就在于利用汉语一字多音的特点，使整副对联念起来饶有趣味。

6.2.2 导游讲解的技巧

1. 正确、清晰的语音

1) 发音清晰

语音要标准，必须正确掌握普通话的拼音方法和拼音规律。工欲善其事，必先利其器，要掌握正确、清晰的语音，首先要加强语言基本功训练。

⑴ 绕口令训练。练好基本功的方法很多，其中绕口令是最主要、最直接的一种方法，它能矫正发音、促使反应敏捷、用气自如、吐字清晰。导游人员要根据自己的发音弱点选读一些有针对性的绕口令来提高发音能力（见例文 6.30）。

例文 6.30

1. 训练 s、sh 的发音

四是四，十是十，十四是十四，四十是四十；

不要把十四说成是四十，也不要把四十说成是十四，

事实是四十四只石狮子。

2. 训练 an、ian 和 eng、en 的发音

扁担长，板凳宽，板凳没有扁担长，扁担不如板凳宽，

扁担要绑在板凳上，板凳偏不让扁担绑在板凳上。

扁担急了，扁担抄起扁担打了板凳一扁担；

板凳急了，板凳抄起板凳打了扁担一板凳。

3. 训练 liu、lu、lou 的发音

六十六岁的陆老头，盖了六十六间楼，

买了六十六篓油，养了六十六头牛，

栽了六十六棵垂杨柳。

六十六篓油，堆在六十六间楼；

六十六头牛，扣在六十六棵垂杨柳。

忽然一阵狂风起，吹倒了六十六间楼，

翻倒了六十六篓油，折断了六十六棵垂杨柳，

砸死了六十六头牛，急煞了六十六岁的陆老头。

⑵ 快口训练。口齿训练可选择一些有一定难度的语言片断，进行快口训练。练习时要做到词句不增、不减、不重、不断，读得准确、快速、流畅、自然(见例文6.31)。

例文 6.31

各位客官，您想吃点什么，请听我报菜名：红丸子、白丸子、熘丸子、炸丸子、三鲜丸子、四喜丸子、汆丸子、葵花丸子、饹炸丸子、豆腐丸子、红炖肉、白炖肉、松肉、扣肉、烤肉、酱肉、荷叶卤、一品肉、樱桃肉、马牙肉、酱豆腐肉、坛子肉、罐儿肉、元宝肉、福禄肉、红肘子、白肘子、烧肘子、水晶肘子、蜜蜡肘子……

2) 语调恰当

语调的变化是高低、快慢、强弱这3种因素共同作用的结果。只有高低的变化或只有强弱、快慢变化的语调会给人以单调重复之感，而这3种因素的综合运用，才会使语调千变万化，产生良好的艺术效果(见例文6.32)。

例文 6.32

再别康桥——徐志摩

轻轻的我走了，正如我轻轻的来；我轻轻的招手，作别西天的云彩。那河畔的金柳，是夕阳中的新娘；波光里的艳影，在我的心头荡漾。软泥上的青荇，油油的在水底招摇；在康河的柔波里，我甘心做一条水草！

那榆荫下的一潭，不是清泉，是天上虹；揉碎在浮藻间，沉淀着彩虹似的梦。寻梦？

撑一支长篙，向青草更青处漫溯；满载一船星辉，在星辉斑斓里放歌。但我不能放歌，悄悄是别离的笙箫；夏虫也为我沉默，沉默是今晚的康桥！悄悄的我走了，正如我悄悄的来；我挥一挥衣袖，不带走一片云彩。

2. 生动、灵活的语言

1) 善用短句

导游讲解在句式上要多用短句，少用长句。一段干脆利落的讲解不但能振奋精神、活跃气氛，还能使游客心灵受到震撼，留下深刻印象（见例文 6.33）。

例文 6.33

泰山具有极其美丽壮观的自然风景，其主要特点为雄、奇、险、秀、幽。泰山巍峨、雄奇、沉浑的自然景观令世人慨叹，著名风景名胜有天柱峰、日观峰、百丈崖、仙人桥、五大夫松、望人松、龙潭飞瀑、云桥飞瀑、三潭飞瀑等。泰山多松柏，更显其庄严与葱郁；泰山多溪泉，故不乏灵秀与缠绵。缥缈变幻的云雾则使它平添了几分神秘与深奥。它既有秀丽的麓区、静谧的幽区、开阔的旷区，又有虚幻的妙区、深邃的奥区；还有旭日东升、云海玉盘、晚霞夕照、黄河金带、石坞松涛、对松绝奇、桃园精舍、灵岩胜景等十大自然奇观，宛若一幅天然的山水画卷。

2) 有的放矢

导游人员每次所带的游客都来自不同的地区，即使在同一个旅游团队中，游客的身份和年龄都有很大差别，他们的兴趣爱好、心理特点、接受能力也有很大不同。因此，导游人员在讲解中应根据其不同的要求和特点，灵活运用导游词，或文采飞扬，或典雅知性，或朴素浅白，做到有的放矢（见例文 6.34）。

例文 6.34

大家在领略井冈山这美丽风光的时候，是不是也该想想我们今天的幸福生活是多么的来之不易啊？你们知道当年毛主席为什么要上井冈山而不上峨眉山呢？对了，这位先生说对了，一看就知道对中国革命史非常了解。是的，一是革命基础好；二是山势险峻，有利于打游击；三是地理位置优越，有利于星星之火发展成燎原之势；四是物产丰富，自己动手，丰衣足食；五是看中了当年土匪头子袁、王两兄弟手上的枪。枪杆子里出政权嘛！

井冈山产生的影响非常深远，星星之火烧遍全国，形成了著名的井冈山精神：胸怀理想、坚定信念；实事求是、敢闯新路；艰苦奋斗、勇于胜利；相信群众、依靠群众。

【拓展案例】

3. 恰如其分的态势语言

态势语言是通过体态、手势、表情和眼神配合有声语言传递信息的一种形式，是导游语言的一部分。在讲解活动或交流沟通的过程中，导游人员应和谐、得体、自然、适度地运用态势语言。

1) 体态

体态包括站姿、坐姿和行姿等。站立时，无论是在进行讲解或是对客沟通，导游都应肩平、腰直、身正、立稳，给人精神饱满的感觉；坐着时，要身体端正，不能跷起二郎腿不时晃动，或把脚放在前面茶几、桌面上；行走时，步履稳健而轻捷，充满活力。

2) 手势

手势是人际沟通不可或缺的肢体语言，也被称为人的第二张脸，得体的手势可以更清晰地表达思想。不同的地域和不同的文化中，相同的手势往往会有截然不同的意义。例如，竖起大拇指，在中国是表示厉害、钦佩等含义，而在西方各国却有不同的含义，分别有赞成、骂人、滚开、搭便车等意思；同时伸出食指和中指现在各国大多表示胜利，但若手心向内在希腊等一些欧洲国家则有侮辱人的意思；还有若伸出中指或小指，大部分国家都表示不雅或拙劣的意思。因此，在运用手势时特别要谨慎。

除了要考虑不同国家或地区的手势有不同意义外，导游人员应避免不礼貌或不雅的手势。如不可用手来指点客人或数人，不可在公众场合掏鼻孔、剔牙齿、摸头搔痒等。

3) 表情

在讲解过程中，导游人员应有良好的职业心态，面带微笑，表情明朗、诚恳、亲切。同时，表情应随导游词的内容和具体景点的状况进行调整，切勿嘴里说着激情洋溢的语言或美丽感人的故事时，脸部表情却冷若冰霜。

4) 眼神

眼神是态势语言的核心，在导游讲解中目光的投向非常重要。在面对游客讲解时，最忌讳毫无目的地乱看或眼睛上翻。导游人员应在讲解过程中不断寻找注视自己的眼光，通过与游客的眼神交流获得共鸣；同时，还要不断环视其他游客，捕捉不同的反馈信息，以便随时调整讲解速度或讲解内容。不可长时间死死盯住一个人，否则不但令对方有被侵犯的感觉，还造成忽略他人之嫌。

6.2.3 导游讲解的方法

根据不同的场合，导游讲解可以归纳为车上沿途讲解、景区内讲解、一对一式讲解、导游比赛等；还可根据导游人员不同的角色，分为地陪讲解和全陪讲解。具体的讲解方法有分段讲解法、突出重点法、触景生情法、虚实结合法、问答法、制造悬念法、类比法、画龙点睛法等。以上各种方法的运用不是截然分开的，导游人员要根据不同的场合、不同的对象加以综合运用。

1. 车上沿途讲解

1) 接站后的讲解

从机场、车站或码头接团后回城区在车上的这一时间，由于大部分游客对所抵达的城市或景区都比较陌生，因此，此时的讲解除了按常规介绍自己和司机并致欢迎词外，重点应放在对城市的概述或某些重点景区的介绍上。

对城市的介绍要包括其地理位置、行政区划分、历史沿革、气候条件、人口数量，以及当地的土特产、著名景区等。此时的讲解方法一般多采用突出重点法、虚实结合法、问答法和制造悬念法；特别是多采用制造悬念法，以引起游客强烈的好奇心。

在讲解过程中，导游人员不能机械地进行概述讲解，还应顾及旅游车在行进过程中游客的反应。例如，游客对窗外的情景表现出兴趣时，导游人员及时、恰当地暂停原来的概述讲解，结合窗外的景物，为游客进行讲解。待完成这一临时讲解后，再回到原来的概述讲解中（见例文 6.35）。

例文 6.35

大家请看窗外，车的右边，一组红墙蓝瓦的建筑群，那是广州中山纪念堂，是为了纪念我国伟大的资产阶级民主革命的先行者孙中山先生而修建的一座纪念馆，由我国杰出的建筑师吕彦直先生所设计。我们明天还会专程来参观，到时我会更详细地给各位介绍。好了，我们现在再回到刚才的介绍。大家知道吗？广州有“食在广州”之美誉……

2) 赴游览途中的车上讲解

导游人员要善于把握赴游览途中的这段时间，对所要参观游览的景区（点）的特点进行概述，还可以提前对景区（点）所涉及的一些典故和历史进行讲解；对一些因为人太多或地方狭窄不适宜客人游览太久的景区（点），可以先在车上作详细描述。此时的讲解方法一般多采取突出重点法、虚实结合法、问答法、制造悬念法等，对一些具有神秘传说的景点景物可运用制造悬念法，烘托其神秘感，增加游客的探究热情（见例文 6.36）。

例文 6.36

各位团友，早上好，我们今天要参观的旅游景点比较多，主要游览八达岭长城、明朝十三陵的定陵、天坛公园和天安门广场。路途也比较遥远，在车上的时间相对比较长，而且每个景点都很大，不易集中。不过没关系，我会在车上尽量先把每个景点的概况和特点向各位一一介绍。好，现在先问一下各位，长城到底有多长？秦始皇修建了长城的说法对吗？……

3) 游览完毕后回程的讲解

回程通常分两类：一类是游览完一个景点去另一个景点的途中；另一类是全天的旅游项目游览完毕，回酒店休息的途中。

遇到第一类情况时，因为游客的游兴还非常浓，导游人员应顺应游客的兴趣，回顾刚刚游完的景区（点），提出之前留下悬念的地方问游客，使游客觉得意犹未尽；同时，应尽快转入介绍下一个景区景点，进一步提高游客的兴趣。

遇到第二类情况时，因为此时一般游客都比较疲惫，导游人员只需简单地回顾一下所游景点，然后让游客在车上稍做歇息，可以播放一些抒情的音乐或歌曲，以舒缓游客的疲劳感。

4) 送团途中的讲解

送团是导游接待工作中非常重要的一个环节。导游人员应充分利用这段时间向游客咨询对本地旅游的感受和看法，一起回顾游览过的行程，代表接待社对游客的支持和帮助表示感谢，同时诚恳地欢迎游客再次来本地旅游。

在送团过程中，如离机场、车站、码头较远，或路上出现堵车，这时因为与游客已较为熟悉，可以由自己开始，组织一些活动，如唱歌、讲故事、讲笑话等，营造愉快的氛围，减少因要离开或道路不畅带来失落感（见例文 6.37）。

例文 6.37

各位团友，马上你们就要离开本市了，首先，我要感谢各位在这几天对我工作的支持和宽容。这几天，我们一起游览了……，希望各位都能带着对本地的美好印象，回到你们各自的工作岗位。预祝各位一路顺利。欢迎各位下次再来，再次谢谢各位的支持。

2. 景区内讲解

1) 景区大门口的讲解

导游人员要懂得利用景区门口的示意图，将游客集中在示意图前或相对空旷的地方，对该景区的概况、行进路线、重点景物，以及之前在车上制造悬念的景点位置进行介绍。除此之外，还应将景区内休息室或洗手间的位置向游客介绍。若景区出口不止一处，要特别告诉游客集中或上车的时间和地点，以备游客走散时能顺利找到出口处或停车点。

2) 对景区内某个景点的讲解

在景区内，导游人员应按游客的游踪或审美习惯对景点逐一进行讲解。这时的讲解一般采用对话式、聊天式的方法，语言尽量口语化，对景观的比喻点到即止，少用大段抒情式的描述或朗诵。因为这时的实物景观就在眼前，再多的赞美都不如游客自己的体会。但是，当介绍到景区内的对联或诗词时，应转换语气，语调可适当提高，融入感情；而解释对联或诗词的意思时，应恢复为口语化的讲解。

3) 景区内沿途讲解

游客在景区游览时，一般注意力都不太集中；而且由于景区较大，导游人员的讲解无法传达到每一位游客。因此，这时导游人员应采取集中和分散相结合的讲解方式，在某个观赏角度较佳的地方，应停下来召集大多数游客，进行画龙点睛式的讲解；在等待部分游客拍照或前进过程中，导游人员应多采用与周边游客个别聊天的方式进行讲解。

3. 一对一式讲解

散客或重点客人的导游讲解服务也是导游人员的一项重要工作项目，虽然面对的游客比较少，甚至只有一个人，但所提供的导游讲解内容丝毫不会少，甚至要求更高。在讲解时，导游人员要尽量采取聊天式的讲解方法，切忌有表演或背诵的痕迹，否则会给人一种拿腔拿调的感觉。

对于专业性很强的讲解，导游人员要提前收集资料和信息，必要时向专业人员请教；遇到确实不了解的知识，要诚恳地告诉客人，切忌不懂装懂，否则弄巧成拙，贻笑大方。

4. 全陪在旅游目的地的讲解

在讲解过程中，全陪要在合适的时间和场合进行补充，并注意处理好与地陪的关系，以地陪为主，不可喧宾夺主。

1) 车上的讲解

一般情况下，地陪在前面向游客进行导游讲解，全陪则在后排随时注意全车的情况。后排游客由于与全陪距离较近，遇见什么新鲜事都喜欢与之交流。这时全陪应在不影响地陪讲解的情况下，小声回答就近游客提出的问题。

若遇到个别地陪不提供车上导游讲解服务时，全陪可以利用游客的提问，选择大声回答问题，一来及时回答游客提出的问题，二来善意提醒地陪要适当提供车上的导游讲解服务。

2) 在景区景点的讲解

在景区内游览时，全陪既要注意全团游客的动向，也要根据景区地大人多的特点，在地陪讲解声音无法到达个别游客时，适当重复地陪的讲解内容。同时，全陪要谨记自己的主要职责，在为个别游客提供补充讲解时，还要时刻注意全团游客的动向，适时提醒游客行进路线和集合时间，做到眼观六路、耳听八方。

5. 导游比赛讲解

全国导游技能大赛是考察导游人员专业技能的一项竞赛活动，一般包括自我介绍、笔试、现场模拟讲解和才艺表演。其中，最主要的一个环节是现场模拟讲解。由于考虑到时间和效果，大赛组委会对讲解时间和讲解内容都有一定的要求，一般时间限定为 5 分钟，字数不超过 1 200 字。比赛演讲有别于平时的导游讲解，主要体现出以下几个特点。

1) 突出讲解重点

比赛类的导游讲解一般要求在较短时间内完成一个较完整的叙述。因此，整篇导游词要在有限的字数内突出一到两个有代表性的景点，以点带面。同时，导游词的结构和逻辑应更加规范，语句的平仄变化和韵律搭配应更加严谨，以求达到良好的听觉效果。

2) 讲究舞台效果

导游比赛没有真实、具体的景点或景物作为背景，讲解追求的是舞台效果。因此，导游人员不但语言表达要准确、规范，还要有较多的肢体语言和眼神交流。一般是左手拿麦克风、右手辅以恰当的姿势，同时与评委要有眼神的交流。但切忌肢体语言过多、眼神飘忽不定。

3) 采用自问自答的方法

在导游比赛表演过程中，一般采取自问自答的讲解形式，模拟现场情景，自己提出一个问题，停顿 1～2 秒的时间，然后快速说出“对了，这位游客答对了……”，并准确地说出标准答案，以达到现场效果，烘托表演气氛。

4) 调整语调和语速

比赛演讲的导游讲解与朗诵表演有相同之处，演讲者与观众有一定的距离。因此，导游人员演讲时的语调要比平时的现场讲解高。另外，比赛演讲时的语速应与平时说话或实际导游讲解时有所不同。一般说来，热烈、欢快、兴奋、紧张的内容速度快一些；平静、庄重、悲伤、沉重、追忆的内容速度慢一些；而叙述、说明、议论的内容则运用中速为佳。

【拓展视频】

6.3 幽默运用艺术

幽默在《辞海》中的解释是通过影射、讽喻、双关等修辞手法，在善意的微笑中，揭露生活中的讹谬和不通情理之处。也就是利用曲折、含蓄、巧妙的表达方法使人领悟，其常见的形式有相声、笑话等。作为导游人员，由于其特殊的工作环境，大多使用笑话来达到幽默的效果。

6.3.1 幽默的特点

1. 以营造快乐为主要目的

幽默是人际交往的润滑剂，它不但使自己保持快乐的心情，也使周围的人感受到快乐。幽默与讽刺不同，讽刺则是用比喻、夸张的手法对不良或愚蠢行为进行揭露、批评或嘲笑；而幽默是一种智慧，它更多地是为了制造轻松的气氛来舒缓和解除人际交往中紧张、拘谨的关系，或为自己解脱某种窘境。它一般不以伤害对方为目的，不一定包含批评的内涵，其特点是通过轻松、诙谐的语言令人发笑，使人愉快。

2. 以博学多识为基础前提

幽默艺术家方成在《幽默艺术》中描述："中国人有一种稳重的幽默感，这种幽默感是以他们自己的人生哲学和广博见识为基础的。"每一段幽默的产生，都离不开创造者广泛的学习和对社会的体验。幽默艺术作为文明进步和语言进化的产物，它是知识和生活的积淀，只有在不断拓宽自己知识面的同时，用心去感受生活，才能熟练地驾驭它。

3. 以含蓄奇巧为表现方式

幽默通过曲折含蓄、奇巧有趣的语言将现实生活中的现象表达出来，令人回味深长或会心一笑。含蓄、奇巧是一种思维能力，它是形成幽默的关键，含蓄是指表达迂回、曲折，奇巧是指构思奇特、巧妙，其结果往往是既出人意料，又在情理之中。

4. 以口传心授为流传形式

以前，我国人民长期处于封建专制下，语言受到严格的限制，使用幽默存在较高的风险，一般不敢公然写出来。幽默往往出于朋友之间，或地位平等的人之间使用和流传。因此，中国的民间文学、民俗文化为幽默艺术的繁衍发展提供了深厚土壤。大部分幽默段子存在于民间的口头表达中，一般以口传心授为流传形式。

6.3.2 幽默运用的技巧

幽默是一种经过艺术加工的语言形式，是个人文化素养的表现，掌握得不好就很容易滑向低级和庸俗。因此，导游在应用幽默时要注意技巧。

1. 符合语境

幽默必须要有共同的文化背景或对事物有共同的认知才能产生共鸣。不同的国家或地区对事物的看法往往有较大的区别。我们经常可以看到，有些段子或句子，西方人听后哄堂大笑，但中国人却不知他们在笑什么；反之，有些中国人觉得很好笑的语言，外国人却觉得莫名其妙。甚至来自同一个国家不同地方或阶层的人，对同一件事或同一句话都有不同的理解。因此，要想让幽默产生共鸣，就要懂得制造共同的语境。创造幽默语境有 4 个过程：营造氛围、制造悬念、提出问题、反复渲染。如同文学作品埋伏笔一样，可以有意识地先讲一些有趣的小故事或笑话，让游客知道小故事或笑话的来龙去脉，然后在共同的语境中制造悬念，再运用自问自答的方式，抖出笑话的"包袱"，达到幽默效果。

2. 注意场合

在不同的时间或空间使用幽默，效果会有很大的不同。在严肃、悲哀的场合一般不要使用幽默；对刚认识的人或地位不平等的人（主要指下级面对上级时）一般也不宜使用幽默。总之，一定要注意所讲的幽默不伤害或冒犯别人。例文 6.38 就是一个运用幽默化解尴尬的案例。

例文 6.38

歌手曹格因参加真人秀亲子节目《爸爸去哪儿》受邀参加某电视台综艺节目录制，主持人故意问他："家里是谁在管钱？"此问题一出，全场瞬时安静下来，大家都想看看曹格怎样回答。"我和妻子各管各的，但我有时也需要交保护费！"曹格灵机一动，随口而出。此时，观众掌声一片，力赞曹格反应敏捷。"那有传言说，您身价上亿，您怎么看？"主持人紧追不放，场上气氛顿时有点尴尬，观众再次安静下来。"如果是这样的话，我都想打五折卖了自己。"曹格沉思片刻，微笑着答道。主持人带头鼓掌，场下掌声更是热烈。

3. 控制表情

想要幽默有好的效果，要点是在讲到笑话的"包袱"时，说话人自己不笑或只是微笑，而听笑话的人会心一笑，甚至捧腹大笑。反之，若说话人还没将笑话讲完，自己却笑个不停，甚至不能完整地将笑话说出来，效果就会大打折扣，甚至让人不知所云。

4. 借用流行语

相声和小品虽然表现形式不一样，但其都是表演者通过生动、诙谐的语言为观众营造愉快、欢乐的氛围。他们生动、诙谐的语言都是从现实的社会现象、生活状态中提炼出来的，具有很强的代表性。因此，影视作品的经典对白、网络用语都能成为某个时期具有"笑果"的流行语。导游人员在平时讲解或对客交流时，可以借用这些已经非常流行的经典语言，拉近与游客的距离（见例文 6.39）。

例文 6.39

赵本山和宋丹丹在中央电视台春节晚会的小品节目语言："不是一般的……，而是相当的……"的借用

我们今天要去参观的故宫，不但是中国现存最大的皇宫，而且是世界上最大的宫殿，由于其游客不是一般的多，而是相当的多……

5. 利用方言

导游人员可以利用我国方言众多的特点，在恰当的时候模仿这些语言，达到幽默效果。但这需要非常谨慎，防止伤害部分群体。例文 6.40 从字面上看，都没有错误，但若用带有方言味的、不标准的普通话说，"笑"果就出来了。

例文 6.40

广东人说普通话时"上、下"不分（都念作 xia），流传这么一段经典笑话：我今天上午去了下川岛，下午去了上川岛，在上川岛和下川岛都没见到你，你到底是在上川岛还在下川岛啊？

6.4 对客语言沟通艺术

导游对客语言承担着提供服务、交流感情、表达思想和解决问题的功能，它直接影响导游服务的质量和效果。

6.4.1 对客语言沟通的特点

1. 游客语音多样

据不完全统计，全世界的语言有6 800多种，当然大部分是没文字的或处于濒危状态的，而有文字的语言大约也有上百种。我国有文字的语言有40多种，而且，即使是同一种语言，由于地域不同，其发音也千差万别。目前，我国语言学家根据发音部位不同，将我国语言分为普通话、吴语、赣语、粤语、闽语、客家话等。这些方言有些比较接近，有些大相径庭。例如，粤语的“二”与普通话的“一”发音基本一样；湖北话的“鞋子”和普通话的“孩子”发音基本相同。另外，即使是同一种语言或方言，由于每个人说话特点的差异，讲出来的语言就更加多样和复杂了。因此，面对来自天南海北、男女老幼的游客，听懂多种多样的语言发音是导游人员面临的挑战。

2. 交流内容广泛

导游人员面对的游客形形色色，他们来自不同的地方、从事不同的职业、拥有不同的文化水平和人生经历，因此，导游对客语言的内容丰富多样，上至天文地理、下至鸡毛蒜皮。例如，面对来自北京的游客，可以谈谈时事政治、国际新闻；面对来自广州的游客，最好告诉他们什么东西最好吃，哪间餐厅最有特色；面对老年游客，可以聊一聊中医养生之道；面对年轻父母，可以聊聊小孩幼儿园入园、升学、高考之类。总之，导游人员在平时的工作和生活中，要善于学习和积累，成为名副其实的“杂家”，使自己在对客交流中得心应手。

3. 沟通场合不定

旅游是行进中的活动，导游人员的传达信息和与游客沟通大部分都是在运动中完成的。这就决定了对客语言呈现出“快、急、难、杂”的特点，导游说话的场合不定，交流时间短暂，往往无法斟字酌句。例如，在飞机场，导游一边要在最短的时间内帮助游客办理登机手续、领取登机牌，一边还要回答游客提出的询问；在车上，导游一边要做沿途讲解，一边还要随时回答游客的提问。因此，导游人员要在极短的时间内组织好词语，将语言表达清楚。

6.4.2 对客语言沟通的技巧

1. 摆正心态、理解意图

1) 摆正心态

在与游客的语言交流中，导游人员要清楚地知道，自己与游客之间的关系是服务与被服务的关系，大部分时间都是游客提出要求，导游人员在自己能力范围内提供服务。因此，导游人员在与游客交流时，要耐心地倾听游客讲话，即使游客所说的话不中听或发音不准，都应努力在内心培养对游客讲话内容的兴趣。

2) 理解意图

导游人员要善于观察游客讲话时的语速和语调，准确把握游客讲话的重点，听懂言外之意。一般语速较快、声调较高的，说明游客的诉求鲜明、强硬；语速较慢或者说话吞吞吐吐的，表明游客有所隐瞒，或者觉得自己的要求有些过分。导游人员要学会察言观色，了解游客说话的真实意图。

3) 注意表情

倾听时，导游人员不但要面带真诚和友善的微笑，还要表现出认同的眼神和体态，如适当点头或恰当表述“是、是”等回应。同时要注意不要随意打断游客的讲话，特别对那些不善言辞的游客更要耐心，使其在感到受尊重的氛围中清晰地表达自己的观点，从而为进一步的沟通打下良好基础，促进有效交流。

2. 谈吐得体、态度谦虚

1) 谈吐得体

导游人员在与客人交流时，语言表达要规范得体。例如，称呼客人时多用敬语“您”；对第一次见面的游客，最好称呼先生、小姐、女士；当彼此熟悉以后，可以使用比较轻松亲切的称呼，可以用“××姐”“××阿姨”，或者根据职业称“××老师”“××医生”等。在交流中，用词要恰当，逻辑要清晰，不要使用深奥难懂的词语，让人费解；语速节奏适中，切不可机关枪似的说个不停，应留下空间让游客思考。

2) 态度谦虚

谦虚是中国人自古以来的美德。无论对待什么类型的游客，导游人员都应保持谦虚的态度。尤其遇到文化水平较低或第一次出门的游客，导游人员要注意自己的用语方式，尊重游客，不可给人以高高在上、藐视他人的感觉。例如，在要求游客早上几点起床、几点吃早餐、几点出发时，可以采用商量式、征询式、建议式、选择式等方法进行表达。先告诉游客第二天的行程和所需时间，再反问游客从起床到出门大概需要多少时间。然后将决定告诉他们：“那好，我们明天 7:00 叫早，7:30 吃早餐，8:15 上车，8:20 准时出发，好吗？好，就这么决定了，希望各位朋友遵守时间。”总之，要让游客始终感觉到被尊重和被重视。

3. 赞扬他人、自我批评

1) 赞扬他人

美国心理学家威廉·詹姆斯说过："人的本性最深的企图之一，是期望被钦佩、赞美、尊重。"学会赞扬别人和善于赞扬别人是与人交往的基本能力和手段。导游人员在对客沟通中，要多使用赞扬。例如，面对女士，多赞扬其年轻美貌、打扮入时、气质高雅等；面对男士，多赞扬其风度翩翩、学识广博、事业成功等；面对老人，多赞扬其身体健康、家庭幸福、儿女孝顺等。

赞扬应讲究技巧。首先，赞扬必须要出于真诚；其次是赞美的语言要恰到好处，切不可言过其实，给人虚情假意的感觉；另外，赞扬时也要选择适当时机，否则，可能会造成适得其反的效果，甚至会被认为故意贬低或讽刺他人。

2) 自我批评

在旅游活动中，导游和游客之间可能会由于各种原因出现一些小误会或小摩擦。此时，导游人员要学会利用自我批评、自我调侃等方式来消除这些小失误和小摩擦，及时减轻游客的不满和怨气，切不可置之不理，导致小事变大，造成不必要的投诉。若遇到由于主观或客观原因造成重大失误或事故，导游人员则要用诚恳的态度、谦虚的语言向游客进行必要的解释和道歉，并作出适当赔偿。

本章小结

导游语言主要包括文字语言、口头语言和体态语言。导游词是导游讲解的基础，它具有说明文的特性、散文的特点和朗朗上口的效果。一篇好的导游词应选用素材真实、准确，逻辑结构严谨、清晰，叙述内容点面结合，传说、典故虚实结合，书面语和口头语有机结合，修辞手法灵活多样，并活用音韵和对仗。在讲解过程中，导游应运用正确、清晰的语音，生动、灵活的语言，恰如其分的态势语言与游客亲切互动。常见的导游讲解可以分为车上沿途讲解、景区内讲解、一对一式讲解、全陪在目的地的讲解和导游比赛讲解，导游人员应根据不同的场合与需要提供讲解服务。对客沟通语言也是导游语言的重要组成部分。导游人员在对客沟通时，应摆正心态、理解意图，谈吐得体、态度谦虚，并善于赞扬他人和进行自我批评。

关键术语

导游词（tour guide commentary）

讲解技巧（language skills）

态势语言（body language）

诗词歌赋（poems and songs）

比喻手法（metaphor）

夸张手法(hyperbole)

幽默语言(humorous language)

复习思考题

一、单选题

1. (　　)是导游讲解的基础。

A. 幽默段子　B. 文学作品　C. 古诗词　D. 导游词

2. (　　)是指导游人员在对景观实体、实物、史实、艺术价值进行讲解时，融入一些与景观有关的民间传说、神话故事、趣闻轶事等。

A. 制造悬念　B. 触景生情　C. 突出重点　D. 虚实结合

二、多选题

1. 导游对客沟通时，要注意(　　)。

A. 摆正心态　B. 谈吐得体　C. 态度谦虚　D. 注意表情

2. 导游人员运用幽默时一定要(　　)。

A. 符合语境　B. 注意场合　C. 控制表情　D. 借用方言

三、判断题

1. 面对文化水平低的游客，导游人员讲解时应注意语言通俗易懂；面对专家和学者，导游人员讲解时应注意用语的规范性和专业性。这体现了导游语言的灵活性。(　　)

2. 导游介绍云南丽江古城时说它是“高原的姑苏”，此处导游讲解使用的修辞手法称为比喻。(　　)

四、简答题

1. 导游词的写作应遵守哪些基本原则?
2. 简述导游词的各种类型，并说明各自的特点。
3. 试着背诵一段介绍景物的经典散文。
4. 撰写一篇描写自己故乡的导游词。
5. 试着找几段幽默故事说给同学们听。

课后案例

广东八怪导游词(节选)

各位游客：

首先欢迎大家来到别具特色的岭南广东，在我未进行深入介绍前，不知各位对广东的第一印象是如何的？

对了，这几位朋友说得不错：食在广州、粤语、饮早茶……这些都是广东的特色和风情。

接下来，我就为各位朋友介绍广东。

各位都知道，广东又被称为岭南，所谓岭南是指五岭之南。五岭由越城岭、都庞岭、萌渚岭、骑田岭、大庾岭5座山组成，它们大体分布在广西东部至广东东部和湖南、江西、福建省的交界处，是中国江南最大的横向构造带山脉，是长江和珠江两大流域的分水岭。长期以来，五岭形成的天然屏障阻碍了岭南地区与中原地区的交通与经济联系，使岭南地区的经济、文化远不及中原地区，被北方人称为“蛮夷之地”。

早在十万年前，韶关的曲江马坝人就在岭南地区繁衍生息；后来，百越杂居，所以广东的简称就是“粤”（古语“粤”与“越”相通）。到周朝的时候，周夷王八年（即公元前878年），广州建立“楚庭”，划入楚国的统治。秦始皇统一中国后，于公元前214年在这里设南海郡，治所就在番禺，也就是现在的广州。三国时期划合浦以北为广州，宋代改为广南道，元代改为广东道，“广东”的名字就是从那个时候沿用至今。

关于广东的历史我在后面的行程中再慢慢跟大家讲解，现在我们就先以广州为代表，总结一下广东特色的风土人情与习俗，基本概括为“广东八怪”。

天下万物都当菜，上桌的菜可以栽；

稀饭和肉掺一块，不上茶楼不痛快；

房子骑着街道盖，街头中药当茶卖；

说话爱把英语带，汽车没有单车快。

我们先来分析一下为什么广东“天下万物都当菜，上桌的菜可以栽。”

广州地处亚热带，蔬果时鲜丰富，同时，它也是与海外通商的重要口岸，社会经济繁荣，饮食文化发达。因此，粤菜吸收了中外各种饮食方法和烹饪技艺，并发展形成了自己鲜明独特的风格。粤菜用料广博，选料精细，技艺精良，富于变化，品种多样，最突出的特点是清、鲜、嫩、滑、爽；尤其青菜讲究清、鲜、嫩、脆，甚至已经上桌的青菜都可以重新栽活。

广东人的“吃”在全国是出了名的，什么都敢吃。早在2 000年前西汉人所著的《淮南子》一书中，就有“越人得蚺蛇以为上肴”的记载，南宋人也夸张地描述粤人“不问鸟兽虫蛇，无不食之”。按照广州人自己的说法就是“四条腿的除了桌子不吃外，什么都吃”。麻雀、鹧鸪、穿山甲、蝙蝠、猴子、猫等超过千种的食材都可以端上桌来。那么广东人为什么这么爱吃呢？因为广东省陆地总面积17.8万平方千米中，山地占21%，丘陵占41%，岗台地占13%，平原盆谷地等占25%，有“七山一水二分田”之称。可见，广东可用于耕种的土地并不多，食物资源不太丰富。

一般到了周末，广州大大小小的茶楼、酒店内都是高朋满座，一派热闹非凡的景象，一些老字号酒楼甚至要提前好几天预订才能确保有位。一则小笑话便鲜明地反映了这一现象：有个外星人掉落到地球，一个北京居委会的大妈看见了，拿起电话说：“公安局，有空投特务！”一个上海人看见了，挺高兴地说：“这个东西好好玩，应该送到动物园去卖门票，一张票可以卖 50 块。”一个成都人看见了，说：“师兄，刚好三缺一，来来来，打麻将。”一个广东人看见了，说：“没有吃过这东西，拿来煲汤吧。”哈哈，这个笑话说明了广东人对吃的热爱。

我曾带一个广东旅游团去杭州旅游，在游览其中一个景点“花港观鱼”时，大家都为各种各样、五彩缤纷的锦鲤而赞叹。突然，一位年近中旬的阿姨问我：“导游，你说锦鲤用来煲汤味道会怎样呢？”

（资料来源：马子龙）

讨论

1. 请评价该导游词。
2. 概括性的讲解与景点讲解有哪些异同？

Chapter 7

导游业务相关知识

吾生也有涯，而知也无涯。

——庄子

学习目标 >

- 了解：邮电、货币和保险方面的基本知识。
- 理解：游客出境、入境的一般手续，各种交通方式的基本常识。
- 掌握：旅游过程中，出入境、交通和安全等环节出现问题的处理方法。

导入案例

恪守礼节需慎行，尊敬领袖莫疏忽

1. 入境

(1) 旅行者入朝鲜携带手机等通信物品是不允许的，但电脑若没有网络不能通信还是可以带入的，长焦照相机、摄像机、收音机均会被没收，傻瓜相机可以携带。

(2) 不能携带韩国物品入境，不要穿牛仔裤。

(3) 不得携带报刊，尤其是印有丰胸广告图片的画报。带有韩国文字的书刊、衣物更是严禁。

(4) 没有用完的朝鲜币不得带出境。

2. 拍照

(1) 朝鲜严禁给军人拍照，也不能拍着装寒酸的农民、街上的市民，商场、火车上也严禁拍摄。

(2) 领袖像不可以拍半身，这样属于不敬。

(3) 无论是哪个国家的游客，参观伟大领袖像必须严肃，先献花、鞠躬，之后才能拍领袖全身像。

(4) 不得模仿领袖姿态照相。

(5) 在旅游车上不得偷拍窗外景物，只能在导游规定的时间内拍照。

3. 交谈

(1) 不能直呼金日成和金正日的名字，必须在前面加上“伟大领袖”或“敬爱的将军”。

(2) 不能称人民服务员为“小姐”，有侮辱之嫌。

(3) 不得嘲笑朝鲜人发自内心爱戴领袖的感情。

(4) 不得私下谈论伟大领袖。

4. 礼节

(1) 游览过程中，即使没有厕所，也不许去草丛和树林中尿尿，随时会被当作脱队逃跑处理。

(2) 不许提出购买像章的无理要求。

5. 日常活动

(1) 住宿时，晚上游客不能擅自离开酒店。因为朝鲜实行计划经济，物品供给比较有限，最好自备一些食品，而且经常停水停电。

(2) 不得私自探亲会友。

(3) 不得到当地人的商店去，只能在规定的游客商店购物。

(4) 不得与当地人结婚。

（资料来源：http://jingyan.baidu.com/article/25648fc1facae19190fd0079.html，有删减）

讨论

1. 出境领队要提醒游客哪些方面的事项?
2. 哪些国家有哪些礼仪习俗与中国不同? 请举例说明。

7.1 出入境知识

随着世界旅游市场的发展，经济较为发达的国家特别是文化差异较大的国家之间旅游者的流动越来越频繁，而国与国之间的旅游者流动涉及出入境的程序。

7.1.1 入境所需证件及办理手续

外国旅游者必须在指定口岸向公安、海关、卫生检疫组成的边防检查站交验有效护照和中国的签证、证件及卫生检疫证明，填写入境卡，经边检站查验后核准加盖验章后入境。

1. 护照

1) 护照类型

护照是一个国家的公民出入本国国境和出国旅游或居留时，由本国的主管机关颁发的证明该居民国际和省份的合法证明。各国颁发的护照不尽相同，但一般来讲分为外交护照、公务护照和普通护照。

外交护照：发给高级官员（如中国颁发给副部长、副省长等以上的官员，党、政、军等重要代表团及外交官员等）、国会议员、外交及领事官员，还有部分有特殊使命的人员等。持有外交护照者在国外享受外交礼遇。

公务护照：发给各级政府部门的工作人员、各国驻外国的外交代表，以及其他因公前往外国执行任务的人员。

普通护照：发给出国的一般公民。例如，出国旅游、定居、探亲访友、就业或其他因私人业务出国的个人。

2) 护照办理

若外国游客在中国境内护照丢失，需要补办，一般情况下办理程序如下。

⑴ 迅速报当地公安机关登记详细情况。

⑵ 尽快到该国驻中国的领事馆挂失登记。

⑶ 向该国驻中国的领事馆提出补发护照的申请。

3) 注意事项

⑴ 中华人民共和国护照的有效期：未满 16 周岁人员有效期为 5 年，16 周岁以上为 10 年。

⑵ 护照为持照人的重要身份证件，不得涂改、转让、故意损毁。

⑶ 护照遗失或被盗，在国内应立即向当地的相关出入境管理机构报告；在国外应立即向当地或附近的本国驻外使馆、领馆或外交部委托的其他驻外机构报告。

⑷ 短期出国的公民在国外发生护照遗失、被盗等情形，应向本国驻外使馆、领馆或外交部委托的其他驻外机构申请相关其他证件。

案例 7-1

酒店护照遗失，原是虚惊一场

某国际旅行社导游带领 20 位来自英国的摄影爱好者赴内蒙古摄影。一天晚餐前，一位团友突然急匆匆地来找全陪，告知他的护照找不到了。全陪安慰客人先不要着急，仔细回忆上一次看到护照是在什么时候。客人说是在北京宾馆的最后一天晚上，他明明记得将护照放在了大行李箱中的夹层内。由于此团领队有全团的团体签证，抵达内蒙古宾馆入住时，并没有要求旅游者出示各自的护照办理入住登记手续，所以他一直没有动护照。但是，刚才在找东西的时候，无意中看了一下箱子中的夹层，发现护照并不在里面，所以马上来找全陪。全陪一边安慰旅游者情绪，让其冷静下来，一边引导其仔细回忆是否将护照放在了别的地方而自己忘记了，并让旅游者再次回房间重新仔细查找。自己给旅游者所在国驻华使馆打电话，咨询补办护照的最短时间，并向有关航空公司了解旅游者机票的变更和签转问题。当旅游者再次返回表示没有找到护照时，导游向其详细说明了补办护照、签证的时间和大致费用，以及因团队机票无法更改和签转，必须重新购买等相关事宜。第二天早晨出发前，旅游者高兴地来找全陪，说他在穿衣服时发现护照在贴身衣袋中，是他忘记了，并对全陪的帮助表示感谢。

（资料来源：http://daoyou.100xuexi.com/ExtendItem/OTDetail.aspx?id= 5E223775-B2C8-400A-BE19-0A11E7F2A0A7，有改动）

讨论

1. 请指出该全陪处理问题的可取之处。

2. 全陪应掌握哪些关于护照方面的知识？

2. 签证

1) 签证类型

签证，一般是在一个人所持的护照或旅行证件上签注（盖章）或贴上一张标签，盖章或标签带有清晰的说明文字，指明持有人进入该国的事由、允许停留的时间，或通过其领土前往其他国家的许可。签证制度是一个国家对于其他国家的公民进行入境实施控制和管理的具体表现，以此达到维护国家安全及国内社会秩序的目的。

签证分为外交签证、礼遇签证、公务签证、普通签证等，还可以分为入境签证、出境签证、入出境签证和过境签证。旅游签证属于普通签证。

外国旅游者申办中国签证，9 人以上的旅行团可发给团体签证，团体签证需要一式三份，一份留给签证发放机关，一份用于入境，一份用于出境。持证者必须在有效期内活动，超过期限签证不再有效。

2) 签证办理

外国人申请签证，除了完整填写申请表和提交申请人照片，并如实回答有关询问以外，还须提供以下申请材料，审核通过后予以签发。

① 以探亲理由申请的，须提交内地亲属的身份证或户口本复印件。

② 以寄养理由申请的，须提交父母亲护照复印件、寄养委托书、监护人的身份证或户口本复印件。

③ 以旅游理由申请的，须提供往返内地的机（车、船）票、内地酒店的订房单和行程说明。

④ 以其他处理私人事务理由申请的，须提交相关事由证明。包括：来华看病的，提供县级以上医院诊断证明原件、在华地址、联系电话；看望危重病人或奔丧的，提供医院诊断证明或死亡证明、在华地址、联系电话。

⑤ 以上 4 项，申请人将申请资料发送到指定的电子邮箱提出预申请并取得确认；需从白云国际机场入境的申请人，凭已确认的邮件打印单办理登机手续，到达口岸再办理签证；其他情况的，须在登机（车、船）前致电签证处，由签证处核准、确认后才能办理；未经签证处确认的，不予办理。

⑥ 口岸签证机关认为必须提供的其他证明。

3) 注意事项

⑴ 外国人申请签证，必须按照中国政府主管部门有关规定交纳费用；

⑵ 外国人申请签证应以口岸签证机关最终批准结果为准；

⑶ 口岸签证机关有权依法拒发外国人签证，对已发出的签证有权依法吊销或宣布作废；

⑷ 以虚假材料骗取中国签证，将被追究法律责任。

3. 中华人民共和国往来港澳通行证

⑴ 适用对象。

港澳通行证俗称双程证，是由中华人民共和国公安部出入境管理局签发给中国内地居民因私往来香港或澳门地区旅游、探亲、从事商务、培训、就业、留学等非公务活动的旅行证件。来港澳前，必须取得内地公安部门签发有关来港澳目的签注（如团队旅游、个人旅游、商务或其他签注等）港澳通行证的有效期：未满 16 周岁人员有效期为 5 年，16 周岁以上为 10 年。每次出境需办理签注，去香港则申请香港签注；去澳门则申请澳门签注；如果香港、澳门都去，则两地签注都要申请。

【拓展知识】

⑵ 港澳通行证办理。

申请人至户籍所在地的出入境管理处提交申请，申请材料有：

① 提交填写完整的港澳通行证申请表；

② 提交申请人近期正面免冠彩色照片 2 张；

③ 交验与申请人身份相应的证明文件（居民身份证、户口簿），并提交相应的复印件；

④ 提交审批机关认为确有必要的其他证明；

⑤ 交纳费用。

4. 大陆居民往来台湾地区通行证

⑴ 适用对象。

大陆居民往来台湾地区通行证（台湾通行证）是中华人民共和国公安部发给大陆居民前往台湾地区的旅行通行证件。其有效期为 5 年，每次出境需办理签注。

【拓展案例】

⑵ 台湾通行证办理。

申请人至户籍所在地的出入境管理处提交申请，申请材料有：

① 提交填写完整的台湾通行证申请表；

② 提交申请人近期正面免冠彩色照片 2 张；

③ 交验与申请人身份相应的证明文件（居民身份证、户口簿），并提交相应的复印件；

④ 提交审批机关认为确有必要的其他证明；

⑤ 交纳费用。

【拓展知识】

7.1.2 出境所需证件及办理手续

1. 中国居民

⑴ 根据《中华人民共和国出入境管理法》“第二章 出境”规定：

第五条，中国公民因私事出境，向户口所在地的市、县公安机关提出申请，除本法第八条规定的情形外，都可以得到批准。公安机关对中国公民因私事出境的申请，应当在规定的时间内作出批准或不批准的决定，通知申请人。

第六条，中国公民因公务出境，由派遣部门向外交部或外交部授权的地方外事部门申请办理出境证件。

第七条，海员因执行任务出境，由港务监督局或港务监督局授权的港务监督办理出境证件。

第八条，有下列情形之一的，不批准出境。

① 刑事案件的被告人和公安机关或人民检察院或人民法院认定的犯罪嫌疑人；

② 人民法院通知有未了结民事案件不能离境的；

③ 被判处刑罚正在服刑的；

④ 正在被劳动教养的；

⑤ 国务院有关主管机关认为出境后将对国家安全造成危害或对国家利益造成重大损失的。

第九条，有下列情形之一的，边防检查机关有权阻止出境，并依法处理。

① 持有无效出境证件的；

② 持用他人出境证件的；

③ 持用假造或涂改的出境证件的。

(2) 根据《中华人民共和国公民出境入境管理法实施细则》规定：

第三条，居住国内的公民因私事出境，须向户口所在地的市、县公安局出入境管理部门提出申请，回答有关的询问并履行下列手续。

① 交验户口簿或其他户籍证明；

② 填写出境申请表；

③ 提交所在工作单位对申请人出境的意见；

④ 提交与出境事由相应的证明。

第四条，本实施细则第三条第 4 项所称的证明是指：

① 出境定居，须提交拟定居地亲友同意去定居的证明或前往国家的定居许可证明；

② 出境探亲访友，须提交亲友邀请证明；

③ 出境继承财产，须提交有合法继承权的证明；

④ 出境留学，须提交接受学校入学许可证件和必需的经济保证证明；

⑤ 出境就业，须提交聘请、雇用单位或雇主的聘用，雇用证明；

⑥ 出境旅游，须提交旅行所需外汇费用证明。

2. 外国旅客

出境时，外国旅游者要向口岸边防检查站交验有效护照及其他有效证件。持有有效护照和中国的签证、证件的外国人，可以从中国对外开放的口岸出境，但被签证机关指定通行口岸的外国人和外国人的交通工具，必须从指定的口岸出境。

外国人出境，须交验有效护照或其他有效证件，以及准予在中国停留的签证或居留许可。外国人应当在签证准予停留的期限内或居留许可的有效期内出境。若外国旅游者存在以下几种情形中的一种或几种，将不准出境。

有下列情形之一的外国人，不准出境：

① 刑事案件的被告人和公安机关或人民检察院或人民法院认定的犯罪嫌疑人；

② 人民法院通知有未了结民事案件不能离境的；

③ 有其他违反中国法律的行为尚未处理，经有关主管机关认定需要追究的。

对下列外国人，边防检查站有权阻止出境：

① 未持有效护照、证件或签证的；

② 持伪造、涂改或他人护照、证件的；

③ 拒绝接受查验证件的；

④ 公安部或国家安全部通知不准出境的。

7.1.3 外国旅游者入境后的权利义务

(1) 外国旅游者入境之后享受合法权益和人身自由不受侵害的权利。

(2) 外国旅游者在签证有效期内，可在中国对外开放地区自由旅游。若想要前往非对外开放地区，需要事先向市、县公安局提交申请旅行证，获准后才能前往，若未能获准，不得擅自前往非对外开放地区。

(3) 外国旅游者入境之后应遵守中华人民共和国的法律，不得从事危害国家安全、损害公益事业、破坏公共秩序的活动，若外国旅游者在中国境内违反法律，同样会受到法律的制裁。

(4) 外国旅游者在中国境内应尊重中国的民风习俗，前往旅游区后更应尊重旅游区人们的生活习惯。

案例 7-2

乘车礼仪不遵守，外籍客人惹争端

2012 年 5 月 14 日晚，从沈阳北——北京的 D8 次列车上，一位身穿牛仔衣、短裤的外国男乘客坐在座位上，将赤脚搭在前排座位的靠背上。前排一位操东北口音身穿白色上衣的女乘客，边说“（把脚）拿下来”，边用报纸拍打男子的双脚。对于前排女乘客的指责，外籍男子笑着喊舒服，“你给我按摩，再来一次。”冲突随后升级，愤怒的女乘客将一本书抛向男子。男子收拢笑脸，辱骂女乘客“你有毛病。”还多次用汉语辱骂女乘客。列车乘务员前来制止争吵，并叫来了乘警。乘警问外籍男子是否骂过人，外籍男子说没有，称不知道怎么回事。外籍男子向乘警介绍，自己是拉大提琴的，在北京交响乐团工作。在乘警询问前，外籍男子将赤脚从前排座椅上放下来。最后，在乘警的调解下，双方停止了争吵。

（资料来源：http://china.huanqiu.com/roll/2012-05/2731934.html，有改动）

讨论

1. 若旅游团队中有外国游客出现类似行为，导游应如何处理？

2. 外国旅游者入境后有哪些义务和权利？

7.1.4 中国旅游者出境后的注意事项

(1) 尊重他国的语言、行为习惯。衣着得体，举手投足文明，谈吐文明。

(2) 用餐时，自觉服从领队的安排，在餐厅领座员的引导下，进入餐厅就座用餐；注意维护餐厅卫生，忌随地吐痰，乱扔废弃物；用餐时不要大声喧哗，特别是喝汤之时；餐具轻拿轻放，用自助餐时，要排队按顺序取菜，最好遵循少取多次的原则；熟悉西餐的用餐礼仪。

(3) 乘飞机时，提前一小时以上去机场办理相关的确认座位、托运行李和换取登机牌等手续；遵守秩序，不插队，不争先恐后；配合安检，不携带违规物品；登记后尽快入座，不要乱伸手脚，不在走道上影响他人；起飞和降落时，自觉关闭手机等电子用品；呕吐时，用专用清洁袋；需要服务时，不要大声喧哗，可举手向乘务员示意，也可以按键呼叫；飞机停稳后，打开行李箱取行李，依次下飞机，领取行李时认真核对，避免拿错。

(4) 乘坐轮船时，凭船票排队上船，按号入房，进入客房锁好房门；在娱乐场所，爱护设施，不要大声喧哗；不要将杂物等抛出船身外；不要在船舷和甲板上随意舞动衣服或用手电筒四处乱照，以免引起其他船只误会，以为是求救信号；主动礼让老弱病残者；乘游艇时，穿好救生衣；遇到颠簸时，坐稳扶好，不要大声怪叫。

(5) 乘火车、汽车等陆路交通时，先买票后上车，按车票位置坐好；不要在车厢内来回走动，大声喧哗；尊老爱幼，主动让座。

(6) 住宿时，要向酒店前台人员主动出示自己的护照签证或旅行身份证件，办理好房卡后凭房卡进入客房；若是旅行团队，应配合领队导游办理入住手续，若是领队已经事先安排好而不满意的，不要着急争吵，可以请领队协助安排调换，也可自行调换后将房间号告诉领对以便领队查房或通知；进入客房后爱护房内设施，不要私自接线；注意室内卫生，若要使用室内计费的物品，事先应了解收费事宜；不要把不能带走的东西，如浴巾、烟缸、吹风机等带走；出入酒店乘坐电梯时不要拥挤。

(7) 游玩时，爱护景点景区的一草一木、公共设施，不要随意涂写，认真听导游讲说，不要随意离开团队；注意环境卫生，不要随便丢弃垃圾；拍照时，不要拥挤；在狭窄的地域时要注意礼让。进入特殊场所，如寺庙等地，不要随意发表与宗教信仰相关的言论，尊重教规，注意自己的着装礼仪，女士不着裙子，男士不穿短裤背心等；遵守场馆内规定，不要在禁烟区吸烟，不要随意乱摸展品，不要随意拍照等。在娱乐场所，保持安静，按票就座，就座后保持安静不要打扰他人；尊重演员，不要随意发表评论或吹口哨发出嘘声，节目完毕应鼓掌表示感谢；在歌舞厅应彬彬有礼，请女士跳舞时要绅士，舞毕要送女士回座位。

(8) 购物时，购买一些容易过海关、且能代表当地特色的物品，注重货真价实；认真挑选比较，不要盲目购买，付款后索要发票凭证和说明书等；进入超市购物时要将物品寄存在指定地方，选定物品时不要随意打开包装品尝；购买免税物品时，出示护照，请收款员打印收据和免税单，以备出境查验。

(9) 支付小费。收小费已经成为国际服务行业的惯例，饭店服务员、旅行社导游、车船公司的司机们的主要收入来源于客人支付的小费。因此，国内旅游者在国外旅游时，需要了解团费有否包含小费，以及需要支付哪些小费。

案例 7-3

街头赌博遭驱逐，气愤回国要赔偿

某国际旅行社组织客人去泰国旅游，到泰国后有一位游客参与了街头扑克赌博，结果被当地警方处以重罚，并驱逐出境。游客认为旅行社之前没有提醒，要求赔偿。

讨论

1. 上述案例中，导游应如何处理？

2. 导游人员带出境团时，需要提前向游客说明哪些注意事项？

案例 7-4

国人出游要文明，否则纳入黑名单

为建立文明旅游长效工作机制，国家旅游局依法制定的《游客不文明行为记录管理暂行办法》从2015年开始施行，全国游客不文明行为记录管理工作同时开展。根据规定，针对游客在出游过程中发生的不文明行为，旅游主管部门可以将旅游者相关信息纳入不文明行为记录，向社会公布，并向公安、海关、检验检疫、边检、交通、金融等部门和机构、行业组织及有关经营者通报。有关部门和机构、行业组织、经营者可以根据职责权限在征信系统中记录，采取在一定期限内限制出境旅游、边境旅游、参加团队旅游、乘坐航班等惩戒措施。

以下是曾被纳入黑名单的游客案例：

① 王某等在南京参加了由中国康辉南京国际旅行社有限责任公司组织赴泰团队游。该旅游团乘坐泰国亚洲航空公司航班由曼谷飞往南京。登机后，由于座位调换的原因，引起王某等不满。就餐时，其与空服人员发生争执并激烈争吵、谩骂、恐吓和威胁。因事态危害航空安全，机组决定飞机中途返航。

② 肖某等参加由重庆汇丰国际旅行社有限公司组织的赴泰国旅游团。该旅行团由于航班延误，返回重庆时间推后一天。在航班延误期间，肖某拒绝听从领队劝阻，煽动游客对抗泰国警方执行公务行为，散布警方打人等不实信息，以拒绝登机要挟赔偿，干扰泰国曼

谷机场工作人员及领队履行职务，辱骂领队及同行其他配合工作的游客，并最终擅自脱离团队，未随团返回。

③ 荣某与妻子从上海抵达日本札幌拟赴冲绳旅行。夫妻二人在札幌入住酒店附近的便利店购物，因妻子在付款前即撕开包装食用，遭到店员制止，并被告知不得在店内进食。荣某认为店员有辱其妻，随即挥拳殴打店员，导致该店员鼻子和脸受伤。

④ 施某等参加四川上航假期国际旅行社组织的赴柬埔寨旅游，乘坐柬埔寨吴哥航空公司航班从柬埔寨暹粒返回成都，登机后与后排游客发生口头争执、辱骂和推搡，造成航班非正常延误约 1 小时。

⑤ 杨某参加旅行社组织的赴台湾旅游，因就餐时要求领队调换本桌两个团友的座位未得到满足，对领队实施了谩骂、吐痰、侮辱和殴打等行为，造成恶劣影响。

⑥ 杞某参加旅行社组织的赴台湾旅游，在台东县富山渔业资源保育区参观游览时，盗采活体珊瑚共计 0.5 公斤，违反当地环保法相关规定，被法院处以 4 000 元新台币的罚款。

（资料来源：http://news.qq.com/a/20160821/003756.htm，有改动）

讨论

1. 导游应如何提醒游客注意自身的言行举止？

2. 带出境团时，若游客发生不文明行为，导游人员该如何处理？

7.1.5 出入境携带物品的相关规定

1. 对出国人员带进物品的限量规定

(1) 食品、衣料、衣着、工艺美术品、普通手表和价值人民币 200 元以下的其他生活用品限合理数量。

(2) 普通香烟 400 支；或雪茄 100 支；或烟丝 500 克，只能享受其中一种携带入境的待遇。

(3) 12 度以上酒精饮料 2 瓶（每瓶限 0.75 升）。

(4) 电视机、洗衣机、电冰箱、照相机、录像机、组合音响、收录机、摩托车等，以及价值在人民币 500 元以上、1 000 元以下的其他生活用品。出国人员在国外每住满 6 个月（180 天），可任选上述列举物品中的一件免税，最多连续免税 4 年；因经济援助项目或承包劳务出国的人员，在国外每住满 6 个月（180 天），可任选上述列举物品中的一件免税；在境外停留不满 6 个月的短期或临时出国人员，每一年内的第一次入境可任选一种征税。

(5) 普通电子琴、普通照相机、打字机等和价值人民币 200 元以上、500 元以下的其他生活用品。凡普通出国人员，因经济援助项目或承包劳务性质出国的人员，以及短期或临时出国人员带进物品的规定同第 4 条。

⑹ 说明：①物品价值按到岸价格核定；②上述第4项和第5项所列各种物品一年内同一品种不得重复带进；③临时出国人员多次出国在外时间不得累计。

2. 对回国探亲旅客带进免税物品的限量规定

⑴ 食品、衣料、衣着及价值人民币50元以下的其他生活用品，限制在合理数量之内。

⑵ 酒2瓶（不超过1.5升）。

⑶ 烟400支（两条）。

⑷ 电视机、电冰箱、录像机、洗衣机、摩托车等，其他价值在人民币200元以上、1 000元以下的学习和生活用品，一年内首次入境可任选上述物品中的一件。

⑸ 手表、播放机、自行车、电风扇、普通电子琴、电烤箱、幻灯机、打字机、热水器等家用电器，其他价值在人民币200元以下、50元以上的学习和生活用品，一年内首次入境可从本条款所列出的物品中任选5件。

⑹ 说明：①物品价值按到岸价格核定；②汽车不准进口；③带进限量规定的第5条中的物品，同一品种可以重复一件，但总件数不得超过5件。

3. 其他规定

根据《中国海关关于游客携带物品出入境的规定》：凡携带任何物品入中国均要申报及接受海关人员的检查。旅游者不可以为他人携带任何物品过关。

⑴ 香烟/雪茄/烟草：入境停留少于6个月者可携带200支香烟；停留多于6个月者可携带400支香烟；出境可带4匣烟草物品。

⑵ 含酒精饮料：入境停留少于6个月者可携带两瓶酒精饮料（0.75千克）；停留多于6个月者可携带4瓶酒精饮料（0.75千克）。

⑶ 中药及成药：出境每人最多可携带300元的药物到外国；每人最多可携带150元的药物到香港和澳门；严禁携带超过限量的药物入境。

⑷ 礼物：入境可带适量香水（自用）。

⑸ 黄金、银器及装饰品：入境不可超过50克；凡未经中华人民共和国许可，所有黄金、银器及装饰品一律不准出口。

⑹ 文物出境：凡出口的文物均要获得中华人民共和国的许可才能出境。

⑺ 电子器材：入境下列任何一件器材，相机、手提录音机、手提电影摄影机、手提摄录机、笔记本电脑。

⑻ 严禁物品：入境时严禁任何枪械，军火及爆炸易燃物品；伪钞/股票；任何对于中国的政治、经济、文化及道德有影响的印刷品、胶卷、相片、录音带、录影带及其他物品；任何有毒物品；鸦片、吗啡、海洛因、大麻、其他毒品；任何可能传染疾病的动物、植物和物品。出境时严禁任何禁止入口物品；任何可能泄露国家秘密的印刷品、胶卷、相片、录音带、录影带及其他物品；任何文物；濒临绝种的动物、植物（包括标本、种子）。

案例 7-5

举手之劳带洋酒，横琴海关被查处

一个来自东莞的旅行团结束了他们的澳门出境游后，在导游李某的带领下，于当晚 19:36 左右经珠海横琴口岸入境。该旅行团 30 余名游客在通关时均选择了无申报通道，貌似平常的旅行团通关，却被细心的海关关员发现了异常——该团游客每人携带了规格、包装都一模一样的洋酒。海关经进一步问询发现，洋酒都不属于游客本人，是带团导游在过关前交给随团游客的，声称帮忙把酒带过关后可减免部分团费，游客由于不了解国家规定，以为这是举手之劳便答应了。导游李某游说旅行团游客分散托带洋酒入境最终没能逃过海关的严密监管。此次随团游客及导游 32 人共带进了 700 毫升木盒包装的“30 年百龄坛”洋酒 33 瓶。经查询，这种洋酒在内地超市的售价每瓶约为 2 500 元左右。目前案件正在作进一步调查处理。

（资料来源：http://www.cntour2.com/viewnews/2012/06/11/zKfReTyJGELmhXl7Q7sq0.shtml，有改动）

讨论

1. 该案例中，导游人员有何过失？

2. 若遇到客人请求托带物品，导游人员应如何处理？

7.2 交通知识

7.2.1 客轮交通知识

1. 种类

各种轮船的设施和价格有很大的区别。种类繁多的客轮大致可分为 3 类：涉外旅游船、国内旅游定点船和普客班船。

客轮的舱位也分为 3 类：一等舱双人间，带卫生间；二等舱 4 人间，带卫生间；三等舱 6～8 人间，无卫生间。不同客轮的舱位情况也大不相同，如小型客轮的四等舱可能有 4 张床，小巧干净，有电视；而老式船的四等舱有 20 个人的大舱，室内的卫生和空气状况都不太好。

2. 船票

船票是人们乘船的一种凭证。船票种类分普通船票和加快船票、全价票、儿童票和伤残军人优待票；船票可分不同等级。

3. 行李

以件数为单位，每位旅客可托运一件行李，长、宽、高总和不超过158厘米，第二件起每件行李收费人民币30元。金银及其制品、货币、有价证券、珠宝、古董、文物等贵重物品、包装不良物品不予办理托运。

需要注意的是，乘客不准携带易燃、易爆、有毒、有腐蚀性、有放射性以及有可能危及船上人身和财产安全的其他危险品乘船。

7.2.2 火车交通知识

1. 种类

旅客列车分为国际旅客列车和国内旅客列车。

国内旅客列车分为以下几类。

⑴ 高速动车组列车（如武汉——广州高速铁路）：最高时速350千米，使用CRH系列“和谐号”高速电力动车组，列车车次为G1–G9998。

⑵ 城际动车组列车（如深圳——广州和谐号）：最高时速350千米，使用CRH系列“和谐号”高速电力动车组，列车车次为C1–C9998。

⑶ 动车组列车：最高时速200～250千米，使用CRH系列“和谐号”高速电力动车组，列车车次为D1–D9998。

⑷ 直达特快列车：最高时速160千米、中途不停车或仅停靠少数车站，列车车次为Z1–Z9998。

⑸ 特快列车：最高时速140千米/160千米，列车车次为T1–T9998。

⑹ 快速列车：最高时速120千米，列车车次为K1–K9998。

⑺ 普通列车：最高时速120千米，列车车次范围是1001～7598，无字母。

⑻ 临时旅游列车：为旅游高峰客流而开行的旅客列车，列车车次为Y1–Y998。

⑼ 临时旅客列车：在春运、暑运等客流高峰开行的列车，列车车次为L1–L9998。

2. 车票

火车票分为软卧、硬卧、软座、硬座、无座等类型。为了优待儿童、学生和伤残军人，中国铁路还发售半价票。半价票分为儿童半价票（身高1.10～1.50m）、学生半价票（凭有效学生证件）和伤残军人半价票3种。一个成人只能免费带一位儿童（1.10m以下），超过一位时，超过的人数应购买儿童票。

20人以上乘车日期、车次、到站、座位等级相同的旅客可作为团体旅客，承运人应优先安排。

旅客须凭票乘车，无票乘车或凭无效车票乘车要加倍收费；使用伪造或涂改的车票乘车，旅客不仅要加倍交费，还要承担刑事责任。

若车票丢失，应另行购票，在乘车旅行中丢失，应从发现丢失车票的车站起补收票价，核收手续费；不能判明是否丢失车票时，按无票处理。所以导游人员应提醒游客妥善保存好票据。

3. 行李

乘坐火车，旅客免费携带品的重量和体积：儿童（含免票儿童）10 千克，外交人员 35 千克，其他旅客 20 千克；每件物品外部尺寸长、宽、高之和不超过 160 厘米，杆状物品不超过 200 厘米（以放置在行李架或座位下边不妨碍旅客为宜）；重量不超过 20 千克。残疾人代步所用的折叠式轮椅不计入上述范围。

危险品（如易爆易燃和杀伤性剧毒物品、刀具等），国家限制运输物品，妨碍公共卫生的物品，动物及其损坏污染车厢的物品，都不得带入车厢。

7.2.3 航空交通知识

1. 机票

乘坐飞机旅行，游客应根据有关规定购票。机票是乘坐飞机的凭证（合同）。购买机票必须出示有效的身份证件。中国居民须出示本人的居民身份证，外国旅游者要出示护照，港澳台同胞要出示旅行证明或其他公安机关出具的有效身份证件购买机票。机票只限票上所显示的姓名旅客乘坐，不得转让和涂改，否则机票无效且不退机票费用。

外国旅游团抵达后，导游员要核实机票，是否有国内段国际机票，有无返程、出境机票，要弄清机票是 OK 票还是 OPEN 票。所谓 OK 票就是指已经定妥日期、航班和机座的机票，持 OK 票的旅客若在该联程或回程站停留超过 72 小时，国内机票须在联程或回程航班起飞前两天中午 12 点以前，国际机票须在 72 小时以前办理座位再证实手续，否则，原定座位不予保留；OPEN 票则是不定期机票，旅客乘机前须持机票和有效身份证件去民航办理订座手续。

购买国内航班机票的旅客需要改变航班、日期或舱位等级，需要在预定航班起飞前的 48 小时提出，只能变更一次。

若旅客提出退票，需要交付相应的手续费用。不同的航空公司，购买时不同的票价折扣，不同的舱位，提出退票的时间不同，收取的费用都不同。因此，导游人员若有需要，可以打电话询问相关航空公司。

机票的种类按舱位分有头等舱、公务舱、经济舱等。按照旅客的年龄分有成人票（12 周岁以上），正常票价；儿童票（2 ~ 12 周岁），正常票价的 50%；婴儿票（2 周岁以下），正常票价的 10%。

2. 乘机

乘坐国内航班的旅客在航班起飞前90分钟到达机场，乘国际航班或去沿海城市的旅客须在120分钟到达机场，凭机票和个人有效身份证件办理登机手续，一般飞机起飞前30分钟停止办理登机手续。

每一位在中国境内乘坐国内、国际民航航班的旅客都需要交纳机场建设费（持外交护照、儿童票、婴儿票、24小时内过境的旅客除外）。

登机前，个人及其携带的行李都需要接受安全技术检查。旅客须通过安检门，行李物品要经过仪器检查，也可进行人身和开箱检查。若旅客拒绝接受检查将不被允许登机。

3. 行李

严禁携带枪支、弹药、凶器和易爆、易燃、剧毒、放射性物品，以及其他危害民用航空安全的危险品进入机场和乘坐飞机。

携带的物品中有的可随身携带，如适量的化妆品；有的需要托运，如500毫升香水、刀具等（具体可查询各航空公司的规定），各位旅客需要严格遵守。

乘坐中国民航的国内、国际航班，持有成人票和儿童票的旅客，每人可免费交运行李：头等舱40千克，公务舱30千克，经济舱20千克；交运的行李必须封装完整，锁扣完善，捆扎牢固而且能承受一定的压力；若不符合规定，民航可拒绝运输或不负赔偿责任。随身携带的物品不能超过5千克，体积不能超过20厘米 ×44厘米 ×55厘米。

【拓展案例】

7.3 安 全 知 识

随着旅游市场的发展，旅游人数不断增加，旅游途中的安全问题日益涌现。因此，导游人员必须关注食、住、行、游、购、娱每一个环节的安全问题，掌握常见安全问题的防范和处理方法。

7.3.1 “食”安全

1. 注意事项

(1) 了解旅游地的特色饮食，以及食物的制作方法等基本知识，帮助游客挑选真正安全而美味的特色饮食。

⑵ 提醒游客勿随便购买街边的食物及生产厂家不明的食物。

⑶ 尽量要求客人跟随旅行团一起前往团餐的用餐地点用餐。

⑷ 结合平时的新闻报道及专家建议，提醒游客尽量不要一次性大量进食某种食物。

⑸ 进入山林，避免食用野果，以防中毒。

⑹ 少食用生水。

⑺ 若发现餐厅食物有变质迹象，应及时制止食用。

⑻ 购买的食物应清洗后食用。

2. 处理方法

如若发现游客食物中毒现象，导游人员应采取以下措施。

⑴ 设法催吐，让中毒者多喝水加速排泄，缓解毒性。

⑵ 将患者就近送去医院抢救，并请医生开具诊断证明。

⑶ 报告旅行社，追究餐厅责任。

⑷ 安抚游客。

案例 7-6

导游好心推介，游客食后中毒

某旅行社接待一个从北京来的旅行团。在游览某农庄过程中，导游告诉游客，地里有很多野果是天然绿色食物，若游客愿意可以摘来尝尝。有一位游客吃了野果后，感觉不舒服，送医院诊断为轻度食物中毒。而其他游客也吃了野果却安然无恙。该游客投诉旅行社，要求赔偿。

讨论

1. 在游客“吃”的环节，导游人员应提醒客人注意哪些问题？

2. 游客食物中毒后，导游人员应怎么处理？

7.3.2 “住”安全

1. 注意事项

⑴ 入住后观察酒店周边的环境，选择居住环境良好安全的酒店入住。

⑵ 提醒游客入住后检查房间内的设施情况。若发现有损坏或缺失的情况，应告知酒店。

⑶ 提醒游客不要随意让陌生人或自称是饭店维修人员的人随便进入自己的房间；尤其是晚上不能随便开门。出入房间，一定将门锁好。

⑷ 建议游客将贵重财物存入饭店保险柜，不要随身携带或在房间放置大量现金。

2. 处理方法

(1) 全力保护游客。

(2) 若有游客受伤，尽快送医院。

(3) 若有物品丢失，协助游客寻找，并与酒店联系。

(4) 若事情比较复杂，通知旅行社协助，并写出书面报告。

案例 7-7

清风送爽睡意浓，夜半风高盗贼来

某旅行团全团入住庐山某饭店一楼，游客按照导游的提醒，晚上睡觉前锁好大门并扣上安全锁。庐山夜晚清新的空气从窗外涌入，游客很快进入了梦乡。第二天清早，某房间的两位游客发现有一根长长的竹竿留在窗台上，自己的皮包和裤子被丢在窗户边。经检查发现包里和裤子里的现金不知去向。游客马上找到导游人员，并向当地公安机关报案。

讨论

1. 该案例中，导游人员有失职之处吗?

2. 在游客“住”的环节，导游人员应提醒客人注意哪些问题?

7.3.3 “行”安全

1. 注意事项

(1) 提醒司机检查车辆；且非本车的司机不能开车；提醒司机不能喝酒。

(2) 安排旅游行程时，特别应在时间上留有余地，避免造成司机抢时间、赶日程而加速行驶，不能要求司机开快车。

(3) 如遇特殊天气(如下雨)或特殊地段(如山区、路面比较狭窄)时，应主动提醒司机小心驾驶，必须把安全放在第一位。如遇十分恶劣的天气，可适当修改行程。

(4) 游客在景区浏览时，要提醒客人不要脱离大部队独自行动。特别是在山体或其他路况比较复杂的景点，应不时地清点人数，以防客人迷路走失。

案例 7-8

车前抽烟来解闷，大巴后滑酿惨剧

导游员小王带团乘坐大巴行驶在高速公路上，因前方堵车，路上排起了车龙。小王劝说游客不要下车，请司机下车去了解情况。司机回来后说车龙太长，要等一段时间，说完就在路边休息。随后，几位游客下车，站在车头附近抽烟。小王一再提醒他们注意安全。突然，前面的大巴后滑，一名游客被挤压在两车中间，当场身亡。

讨论

1. 试评价该案例中导游的做法。

2. 大巴在高速公路行驶或停下时，导游应提醒客人哪些注意事项？

2. 处理方法

(1) 若游客走失，应全力寻找，但一般情况下不能影响其他游客的正常活动。通常是全陪寻找游客，地陪带领其他游客继续前行。

(2) 若出现交通事故，应通知旅行社和本地相关部门，并拨打报警电话寻求救援。

案例 7-9

火车停靠太短暂，导游提醒要及时

案例 1：某旅行社组织的双卧火车团，乘 T98 次列车从广州到北京。列车在郑州停靠 6 分钟，有位游客下车买早餐，铃响还没有上车，错过了时间，没赶上火车，只好等下一班才赶到北京。游客十分恼火，埋怨导游没有提醒他。导游则有自己的想法，他认为游客不会随便下车，所以也没有作相应的提示。

案例 2：导游小张带一团香港游客乘 D2102 次动车到韶关旅游，旅行团中基本是中老年游客。动车在韶关站只停留 5 分钟，为了安全起见，快到韶关时，小张提前交代游客：先把大件行李放在车门口，行动不太方便的游客先到车门口等着。列车一靠站，小张指挥全团游客相互照应、顺次下车。最终，全团游客顺利下车。

讨论

1. 在乘坐火车过程中，导游人员应做哪些提醒工作？

2. 试比较案例 1 和案例 2 中导游人员的做法。

案例 7-10

客人下车如厕，大巴遭遇盗贼

某旅行团在澳大利亚某著名景区游览结束后，准备前往另一个景区。因路途较远，地陪安排游客先上洗手间，领队站在离汽车不远处等待游客。期间，领队看见一名金发男子上车，过一会儿又下了车，领队以为是司机的朋友，没有在意。等游客都上车时，有客人发现自己放在车上的挎包不见了，包里有护照和现金。领队询问司机刚才上来的男子是不是他的朋友，司机说刚才他见到领队在车下不远的地方，自己也离开车子上洗

手间去了，根本没有见到什么人上车。领队这时才意识到是遇到了小偷，赶紧报案。

讨论

1. 此案例中，领队的做法有何不妥之处？

2. 在游客“行”的环节，导游人员应提醒客人注意哪些问题？

7.3.4 “购”安全

1. 注意事项

(1) 不随意增加购物点，若增加购物点，要征得游客的同意。

(2) 选择有品质保障的旅游购物点购买，不选老乡店。

(3) 在游客购物过程中，应提醒游客注意事项，如价格、如何识别真伪等；若入境旅客购买文物，特别要告知游客出境时可能会出现的检查，要提醒客人保留票据等。

(4) 若是游客要求导游为其邮寄食品或其他容易变质的物品，导游说明情况后应拒绝。

案例 7-11

商场强行搜身，导游袖手旁观

某旅行社组织旅游团在某城市购物大厦购物时，其中一名游客王某被商场售货人员叫住，称其偷拿了该柜台内的金戒指，王某矢口否认。售货人员便要强行搜身，而该旅游团的导游为防止引起事端，也要求王某接受检查。搜查完毕，一无所获，商场保安人员强行扣留游客达两小时以上，导游也未就此事据理力争，而一味埋怨王某惹是生非。后经查实，戒指实际上掉落在柜台下的角落。事后，该游客就此事件要求依法处理，经过多方协商，导游公开向游客道歉、公开检查，并扣罚当月奖金。当地法院裁决，商场向游客公开道歉，赔偿王某精神损失费 2 000 元，并根据消费者权益保护法第五十条对商场罚款 1 万元。

（资料来源：http://www.cvae.com.cn/courses/economics/导游业务/an1/jia/h6.htm，有改动）

讨论

1. 请评价该案例中导游人员的做法。

2. 若你是该团的导游，你该怎么做？

2. 处理方法

(1) 若游客购买到伪劣产品，应带领游客前往商店沟通，维护游客的利益。

(2) 若游客需要导游帮忙邮寄物件，一般应委婉拒绝，告诉他若有朋友在该城市，可由朋友帮忙。但若游客坚持，导游应遵循旅行社的意见并在旅行社的安排下工作，若导游答应后，应收齐足够的货款及邮寄费用，购买时保留购物发票，并且留有复印件给旅行社保存，以备不时之需。然后再将物件和票据邮寄给游客。

⑶ 若转递物品是贵重物品，则要求旅游者写出委托书，注明物品名称和数量并当面点清，签字并留下详细通信地址。

案例 7-12

游客三番改变主意，导游一一满足要求

地陪小陈带领一个欧洲旅游团参观了某牙雕工艺厂。在返回饭店的途中，客人马丁对小陈说，刚才在牙雕工艺厂看到一件工艺品他很喜欢，想买下送给他太太作为生日礼物，因为当时考虑价格太贵没有买下，现在想想还是要买。他问小陈能否回到饭店后与他一起乘出租车再去趟牙雕工艺厂。小陈认为回到饭店后再去牙雕工艺厂可能工艺厂已经下班，不如现在马上就去，说完就让司机调转车头赶回牙雕工艺厂。在牙雕工艺厂里马丁以 600 欧元买下了那件工艺品。可是当售货员在帮其包装时，马丁发现那件作品有点瑕疵，于是决定还是不买了。后来马丁委托小陈以后有机会为他购买同样款式的牙雕作品一件，并留下 900 欧元作为购买和邮寄的费用。小陈马上答应了马丁的要求。一周后，小陈在牙雕工艺厂买到了同样款式的作品，并把它和购物发票、邮寄收据、余款一起寄给了马丁。

（资料来源：http://wenku.baidu.com/view/f1c4d46327d3240c8447efbd.html，有改动）

讨论

1. 请评价该案例中导游人员的做法。

2. 若你是导游小陈，你该怎么做？

7.3.5 “娱”安全

1. 注意事项

⑴ 不宜带领游客前往有争议的地方游玩，如夜场看艳舞表演等。

⑵ 提醒游客，在自由安排的时间里不要前往有安全隐患的地方游玩，如去非游泳区游泳等。

⑶ 提醒游客，若在自由安排时间外出，应结伴而行，而且回到酒店后应告知导游。

⑷ 若在旅行途中，有游客提议增加景点，导游应取得全体客人的同意，并签字确认。

2. 处理方法

⑴ 若有游客走失，应及时寻找。

⑵ 若发生安全事故，应报警处理，通知旅行社，并写出事故报告。

⑶ 若游客坚持要去有争议的地方游玩，导游应尽量制止；若游客坚持要前往，导游没有义务陪同前往。

7.4 货币和保险知识

7.4.1 货币知识

1. 外汇

外汇是以外币表示的用于国际结算的支付凭证。国际货币基金组织对外汇的解释：外汇是货币行政当局（中央银行、货币机构、外汇平准基金和财政部）以银行存款、财政部库券、长短期政府证券等形式所保有的在国际收支逆差时可以使用的债权。外汇包括外国货币，外币存款，外币有价证券（政府公债、国库券、公司债券、股票等），外币支付凭证（票据、银行存款凭证、邮政储蓄凭证等）。

中国对外汇实行由国家集中管理、统一经营的方针。在中国境内，禁止外汇流通、使用、质押，禁止私自买卖外汇，禁止以任何形式进行套汇、炒汇、逃汇。

外国旅游者来华时携入的外汇和票据金额没有限制，但数额大时必须在入境时据实申报。

境外个人原兑换未用完人民币兑回，可凭本人有效身份证件和原中国银行兑换水单办理。

英镑、港币、美元、瑞士法郎、新加坡元、挪威克朗、日元、丹麦克朗、加拿大元、澳大利亚元、欧元、菲律宾比索、泰国铢、韩国元、澳门元、新台币等均可在中国银行进行兑换。

2. 信用卡

信用卡是指银行为提供消费信用而发给客户的，在指定地点支取现金、购买货物或支付劳务费用的信用凭证，实际上是一种分期付款的消费者信贷。信用卡上印有持卡者的签名。

目前我国受理的主要信用卡有 7 种：维萨、万事达、JCB、运通卡、大莱卡、百万卡、发达卡。

3. 旅行支票

旅行支票是一种定额本票，其作用是专供旅客购买和支付旅途费用。它与一般银行汇票、支票的不同之处在于旅行支票没有指定的付款地点和银行，一般也不受日期限制，能在全世界通用，客户可以随时在国外的各大银行、国际酒店、餐厅及其他消费场所兑换现金或直接使用，是国际旅行都常用的支付凭证之一。

旅行支票是一种全球范围内被普遍接受的票据，在很多国家和地区都有着如同现金一般的流动性，不仅很多商场和酒店都支持旅行支票的付款，也可以在旅行地兑换为当地的货币使用。

购买旅游支票时需要购买者当场签字，作为预留印鉴。

7.4.2 保险知识

保险是指投保人根据合同约定，向保险人支付保险费，保险人对于合同约定的可能发生的事故、因其发生所造成的财产损失承担赔偿保险金的责任，或当被保险人死亡、伤残、疾病或达到合同约定的年龄、期限时承担给付保险金责任的商业保险行为。

保险自身不能消除风险，只是能为遭受风险的人提供经济补偿。因此境内境外的旅游者大多在旅行过程中会购买旅行意外伤害保险。境外的旅游者进入中国境内后，一般都自动加入中国的保险。我国的各大旅行社都与中国保险公司签订了协议。

案例 7-13

游客幸免受伤，导游不慎摔折

导游吴某带团到张家界进行为期 5 天的游览。游览次日，景点游览完毕返回市内时，因汽车颠簸，行李架上的行李即将掉下砸向座位上的游客，吴某见状急忙起身挡住行李并把行李扣好。在回座位时，车子再次颠簸，吴某不慎摔倒。经诊断，吴某为腰椎压缩性骨折，共花去医疗费 4 万余元。其间，驾驶员李某同意一次性支付吴某医疗费、误工费等共计 8 800 元，并约定今后双方无任何牵连。

后来，吴某向保险公司索赔，但未果。吴某便起诉至吴江市法院，要求保险公司赔偿各项损失共计 7 万余元。

保险公司认为，吴某擅自与李某达成协议，主动放弃对责任方的索赔权利，违反了《保险法》的相关规定，即“保险事故发生后，保险人未赔偿保险金之前，被保险人放弃对第三者的请求赔偿权利的，保险人不承担赔偿保险金的义务”。故保险公司请求法院判决驳回吴某的诉讼请求。因双方意见分歧很大，法院组织调解，最终保险公司同意一次性支付吴某医疗费、误工费等共计 3 万元。

（资料来源：http://www.233.com，有改动）

讨论

1. 该案例中，导游的做法合理吗？

2. 导游人员在保护旅游者安全的同时，应如何保障自身的安全？

本章小结

除了应具备导游的一般技能和基本素质外，导游人员还需掌握一定的相关知识，如出入境知识、交通和邮电知识、安全知识、货币和保险知识等。首先，在出入境知识方面，导游需了解出入境所需的证件的基本类型、办理程序及管理规定。其次，在交通和邮电知识方面，导游应了解水、陆、空交通客运的相关常识及注意事项。另外，安全是旅游的生命线，导游人员应掌握旅游途中“食、住、行、游、购、娱”各个环节安全问题的处理办法和注意事项。最后，导游人员需要掌握一些货币和保险的基本常识，为旅游者提供方便和保障。

关键术语

入境 / 出境（in-bound/out-bound）

护照（passport）

签证（visa）

海关申报（customs declaration）

航班（flight）

外汇（foreign exchange）

旅行支票（traveler’s check）

复习思考题

一、单选题

1. 中华人民共和国护照的有效期未满 16 周岁的为（　　），16 周岁以上的为（　　）。

A. 3 年、4 年　　B. 5 年、6 年　　C. 5 年、10 年　　D. 1 年、3 年

2. 外国旅游者申办中国签证，（　　）以上的旅行团可以发给团体签证。

A. 8 人　　B. 9 人　　C. 10 人　　D. 11 人

二、多选题

1. 我国的护照分为（　　）。

A. 外交护照　　B. 公务护照　　C. 普通护照　　D. 私人护照

2. 国内旅客列车包括（　　）等。

A. 高速动车　　B. 直达特快列车　　C. 普通列车　　D. 临时列车

三、判断题

1. 火车半价票分为儿童半价票（身高 1.10 ~ 1.50m）、学生半价票（凭有效学生证件）和伤残军人半价票 3 种。（　）
2. 购买国内航班机票的旅客需要改变航班、日期或舱位等级，需要在预定航班起飞前的 48 小时提出，只能变更一次。（　）

四、简答题

1. 中国游客出入境、外国游客出入境分别需要哪些证件？需办理哪些手续？
2. 简述旅游交通的类型，以及乘坐各类交通工具时导游应提醒的注意事项。
3. 在旅游途中的“食、住、行”等环节，导游应如何处理各类安全问题？
4. 在旅游途中的“购、娱”等环节，导游应如何处理各类安全问题？
5. 在中国境内能兑换的货币有哪些？课后请了解常见货币兑换的汇率。

课后案例

中途下车如厕，不料被狗咬伤

周某参加四川省某国际旅行社组织的九寨沟旅游团。某月 14 日旅游团乘汽车至松潘县甘海子地段时，一些旅游者提出要上厕所。导游与司机商量，将车停在了一个有厕所的商店门口，导游告知厕所在商店的后面，并引导旅游者到厕所的门口。这时走在最后的周某没有直接上厕所，而是经过厕所门口向大约离厕所 5 米处的土堆走去，被此处大树下拴着的狗咬伤。

事故发生后，导游为周某的伤口进行了应急包扎处理。到九寨沟的宾馆后，将周某送到九寨镇医院进行医治。由于此地没有狂犬疫苗，导游向其所属成都市某旅行社报告，要求旅行社接站并安排医院和准备狂犬疫苗。16 日导游将周某送上交通卧铺车返成都。

旅行社立即派人找到了狂犬疫苗，并按照周某的要求，为其安排了带独立卫生间、有彩电的单间病房。住院时，旅行社支付了周某的医疗费和住宿费 6 000 元。

（资料来源：http://blog.sina.com.cn/u/1770335960，有改动）

讨论

1. 该案例中，导游人员的可取之处有哪些？
2. 游客被狗咬伤后，导游人员应怎么做？

附录1　导游人员管理条例

第一条　为了规范导游活动，保障旅游者和导游人员的合法权益，促进旅游业的健康发展，制定本条例。

第二条　本条例所称导游人员，是指依照本条例的规定取得导游证，接受旅行社委派，为旅游者提供向导、讲解及相关旅游服务的人员。

第三条　国家实行全国统一的导游人员资格考试制度。

具有高级中学、中等专业学校或者以上学历，身体健康，具有适应导游需要的基本知识和语言表达能力的中华人民共和国公民，可以参加导游人员资格考试；经考试合格的，由国务院旅游行政部门或者国务院旅游行政部门委托省、自治区、直辖市人民政府旅游行政部门颁发导游人员资格证书。

第四条　在中华人民共和国境内从事导游活动，必须取得导游证。

取得导游人员资格证书的，经与旅行社订立劳动合同或者在导游服务公司登记，方可持所订立的劳动合同或者登记证明材料，向省、自治区、直辖市人民政府旅游行政部门申请领取导游证。

具有特定语种语言能力的人员，虽未取得导游人员资格证书，旅行社需要聘请临时从事导游活动的，由旅行社向省、自治区、直辖市人民政府旅游行政部门申请领取临时导游证。

导游证和临时导游证的样式规格，由国务院旅游行政部门规定。

第五条　有下列情形之一的，不得颁发导游证：

（一）无民事行为能力或者限制民事行为能力的；

（二）患有传染性疾病的；

（三）受过刑事处罚的，过失犯罪的除外；

（四）被吊销导游证的。

第六条　省、自治区、直辖市人民政府旅游行政部门应当自收到申请领取导游证之日起15日内，颁发导游证；发现有本条例第五条规定情形，不予颁发导游证的，应当书面通知申请人。

第七条　导游人员应当不断提高自身业务素质和职业技能。

国家对导游人员实行等级考核制度。导游人员等级考核标准和考核办法，由国务院旅游行政部门制定。

第八条　导游人员进行导游活动时，应当佩戴导游证。

导游证的有效期限为3年。导游证持有人需要在有效期满后继续从事导游活动的，应当在有效期限届满3个月前，向省、自治区、直辖市人民政府旅游行政部门申请办理换发导游证手续。

临时导游证的有效期限最长不超过3个月，并不得展期。

第九条 导游人员进行导游活动，必须经旅行社委派。

导游人员不得私自承揽或者以其他任何方式直接承揽导游业务，进行导游活动。

第十条 导游人员进行导游活动时，其人格尊严应当受到尊重，其人身安全不受侵犯。

导游人员有权拒绝旅游者提出的侮辱其人格尊严或者违反其职业道德的不合理要求。

第十一条 导游人员进行导游活动时，应当自觉维护国家利益和民族尊严，不得有损害国家利益和民族尊严的言行。

第十二条 导游人员进行导游活动时，应当遵守职业道德，着装整洁，礼貌待人，尊重旅游者的宗教信仰、民族风俗和生活习惯。

导游人员进行导游活动时，应当向旅游者讲解旅游地点的人文和自然情况，介绍风土人情和习俗；但是，不得迎合个别旅游者的低级趣味，在讲解、介绍中掺杂庸俗下流的内容。

第十三条 导游人员应当严格按照旅行社确定的接待计划，安排旅游者的旅行、游览活动，不得擅自增加、减少旅游项目或者中止导游活动。

导游人员在引导旅游者旅行、游览过程中，遇有可能危及旅游者人身安全的紧急情形时，经征得多数旅游者的同意，可以调整或者变更接待计划，但是应当立即报告旅行社。

第十四条 导游人员在引导旅游者旅行、游览过程中，应当就可能发生危及旅游者人身、财物安全的情况，向旅游者作出真实说明和明确警示，并按照旅行社的要求采取防止危害发生的措施。

第十五条 导游人员进行导游活动，不得向旅游者兜售物品或者购买旅游者的物品，不得以明示或者暗示的方式向旅游者索要小费。

第十六条 导游人员进行导游活动，不得欺骗、胁迫旅游者消费或者与经营者串通欺骗、胁迫旅游者消费。

第十七条 旅游者对导游人员违反本条例规定的行为，有权向旅游行政部门投诉。

第十八条 无导游证进行导游活动的，由旅游行政部门责令改正并予以公告，处1 000元以上3万元以下的罚款；有违法所得的，并处没收违法所得。

第十九条 导游人员未经旅行社委派，私自承揽或者以其他任何方式直接承揽导游业务，进行导游活动的，由旅游行政部门责令改正，处1 000元以上3万元以下的罚款；有违法所得的，并处没收违法所得；情节严重的，由省、自治区、直辖市人民政府旅游行政部门吊销导游证并予以公告。

第二十条 导游人员进行导游活动时，有损害国家利益和民族尊严的言行的，由旅游行政部门责令改正；情节严重的，由省、自治区、直辖市人民政府旅游行政部门吊销导游证并予以公告；对该导游人员所在的旅行社给予警告直至责令停业整顿。

第二十一条 导游人员进行导游活动时未佩戴导游证的，由旅游行政部门责令改正；拒不改正的，处500元以下的罚款。

第二十二条 导游人员有下列情形之一的，由旅游行政部门责令改正，暂扣导游证 3 至 6 个月；情节严重的，由省、自治区、直辖市人民政府旅游行政部门吊销导游证并予以公告：

（一）擅自增加或者减少旅游项目的；

（二）擅自变更接待计划的；

（三）擅自中止导游活动的。

第二十三条 导游人员进行导游活动，向旅游者兜售物品或者购买旅游者的物品的，或者以明示或者暗示的方式向旅游者索要小费的，由旅游行政部门责令改正，处 1 000 元以上 3 万元以下的罚款；有违法所得的，并处没收违法所得；情节严重的，由省、自治区、直辖市人民政府旅游行政部门吊销导游证并予以公告；对委派该导游人员的旅行社给予警告直至责令停业整顿。

第二十四条 导游人员进行导游活动，欺骗、胁迫旅游者消费或者与经营者串通欺骗、胁迫旅游者消费的，由旅游行政部门责令改正，处 1 000 元以上 3 万元以下的罚款；有违法所得的，并处没收违法所得；情节严重的，由省、自治区、直辖市人民政府旅游行政部门吊销导游证并予以公告；对委派该导游人员的旅行社给予警告直至责令停业整顿；构成犯罪的，依法追究刑事责任。

第二十五条 旅游行政部门工作人员玩忽职守、滥用职权、徇私舞弊，构成犯罪的，依法追究刑事责任；尚不构成犯罪的，依法给予行政处分。

第二十六条 景点景区的导游人员管理办法，由省、自治区、直辖市人民政府参照本条例制定。

第二十七条 本条例自 1999 年 10 月 1 日起施行。1987 年 11 月 14 日国务院批准、1987 年 12 月 1 日国家旅游局发布的《导游人员管理暂行规定》同时废止。

附录2　导游管理办法

第一章　总则

第一条　为规范导游执业行为，提升导游服务质量，保障导游合法权益，促进导游行业健康发展，依据《中华人民共和国旅游法》《导游人员管理条例》和《旅行社条例》等法律法规，制定本办法。

第二条　导游执业的许可、管理、保障与激励，适用本办法。

第三条　国家对导游执业实行许可制度。从事导游执业活动的人员，应当取得导游人员资格证和导游证。

国家旅游局建立导游等级考核制度、导游服务星级评价制度和全国旅游监管服务信息系统，各级旅游主管部门运用标准化、信息化手段对导游实施动态监管和服务。

第四条　旅游行业组织应当依法维护导游合法权益，促进导游职业发展，加强导游行业自律。旅行社等用人单位应当加强对导游的管理和培训，保障导游合法权益，提升导游服务质量。导游应当恪守职业道德，提升服务水平，自觉维护导游行业形象。

第五条　支持和鼓励各类社会机构积极弘扬导游行业先进典型，优化导游执业环境，促进导游行业健康稳定发展。

第二章　导游执业许可

第六条　经导游人员资格考试合格的人员，方可取得导游人员资格证。国家旅游局负责制定全国导游资格考试政策、标准，组织导游资格统一考试，以及对地方各级旅游主管部门导游资格考试实施工作进行监督管理。省、自治区、直辖市旅游主管部门负责组织、实施本行政区域内导游资格考试具体工作。全国导游资格考试管理的具体办法，由国家旅游局另行制定。

第七条　取得导游人员资格证，并与旅行社订立劳动合同或者在旅游行业组织注册的人员，可以通过全国旅游监管服务信息系统向所在地旅游主管部门申请取得导游证。导游证采用电子证件形式，由国家旅游局制定格式标准，由各级旅游主管部门通过全国旅游监管服务信息系统实施管理。电子导游证以电子数据形式保存于导游个人移动电话等移动终端设备中。

第八条　在旅游行业组织注册并申请取得导游证的人员，应当向所在地旅游行业组织提交下列材料：

（一）身份证；

（二）导游人员资格证；

（三）本人近期照片；

（四）注册申请。

旅游行业组织在接受申请人取得导游证的注册时，不得收取注册费；旅游行业组织收取会员会费的，应当符合《社会团体登记条例》等法律法规的规定，不得以导游证注册费的名义收取会费。

第九条 导游通过与旅行社订立劳动合同取得导游证的，劳动合同的期限应当在1个月以上。

第十条 申请取得导游证，申请人应当通过全国旅游监管服务信息系统填写申请信息，并提交下列申请材料：

（一）身份证的扫描件或者数码照片等电子版；

（二）未患有传染性疾病的承诺；

（三）无过失犯罪以外的犯罪记录的承诺；

（四）与经常执业地区的旅行社订立劳动合同或者在经常执业地区的旅游行业组织注册的确认信息。

前款第（四）项规定的信息，旅行社或者旅游行业组织应当自申请人提交申请之日起5个工作日内确认。

第十一条 所在地旅游主管部门对申请人提出的取得导游证的申请，应当依法出具受理或者不予受理的书面凭证。需补正相关材料的，应当自收到申请材料之日起5个工作日内一次性告知申请人需要补正的全部内容；逾期不告知的，收到材料之日起即为受理。所在地旅游主管部门应当自受理申请之日起10个工作日内，作出准予核发或者不予核发导游证的决定。不予核发的，应当书面告知申请人理由。

第十二条 具有下列情形的，不予核发导游证：

（一）无民事行为能力或者限制民事行为能力的；

（二）患有甲类、乙类以及其他可能危害旅游者人身健康安全的传染性疾病的；

（三）受过刑事处罚的，过失犯罪的除外；

（四）被吊销导游证之日起未逾3年的。

第十三条 导游证的有效期为3年。导游需要在导游证有效期届满后继续执业的，应当在有效期限届满前3个月内，通过全国旅游监管服务信息系统向所在地旅游主管部门提出申请，并提交本办法第十条第（二）项至第（四）项规定的材料。

旅行社或者旅游行业组织应当自导游提交申请之日起3个工作日内确认信息。所在地旅游主管部门应当自旅行社或者旅游行业组织核实信息之日起5个工作日内予以审核，并对符合条件的导游变更导游证信息。

第十四条 导游与旅行社订立的劳动合同解除、终止或者在旅游行业组织取消注册的，导游及旅行社或者旅游行业组织应当自解除、终止合同或者取消注册之日起5个工作日内，通过全国旅游监管服务信息系统将信息变更情况报告旅游主管部门。

第十五条 导游应当自下列情形发生之日起10个工作日内，通过全国旅游监管服务信息系统提交相应材料，申请变更导游证信息：

（一）姓名、身份证号、导游等级和语种等信息发生变化的；

（二）与旅行社订立的劳动合同解除、终止或者在旅游行业组织取消注册后，在3个月内与其他旅行社订立劳动合同或者在其他旅游行业组织注册的；

（三）经常执业地区发生变化的；

（四）其他导游身份信息发生变化的。

旅行社或者旅游行业组织应当自收到申请之日起3个工作日内对信息变更情况进行核实。所在地旅游主管部门应当自旅行社或者旅游行业组织核实信息之日起5个工作日内予以审核确认。

第十六条　有下列情形之一的，所在地旅游主管部门应当撤销导游证：

（一）对不具备申请资格或者不符合法定条件的申请人核发导游证的；

（二）申请人以欺骗、贿赂等不正当手段取得导游证的；

（三）依法可以撤销导游证的其他情形。

第十七条　有下列情形之一的，所在地旅游主管部门应当注销导游证：

（一）导游死亡的；

（二）导游证有效期届满未申请换发导游证的；

（三）导游证依法被撤销、吊销的；

（四）导游与旅行社订立的劳动合同解除、终止或者在旅游行业组织取消注册后，超过3个月未与其他旅行社订立劳动合同或者未在其他旅游行业组织注册的；

（五）取得导游证后出现本办法第十二条第（一）项至第（三）项情形的；

（六）依法应当注销导游证的其他情形。

导游证被注销后，导游符合法定执业条件需要继续执业的，应当依法重新申请取得导游证。

第十八条　导游的经常执业地区应当与其订立劳动合同的旅行社（含旅行社分社）或者注册的旅游行业组织所在地的省级行政区域一致。

导游证申请人的经常执业地区在旅行社分社所在地的，可以由旅行社分社所在地旅游主管部门负责导游证办理相关工作。

第三章　导游执业管理

第十九条　导游为旅游者提供服务应当接受旅行社委派，但另有规定的除外。

第二十条　导游在执业过程中应当携带电子导游证、佩戴导游身份标识，并开启导游执业相关应用软件。旅游者有权要求导游展示电子导游证和导游身份标识。

第二十一条　导游身份标识中的导游信息发生变化，导游应当自导游信息发生变化之日起10个工作日内，向所在地旅游主管部门申请更换导游身份标识。旅游主管部门应当自收到申请之日起5个工作日内予以确认更换。

导游身份标识丢失或者因磨损影响使用的，导游可以向所在地旅游主管部门申请重新领取，旅游主管部门应当自收到申请之日起 10 个工作日内予以发放或者更换。

第二十二条 导游在执业过程中应当履行下列职责：

（一）自觉维护国家利益和民族尊严；

（二）遵守职业道德，维护职业形象，文明诚信服务；

（三）按照旅游合同提供导游服务，讲解自然和人文资源知识、风俗习惯、宗教禁忌、法律法规和有关注意事项；

（四）尊重旅游者的人格尊严、宗教信仰、民族风俗和生活习惯；

（五）向旅游者告知和解释文明行为规范、不文明行为可能产生的后果，引导旅游者健康、文明旅游，劝阻旅游者违反法律法规、社会公德、文明礼仪规范的行为；

（六）对可能危及旅游者人身、财产安全的事项，向旅游者作出真实的说明和明确的警示，并采取防止危害发生的必要措施。

第二十三条 导游在执业过程中不得有下列行为：

（一）安排旅游者参观或者参与涉及色情、赌博、毒品等违反我国法律法规和社会公德的项目或者活动；

（二）擅自变更旅游行程或者拒绝履行旅游合同；

（三）擅自安排购物活动或者另行付费旅游项目；

（四）以隐瞒事实、提供虚假情况等方式，诱骗旅游者违背自己的真实意愿，参加购物活动或者另行付费旅游项目；

（五）以殴打、弃置、限制活动自由、恐吓、侮辱、咒骂等方式，强迫或者变相强迫旅游者参加购物活动、另行付费等消费项目；

（六）获取购物场所、另行付费旅游项目等相关经营者以回扣、佣金、人头费或者奖励费等名义给予的不正当利益；

（七）推荐或者安排不合格的经营场所；

（八）向旅游者兜售物品；

（九）向旅游者索取小费；

（十）未经旅行社同意委托他人代为提供导游服务；

（十一）法律法规规定的其他行为。

第二十四条 旅游突发事件发生后，导游应当立即采取下列必要的处置措施：

（一）向本单位负责人报告，情况紧急或者发生重大、特别重大旅游突发事件时，可以直接向发生地、旅行社所在地县级以上旅游主管部门、安全生产监督管理部门和负有安全生产监督管理职责的其他相关部门报告；

（二）救助或者协助救助受困旅游者；

（三）根据旅行社、旅游主管部门及有关机构的要求，采取调整或者中止行程、停止带团前往风险区域、撤离风险区域等避险措施。

第二十五条 具备领队条件的导游从事领队业务的，应当符合《旅行社条例实施细则》

等法律、法规和规章的规定。旅行社应当按要求将本单位具备领队条件的领队信息及变更情况，通过全国旅游监管服务信息系统报旅游主管部门备案。

第四章　导游执业保障与激励

第二十六条　导游在执业过程中，其人格尊严受到尊重，人身安全不受侵犯，合法权益受到保障。导游有权拒绝旅行社和旅游者的下列要求：

（一）侮辱其人格尊严的要求；

（二）违反其职业道德的要求；

（三）不符合我国民族风俗习惯的要求；

（四）可能危害其人身安全的要求；

（五）其他违反法律、法规和规章规定的要求。

旅行社等用人单位应当维护导游执业安全、提供必要的职业安全卫生条件，并为女性导游提供执业便利、实行特殊劳动保护。

第二十七条　旅行社有下列行为的，导游有权向劳动行政部门投诉举报、申请仲裁或者向人民法院提起诉讼：

（一）不依法与聘用的导游订立劳动合同的；

（二）不依法向聘用的导游支付劳动报酬、导游服务费用或者缴纳社会保险费用的；

（三）要求导游缴纳自身社会保险费用的；

（四）支付导游的报酬低于当地最低工资标准的。

旅行社要求导游接待以不合理低价组织的旅游团队或者承担接待旅游团队的相关费用的，导游有权向旅游主管部门投诉举报。

鼓励景区对持有导游证从事执业活动或者与执业相关活动的导游免除门票。

第二十八条　旅行社应当与通过其取得导游证的导游订立不少于 1 个月期限的劳动合同，并支付基本工资、带团补贴等劳动报酬，缴纳社会保险费用。

旅行社临时聘用在旅游行业组织注册的导游为旅游者提供服务的，应当依照旅游和劳动相关法律、法规的规定足额支付导游服务费用；旅行社临时聘用的导游与其他单位不具有劳动关系或者人事关系的，旅行社应当与其订立劳动合同。

第二十九条　旅行社应当提供设置“导游专座”的旅游客运车辆，安排的旅游者与导游总人数不得超过旅游客运车辆核定乘员数。导游应当在旅游车辆“导游专座”就坐，避免在高速公路或者危险路段站立讲解。

第三十条　导游服务星级评价是对导游服务水平的综合评价，星级评价指标由技能水平、学习培训经历、从业年限、奖惩情况、执业经历和社会评价等构成。导游服务星级根据星级评价指标通过全国旅游监管服务信息系统自动生成，并根据导游执业情况每年度更新一次。旅游主管部门、旅游行业组织和旅行社等单位应当通过全国旅游监管服务信息系统，及时、真实地备注各自获取的导游奖惩情况等信息。

第三十一条 各级旅游主管部门应当积极组织开展导游培训，培训内容应当包括政策法规、安全生产、突发事件应对和文明服务等，培训方式可以包括培训班、专题讲座和网络在线培训等，每年累计培训时间不得少于 24 小时。培训不得向参加人员收取费用。

旅游行业组织和旅行社等应当对导游进行包括安全生产、岗位技能、文明服务和文明引导等内容的岗前培训和执业培训。

导游应当参加旅游主管部门、旅游行业组织和旅行社开展的有关政策法规、安全生产、突发事件应对和文明服务内容的培训；鼓励导游积极参加其他培训，提高服务水平。

第五章　罚则

第三十二条 导游违反本办法有关规定的，依照下列规定处理：

（一）违反本办法第十九条规定的，依据《旅游法》第一百零二条第二款的规定处罚；

（二）违反本办法第二十条第一款规定的，依据《导游人员管理条例》第二十一条的规定处罚；

（三）违反本办法第二十二条第（一）项规定的，依据《导游人员管理条例》第二十条的规定处罚；

（四）违反本办法第二十三条第（一）项规定的，依据《旅游法》第一百零一条的规定处罚；

（五）违反本办法第二十三条第（二）项规定的，依据《旅游法》第一百条的规定处罚；

（六）违反本办法第二十三条第（三）项至第（六）项规定的，依据《旅游法》第九十八条的规定处罚；

（七）违反本办法第二十三条第（七）项规定的，依据《旅游法》第九十七条第（二）项的规定处罚；

（八）违反本办法第二十三条第（八）项规定的，依据《导游人员管理条例》第二十三条的规定处罚；

（九）违反本办法第二十三条第（九）项规定的，依据《旅游法》第一百零二条第三款的规定处罚。

违反本办法第三条第一款规定，未取得导游证从事导游活动的，依据《旅游法》第一百零二条第一款的规定处罚。

第三十三条 违反本办法规定，导游有下列行为的，由县级以上旅游主管部门责令改正，并可以处 1 000 元以下罚款；情节严重的，可以处 1 000 元以上 5 000 元以下罚款：

（一）未按期报告信息变更情况的；

（二）未申请变更导游证信息的；

（三）未更换导游身份标识的；

（四）不依照本办法第二十四条规定采取相应措施的；

（五）未按规定参加旅游主管部门组织的培训的；

（六）向负责监督检查的旅游主管部门隐瞒有关情况、提供虚假材料或者拒绝提供反映其活动情况的真实材料的；

（七）在导游服务星级评价中提供虚假材料的。

旅行社或者旅游行业组织有前款第（一）项和第（七）项规定行为的，依照前款规定处罚。

第三十四条 导游执业许可申请人隐瞒有关情况或者提供虚假材料申请取得导游人员资格证、导游证的，县级以上旅游主管部门不予受理或者不予许可，并给予警告；申请人在一年内不得再次申请该导游执业许可。

导游以欺骗、贿赂等不正当手段取得导游人员资格证、导游证的，除依法撤销相关证件外，可以由所在地旅游主管部门处 1 000 元以上 5 000 元以下罚款；申请人在三年内不得再次申请导游执业许可。

第三十五条 导游涂改、倒卖、出租、出借导游人员资格证、导游证，以其他形式非法转让导游执业许可，或者擅自委托他人代为提供导游服务的，由县级以上旅游主管部门责令改正，并可以处 2 000 元以上 1 万元以下罚款。

第三十六条 违反本办法第二十五条第二款规定，旅行社不按要求报备领队信息及变更情况，或者备案的领队不具备领队条件的，由县级以上旅游主管部门责令改正，并可以删除全国旅游监管服务信息系统中不具备领队条件的领队信息；拒不改正的，可以处 5 000 元以下罚款。

旅游行业组织、旅行社为导游证申请人申请取得导游证隐瞒有关情况或者提供虚假材料的，由县级以上旅游主管部门责令改正，并可以处 5 000 元以下罚款。

第三十七条 对导游违反本办法规定的行为，县级以上旅游主管部门应当依照旅游经营服务不良信息管理有关规定，纳入旅游经营服务不良信息管理；构成犯罪的，依法移送公安机关追究其刑事责任。

第三十八条 旅游主管部门及其工作人员在履行导游执业许可、管理职责中，滥用职权、玩忽职守、徇私舞弊的，由有关部门责令改正，对直接负责的主管人员和其他直接责任人员依法给予处分。

第六章 附则

第三十九条 本办法下列用语的含义：

（一）所在地旅游主管部门，是指旅行社（含旅行社分社）、旅游行业组织所在地的省、自治区、直辖市旅游主管部门或者其委托的设区的市级旅游主管部门、县级旅游主管部门；

（二）旅游行业组织，是指依照《社会团体登记管理条例》成立的导游协会，以及在旅游协会、旅行社协会等旅游行业社会团体内设立的导游分会或者导游工作部门，具体由所在地旅游主管部门确定；

（三）经常执业地区，是指导游连续执业或者 3 个月内累计执业达到 30 日的省级行政区域；

（四）导游身份标识，是指标识有导游姓名、证件号码等导游基本信息，以便于旅游者和执法人员识别身份的工作标牌，具体标准由国家旅游局制定。

第四十条　本办法自 2018 年 1 月 1 日起施行。

附录3　导游人员等级考核评定管理办法（试行）

第一条　为加强导游队伍建设，不断提高导游人员的业务素质，根据《导游人员管理条例》，制定本方法。

第二条　导游人员等级考核评定工作，遵循自愿申报、逐级晋升、动态管理的原则。

第三条　凡通过全国导游人员资历考试并取得导游员资历证书，符合全国导游人员等级考核评定委员会规定报考条件的导游人员，均可申请参加相应的等级考核评定。

第四条　国家旅游局负责导游人员等级考核评定标准、实施细则的制定工作，负责对导游人员等级考核评定工作进行监督检查。

第五条　国家旅游局组织设立全国导游人员等级考核评定委员会。

第六条　全国导游人员等级考核评定委员会组织实施全国导游人员等级考核评定工作。省、自治区、直辖市和新疆生产建设兵团旅游行政管理部门组织设立导游人员等级考核评定办公室，在全国导游人员等级考核评定委员会的授权和指导下开展相应的工作。

第七条　导游人员等级分为初级、中级、高级、特级 4 个等级。导游员申报等级时，由低到高，逐级递升，经考核评定合格者，颁发相应的导游员等级证书。

第八条　导游人员等级考核评定工作，依照申请、受理、考核评定、告知、发证的程序进行。

中级导游员的考核采取笔试方式。其中，中文导游人员考试科目为“导游知识专题”和“汉语言文学知识”；外语导游人员考试科目为“导游知识专题”和“外语”。高级导游员的考核采取笔试方式，考试科目为“导游案例分析”和“导游词创作”。特级导游员的考核采取论文答辩方式。

第九条　参加省部级以上单位组织的导游技能大赛取得最佳名次的导游人员，报全国导游人员等级考核评定委员会批准后，可晋升一级导游人员等级。一人多次获奖只能晋升一次，晋升的最高等级为高级。

第十条　旅行社和导游管理服务机构应当采取有效措施，鼓励导游人员积极参与导游人员等级考核评定。

第十一条　参与导游人员等级考核评定的命题员和考核员必须是经全国导游人员等级考核评定委员会进行资历认定。命题员和考核员接受全国导游人员等级考核评定委员会的委派，承担导游人员等级考核评定相关工作。

第十二条　参与考核评定的命题员和考核员不得徇私舞弊。全国导游人员等级考核评定委员会要加强对考核人员的监督管理，对有违规行为的要从严处理，撤销其资格。

第十三条　导游员等级证书由全国导游人员等级考核评定委员会统一印制。

第十四条 导游人员获得导游员资格证书和中级、高级、特级导游员证书后，可经过省、自治区、直辖市和新疆生产建设兵团旅游行政管理部门申请办理相应等级的导游证。

第十五条 导游人员等级考核评定的收费标准按照国家有关部门审批的标准执行。

第十六条 本办法由国家旅游局负责解释。

第十七条 本办法由 2005 年 7 月 3 日起施行。原有政策、规定与本办法不符的，以本办法为准。

参考文献

[1] 国家旅游局人事劳动教育司. 汉语言文学知识 [M]. 北京：中国旅游出版社，2008.

[2] 中华人民共和国国家旅游局. 中国优秀导游词精选 [M]. 北京：中国旅游出版社，2000.

[3] 广东省导游人员考评委员会办公室. 全国导游人员资格考试（广东）系列教材 [M]. 广州：广东旅游出版社，2009.

[4] 朱桂凤. 中国人文旅游资源概论 [M]. 北京：中国林业出版社 / 北京大学出版社，2009.

[5] 欧阳祯人. 对外汉语教学的文化透视 [M]. 北京：北京大学出版社，2009.

[6] 陈刚平. 旅游社交礼仪 [M]. 北京：旅游教育出版社，2006.

[7] 黎祖谦. 教师口语艺术 [M]. 江西：江西高校出版社，2010.

[8] 王艾录，司富珍. 汉语的语词理据 [M]. 北京：商务印书馆，2001.

[9] 何小庭. 旅游应用文写作 [M].2 版. 北京：旅游教育出版社，2004.

[10] 甘于恩. 方言与文化趣谈 [M]. 广州：华南理工大学出版社，2005.

[11] 易伟新，刘娟. 导游实务 [M]. 北京：清华大学出版社，2009.

[12] 胡华. 导游实务 [M]. 北京：北京师范大学出版社，2010.

[13] 张菊芳，汪博兴. 导游实务 [M]. 天津：天津大学出版社，2011.

[14] 王新军，薛桂凤，隆伟，等. 出境旅游领队工作培训手册——领队业务与政策法规 [M]. 北京：中华工商联合出版社，2006.

[15] 广东省导游人员考评委员会办公室. 导游业务 [M]. 广州：广东旅游出版社，2009.

[16] 张建融. 导游服务实务 [M]. 杭州：浙江大学出版社，2009.

[17] 陈鸣. 实用旅游美学 [M]. 广州：华南理工大学出版社，2004.

[18] 蒋清凤，黄秋凤. 国际商务礼仪 [M]. 广州：广东高等教育出版社，2010.

[19] 刘纯. 旅游心理学 [M]. 北京：高等教育出版社，2002.

[20] 章海荣. 旅游审美三论：动态、参与和快感 [EB/OL]. http://ly.gdcc.edu.cn/n12243c84.aspx，2012-06-12.

[21] 邓德智. 浙江省导游服务机构现状分析及发展对策研究 [EB/OL]. http://www.issncn.com/html/ 32029_1.htm，2012-08-17.

北京大学出版社本科旅游管理系列规划教材

序号	书　名	标准书号	主　编	定价	出版时间	配套情况
1	会展概论	7-301-21091-8	来逢波	33	2012	课件
2	餐饮运行与管理	7-301-21049-9	单铭磊	39	2012	课件
3	现代酒店管理与服务案例	7-301-17449-4	邢夫敏	29	2012	课件
4	旅游财务会计	7-301-20101-5	金莉芝	40	2012	课件
5	旅游文化与传播	7-301-19349-5	潘文焰	38	2012	课件
6	旅游地形象设计学(第2版)	7-301-28385-1	凌善金	42	2017	课件
7	旅游规划原理与实务	7-301-21221-9	郭　伟	35	2012	课件
8	旅游学导论	7-301-21325-4	张金霞	36	2012	课件
9	前厅客房服务与管理	7-301-22547-9	张青云	42	2013	课件
10	休闲活动策划与服务	7-301-22113-6	杨　梅	32	2013	课件
11	休闲学导论	7-301-21655-2	吴文新	49	2013	课件
12	休闲学导论	7-301-22654-4	李经龙	30	2013	课件
13	旅游服务礼仪	7-301-22940-8	徐兆寿	29	2013	课件
14	导游实务	7-301-21638-5	朱　斌	32	2013	课件
15	导游实务(第2版)	7-301-29425-3	易婷婷	35	2018	课件、教师用书
16	英语导游实务	7-301-22986-6	唐　勇	33	2013	课件
17	旅游英语教程	7-301-22042-9	于立新	38	2013	课件、教师用书
18	旅游地图编制与应用	7-301-23104-3	凌善金	38	2013	课件
19	旅游资源开发与规划	7-301-22451-9	孟爱云	32	2013	课件
20	景区经营与管理	7-301-23364-1	陈玉英	48	2013	课件
21	旅游策划理论与实务	7-301-22630-8	李　锋　李　萌	43	2013	课件
22	旅游学概论	7-301-21610-1	李玉华	42	2013	课件
23	旅游学	7-301-22518-9	李　瑞	30	2013	课件
24	会展业概论	7-301-23621-5	陈　楠	30	2014	课件
25	休闲度假村经营与管理	7-301-24317-6	周绍健	40	2014	课件
26	西部民族民俗旅游	7-301-24383-1	欧阳正宇	54	2014	课件
27	旅游文化学概论	7-301-23738-0	闫红霞　李玉华	37	2014	课件
28	旅游企业战略管理	7-301-23604-8	王　慧	38	2014	课件
29	旅游英语	7-301-23087-9	朱　华	48	2014	课件、光盘、视频
30	旅游政策与法律法规	7-301-23697-0	李文汇　朱　华	43	2014	课件
31	旅游法律法规教程	7-301-24850-8	魏　鹏	45	2014	课件、微课
32	旅游心理学	7-301-23475-4	杨　娇	41	2014	课件
33	旅游学概论	7-301-23875-2	朱　华	44	2014	课件
34	现代酒店管理实用教程	7-301-24938-3	林　巧　张雪晶	38	2015	课件
35	旅行社经营管理	7-301-25011-2	余志勇	35	2015	课件
36	旅游文化创意与策划	7-301-25166-9	徐兆寿	43	2015	课件
37	旅游景区管理	7-301-25223-9	杨絮飞　蔡维英	39	2015	课件
38	酒店质量管理原理与实务	7-301-25543-8	张红卫　张　娓	37	2015	课件
39	会展节事策划与管理	7-301-25512-4	朱　华　张哲乐	35	2015	课件
40	旅游交通管理	7-301-25643-5	来逢波　陈松岩	31	2015	课件
41	旅游规划理论与方法	7-301-25939-9	牟　红	43	2015	课件
42	餐饮经营与管理	7-301-26144-6	公学国　王雅静	38	2015	课件
43	导游实务教程	7-301-26110-1	高亚芳	49	2015	课件
44	旅游资源学	7-301-26803-2	杨阿莉	44	2016	课件、互联网+
45	旅游经济学	7-301-26190-3	魏　鹏　杜　婷	35	2016	课件
46	旅游英语实用教程	7-301-27113-1	吴淑娟　王纯阳	25	2016	互联网+
47	现代旅行社门店管理实务(第2版)	7-301-27176-6	梁雪松等	35	2016	课件
48	旅游法规	7-301-27787-4	杨智勇	47	2017	课件

如您需要更多教学资源如电子课件、电子样章、习题答案等，请登录北京大学出版社第六事业部官网 www.pup6.cn 搜索下载。

如您需要浏览更多专业教材，请扫下面的二维码，关注北京大学出版社第六事业部官方微信(微信号：pup6book)，随时查询专业教材、浏览教材目录、内容简介等信息，并可在线申请纸质样书用于教学。

感谢您使用我们的教材，欢迎您随时与我们联系，我们将及时做好全方位的服务。联系方式：010-62750667，moyu333333@163.com，pup_6@163.com，lihu80@163.com，欢迎来电来信。客户服务 QQ 号：1292552107，欢迎随时咨询。